EDWARD DE BONO

YO TENGO RAZÓN,

TÚ ESTÁS EQUIVOCADO

editorial Sirio

Título original: I am Right You Are Wrong
Traducido del inglés por Editorial Sirio S.A.
Diseño de portada: Editorial Sirio, S.A.

© de la edición original IP Development Corporation 1990 creada por el Dr. Edward de Bono.
Reproducido con autorización de Bono Global Pty Ltd www.debono.com

© de la presente edición
EDITORIAL SIRIO, S.A.

EDITORIAL SIRIO, S.A.	**NIRVANA LIBROS S.A. DE C.V.**	**DISTRIBUCIONES DEL FUTURO**
C/ Rosa de los Vientos, 64	Camino a Minas, 501	Paseo Colón 221, piso 6
Pol. Ind. El Viso	Bodega nº 8,	C1063ACC
29006-Málaga	Col. Lomas de Becerra	Buenos Aires
España	Del.: Alvaro Obregón	(Argentina)
	México D.F., 01280	

www.editorialsirio.com
sirio@editorialsirio.com

I.S.B.N.: 978-84-16233-73-1
Depósito Legal: MA-473-2016

Impreso en Imagraf Impresores, S. A.
c/ Nabucco, 14 D - Pol. Alameda
29006 - Málaga

Impreso en España

Puedes seguirnos en Facebook, Twitter, YouTube e Instagram.

NOTA DEL AUTOR

A menudo me piden que explique la relación entre mis conocimien-tos de medicina y mi trabajo en el ámbito del pensamiento. A prio-ri, podrían parecer campos muy diferentes. Sin embargo, la relación es directa y, probablemente, no habría podido desarrollar mis ideas sin mi bagaje de conocimientos médicos.

Como sistema biológico, el cerebro humano maneja la informa-ción de un modo completamente distinto a como lo hacen los sistemas de información tradicionales. Estos almacenan la información simbó-licamente y después operan con estos símbolos siguiendo ciertas reglas (lógicas, matemáticas, gramaticales, etc.). Los ordenadores tradiciona-les almacenan información en la memoria y después, mediante el pro-cesador, actúan sobre ella. En los sistemas biológicos, la información y la superficie receptora actúan juntas como un ente autoorganizado, lo cual significa que generan órdenes y patrones ellas solas. En biología, la información provoca la próxima situación estable del sistema.

Cuando escribí el libro *The Mechanism of Mind*, hace ya mucho tiem-po, hubo muchos que tacharon de locas las ideas que expuse en él. En la actualidad, sin embargo, son tenidas muy en cuenta por quienes que trabajan en sistemas autoorganizados. Incluso las matemáticas han empezado a tomar en consideración sistemas no lineales. De hecho, existe un campo de las matemáticas dedicado a estos sistemas.

Por tanto, la conexión entre medicina y pensamiento es evidente. No creo que en el futuro alguien pueda desenvolverse en el campo del pensamiento sin saber una palabra de los procesos biológicos subyacentes.

La civilización ha hecho una labor maravillosa al domesticar el pensamiento a través un juego de símbolos y reglas, sin tener en absoluto en cuenta el sistema subyacente de información. Hoy día, por primera vez en la historia, podemos observar dicho sistema subyacente. Podemos examinar su influencia sobre nuestros hábitos de pensamiento tradicionales. Por ejemplo, el pensamiento lateral y la estimulación son matemáticamente necesarios en los modelos de sistemas autoorganizados.

Como todas las ideas creativas valiosas deben tener lógica retrospectiva (de otra manera no podríamos apreciar su valor), hemos creído que la lógica es suficiente. Algo totalmente erróneo cuando se trata de un sistema de patrones.

INTRODUCCIÓN: EL NUEVO RENACIMIENTO

El humor es, con diferencia, el comportamiento más identificativo de la mente humana.

Quizás esta afirmación resulte sorprendente. Si el humor es tan importante, ¿por qué los filósofos tradicionales, los psicólogos y los científicos de la información lo han obviado?

Precisamente estos dos porqués –por qué es tan importante y por qué los pensadores tradicionales lo han pasado por alto– constituyen el punto de partida de este libro. El humor nos dice más sobre el funcionamiento del cerebro, como *mente*, que cualquier otro comportamiento mental, incluida la razón. Indica que nuestros métodos de pensamiento tradicionales y nuestras ideas respecto a estos métodos se han basado en un modelo equivocado de sistema de información. Nos dice algo sobre la percepción, que ha sido desdeñada tradicionalmente en favor de la lógica. Apunta de manera directa a la posibilidad de cambios en la percepción y nos muestra que dichos cambios pueden modificar instantáneamente nuestra emoción –algo que nunca podrá conseguir la lógica.

Probablemente no hay en todo el mundo más de dos docenas de personas capaces de comprender realmente (al nivel más fundamental y sistemático de los mecanismos del cerebro) por qué le doy tanta importancia al humor. Tras leer este libro, tal vez algunos más lleguen a entender en qué me baso para tal afirmación y cuáles son sus implicaciones para el futuro de la sociedad.

Hay quienes aguardan esperanzados a que —de alguna manera— el mundo se convierta en un lugar mejor. Y es una esperanza necesaria. Hay quienes sienten que las presiones del desarrollo, el auge de nuevos valores y la aplicación del sentido común colectivo acabarán mejorando las cosas. Seguramente, si cada quien cuida de sus propios asuntos y mantiene una postura de aguda crítica constructiva hacia sus gobiernos y sus semejantes, todo irá bien.

Hay quienes hablan de la necesidad de un nuevo Renacimiento. Están hartos de polémicas, enfrentamientos, conflictos y problemas que no pueden ser resueltos. Ven la grave amenaza que pende sobre el medioambiente, observan desesperados la deuda y la pobreza del Tercer Mundo, la propagación de las drogas y de nuevas enfermedades y los precios de la vivienda inasequibles para las parejas jóvenes. Muchos ya no admiten la excusa de que todo esto es debido al ritmo del progreso y a los defectos inherentes a la naturaleza humana, que será siempre corta de vista, egoísta, codiciosa y agresiva. Tal vez lo hacemos lo mejor que podemos y no hay nada más que se pueda hacer. Tal vez el mundo actual es mucho mejor de como era antes y simplemente somos más conscientes de los problemas gracias a la efectividad y al poder de los modernos canales de información.

También hay quienes sienten que ya ha comenzado un nuevo Renacimiento. El tren acaba de salir de la primera estación. Hay pocos pasajeros a bordo. La mayoría subirá más tarde en otras estaciones, a medida que la dirección vaya estando más clara.

Para decir algo, se requiere valor y estar en el momento y en el lugar indicados. El nuevo Renacimiento necesita un anuncio formal para que la gente pueda darse cuenta de su existencia y prestarle la atención debida con esperanza y decisión. Ese es el propósito de este libro.

Anunciar un nuevo Renacimiento puede resultar presuntuoso y provocador, sea quien sea el mensajero y sea cual sea su justificación.

Sin duda los acontecimientos suceden con independencia de que se anuncien oficialmente o no. ¿El propósito de tal anuncio es crear una profecía autocumplida en el sentido de que, si creemos en un nuevo Renacimiento, haremos que este se dé?

Podemos creer en la posibilidad de un nuevo Renacimiento, porque realmente es viable. No se necesita demasiado valor para reconocer algo que ya está sucediendo. ¿Por qué aplazar entonces dicho reconocimiento? De cualquier modo, el nuevo Renacimiento tiene una base mucho más sólida que la esperanza.

¿En qué ha de basarse el nuevo Renacimiento?

El último Renacimiento se basó claramente en el redescubrimiento de los antiguos hábitos griegos de pensamiento (de alrededor del año 400 a. de C.), respecto a la lógica, la razón, la argumentación, la verdad y la importancia del hombre. Antes del último Renacimiento, los hábitos de pensamiento del mundo occidental se derivaban enteramente del dogma y la teología. A modo de ejemplo, los mapas del mundo tenían que mostrar grandes masas de tierra con Jerusalén en el centro exacto; no porque la experiencia de los navegantes hubiese sugerido tal disposición, sino porque así lo estipulaba el dogma.

Yo tengo razón; tú estás equivocado es una cristalización abreviada de los hábitos de pensamiento que formó y posteriormente desarrolló el último Renacimiento. La búsqueda de la verdad —como distinta del dogma— tenía que acometerse a través de la denuncia de la falsedad por medio de la argumentación, la razón y la lógica. La razón, no el dogma, tenía que decidir lo que era cierto y lo que era erróneo. De esta manera se desarrollaron los hábitos de pensamiento que tanto nos han servido para ciertos cambios.

Puede decirse que la base de la civilización que conocemos está conformada por la aplicación legalista de ciertos principios a través del uso de la argumentación y la razón. La tecnología ha progresado hasta el punto de que podemos enviar hombres a la Luna y traerlos de vuelta, transmitir imágenes instantáneas de televisión a trescientos millones de personas en todo el mundo y utilizar la última forma de energía (nuclear).

¿Es posible que estos excelentes hábitos de pensamiento sean limitados e inadecuados? Si bien hemos progresado sustancialmente en cuestiones técnicas, hemos avanzado menos en asuntos humanos. Nuestros hábitos de resolución de conflictos son tan primitivos como siempre, aunque las armas que empleamos se hayan sofisticado como resultado de una mayor capacidad técnica.

¿Es posible que estos hábitos de pensamiento sean, en algunos aspectos, incluso peligrosos? ¿Es posible que hayan alcanzado su límite, que sean incapaces de resolver los problemas con los que nos enfrentamos, que impidan ulteriores progresos? ¿Es posible que haya llegado el momento de mejorarlos? Y si es así, ¿en qué han de basarse los nuevos hábitos de pensamiento?

Los flamantes hábitos de pensamiento del nuevo Renacimiento han de cimentarse en la más fundamental de todas las bases, más fundamental que los juegos de palabras filosóficos o los sistemas de creencias. Tienen que basarse directamente en el funcionamiento del cerebro humano y, en particular, en la forma en que este crea la percepción.

Por primera vez en la historia, podemos tener una idea de cómo se organiza el cerebro para dar lugar a la mente. Puede que no conozcamos todos los detalles, pero sabemos lo suficiente sobre el comportamiento general del sistema como para revisar nuestros hábitos de pensamiento tradicionales y ser capaces de desarrollar otros nuevos. Ahora entendemos cómo los hábitos de pensamiento del Renacimiento hicieron énfasis en algunos de los peores hábitos de la mente. Podemos percatarnos de por qué el pensamiento y los sistemas de lenguaje que desarrollamos, y ahora valoramos tanto, son buenos para la lógica pero malos para la percepción. Podemos percatarnos de que dicho fracaso en lo tocante a la percepción es el responsable de las carencias y peligros de nuestro pensamiento actual. Podemos percatarnos de cómo aquellos hábitos fueron la causa de muchas desdichas humanas en el pasado y deducir por qué no son adecuados para los pasos constructivos que serán necesarios en el futuro.

Yo tengo razón; tú estás equivocado condensa la esencia de los hábitos de pensamiento tradicionales que fueron implantados por el último

Renacimiento. Como la «argumentación», que es la base de nuestra búsqueda de la verdad y la base de nuestro sistema de oposición de conceptos en la ciencia, el derecho y la política. Como los absolutos, la finalidad y el juicio, y la confianza (a veces arrogancia) que se deriva de ellos. Como la incompatibilidad mutuamente excluyente que es la esencia misma de nuestra lógica. Cada parte no puede tener razón y estar equivocada al mismo tiempo. La esencia de la lógica es identidad y contradicción. En el lenguaje creamos de forma deliberada categorías mutuamente excluyentes, tales como acertado/equivocado o amigo/enemigo, con el fin de aplicar esta lógica de contradicción. Sin embargo, hay culturas —como mostraré en este libro— que no ven contradicción alguna en que una persona sea amiga y enemiga al mismo tiempo.

El último Renacimiento resucitó y lustró los métodos de Sócrates y de los otros pensadores de la edad de oro de la filosofía griega. Es posible que el método argumentativo se utilizase antes, pero Sócrates lo desarrolló para convertirlo en un procedimiento formidable. Existe una notable paradoja en la forma en que la resurrección del pensamiento argumentativo griego, en el último Renacimiento, sirvió para un doble propósito. Por una parte, los pensadores humanistas emplearon el sistema de la lógica y de la razón para atacar al dogma que asfixiaba a la sociedad. Por otra, los pensadores de la Iglesia, guiados por el genio de Tomás de Aquino, desarrollaron el mismo argumento lógico como una manera poderosa de derrotar a las numerosas herejías que surgían continuamente.

Para el fin de sofocar la herejía, el sistema era sumamente eficaz, porque el pensador podía partir de conceptos comúnmente aceptados (axiomas), tales como la omnipotencia de Dios, para sacar de ellos consecuencias lógicas. Los mismos métodos eran empleados para proceder a la regulación y el juicio de la conducta humana partiendo de supuestos principios de justicia. Este sistema de principio, lógica y argumento es la base de nuestro muy utilizado —y a menudo beneficioso— pensamiento legalista. Pero falla en el momento en que presupone que las percepciones y los valores son comunes, universales, permanentes o incluso generalmente aceptados.

Este tipo de pensamiento argumental y lógico se convirtió en norma en los seminarios, universidades y escuelas, debido a que en aquellos tiempos tales establecimientos estaban en gran parte dirigidos por la Iglesia y, también, porque los librepensadores humanistas se valían de los mismos métodos. La paradoja es que tanto los pensadores de la Iglesia como los ajenos a ella (humanistas) les daban el mismo valor a los métodos. Quizás esto no debería sorprendernos, ya que los nuevos métodos representaban un avance evidente respecto a los hábitos existentes de pensamiento.

La noción subyacente de verdad es fundamental para este tipo de pensamiento. Por medio del argumento, que coloca las cuestiones en una posición contradictoria, se puede demostrar que algo es falso. Cuando algo no lo es completamente, hay que pulirlo mediante el ejercicio hábil del pensamiento crítico, con el fin de desechar lo sobrante para que la verdad desnuda que contiene se haga visible.

Así surgió la superioridad del pensamiento crítico como la forma más alta de pensamiento civilizado y como defensa de la propia civilización. Toda intrusión debía ser sometida a un minucioso escrutinio y a una severa crítica dentro de las estructuras existentes, ya que se las consideraba eternas.

Aquel pensamiento crítico, tan estimado en nuestra civilización, ha tenido algunas desafortunadas consecuencias. Este tipo de pensamiento carece de los elementos productivos, generativos y creativos que son tan necesarios para abordar los problemas y hallar el camino para salir adelante. Un gran porcentaje de políticos proviene del mundo de la abogacía y están acostumbrados a emplear únicamente esta manera de pensar.

¿Que esté libre de errores significa que es una buena manera de pensar? ¿Un buen conductor es aquel que no se equivoca? Si se quiere evitar todo error al conducir un automóvil, la mejor estrategia sería dejar el coche en el garaje. Como en el pensamiento crítico, evitar errores de conducción supone anular los aspectos generativos, productivos y creativos del pensamiento. Y estos aspectos son esenciales para el progreso de la sociedad. ¿De dónde van a provenir entonces? Quizás carecían de importancia en las estables ciudades-estado de la antigua Grecia, donde la perfección de la existencia (excepto para las mujeres y los esclavos) sugería que cualquier alteración sería probablemente negativa o al menos innecesaria. O en la sociedad relativamente estable de la Edad Media, cuando se esperaba alcanzar la felicidad en el otro mundo y no en este. Pero son realmente importantes hoy en día. Por esto la tendencia estadounidense de enseñar en las escuelas únicamente «pensamiento crítico» es espantosa porque arrastra la inadaptación desde la época medieval.

Que este método argumental haya sido del patrón actual de confrontación política es más discutible. Los griegos nos legaron la argumentación y la democracia. Y hemos querido mantenerlas unidas, ya que no sabemos cómo manejar la democracia sin argumentar. Sin embargo, hubo muchas culturas que desarrollaron la noción de enfrentamiento entre el bien y el mal (maniqueísmo, hinduismo, etc.) con total independencia del pensamiento griego.

La noción hegeliana de oposición y tensión histórica dio impulso al materialismo dialéctico del marxismo y energía a sus revoluciones. En resumen, nuestro sistema de pensamiento tradicional se basa en la «verdad», la cual tiene que ser descubierta y verificada por la lógica y la argumentación (complementadas por la estadística y otros métodos científicos). Resultado de ello es una fuerte tendencia a la negatividad y al ataque. La negatividad es considerada como una manera muy efectiva de descubrir la verdad, ya que es resistente ante intrusiones perturbadoras y aporta satisfacción personal al atacante.

La defensa más poderosa del valor de la argumentación como método de pensamiento es que fomenta la exploración motivada de un tema. Sin la recompensa personal de la argumentación (ganar/perder, agresión, ingenio, obtención de puntos), podría haber poca motivación para explorar un tema. Es una justificación de peso, si no fuera porque más allá de cierto nivel de motivación, la exploración real del tema empieza a sufrir: la argumentación se hace para demostrar el propio punto de vista, para obtener puntos y para alimentar el ego. Nadie va a dirigir el foco de atención hacia cuestiones que podrían beneficiar al adversario en el debate, aunque estas cuestiones pudieran ampliar en gran manera la exploración del tema.

En este libro volveré sobre estas cuestiones con más detalle y en diferentes contextos.

Retomemos ahora la importancia del humor.

El humor es tan importante porque se basa en una lógica muy diferente de la tradicional. En esta lógica tradicional (aristotélica) existen categorías definidas, rotundas y permanentes. Decidimos y juzgamos si algo se ajusta por completo a una categoría (todo A es B), no se ajusta en absoluto (ningún A es B) o solo se ajusta, o no se ajusta, a dicha categoría, parte de ese algo (algunos A son B; algunos A no son B). En contraste con esto, la lógica del humor depende directamente de formas, movimientos, expectativas y contextos.

En nuestro pensamiento tradicional aplicamos lo que yo llamo la «lógica pétrea». En el humor, la «lógica del agua». Una piedra tiene una forma definida. Es dura, bien delineada, permanente e inmutable. Podemos ver y tocar su forma. Podemos decir que una piedra «es». No va a defraudarnos y transformarse en otra cosa. Tiene el sentido de un absoluto independiente. El agua es muy diferente de la piedra, pero igualmente real. Fluye. El énfasis está en el «hacia» y no en el «es». El agua fluye según la inclinación (contexto); toma la forma de la vasija que la contiene (circunstancias).

Se puede analizar y describir una pluma en términos de las partes que la componen: metales, plástico duro, plástico blando, piezas de diferentes formas. Se puede describir el mecanismo que hace que funcione y su papel como instrumento de escritura. Pero ¿cuál es su «valor»? Esto depende de las circunstancias y de la percepción de las circunstancias. Para una persona que no sabe escribir, una pluma no tiene valor. Para una que sí sabe escribir, tiene algún valor. Si la persona no dispone de otra pluma u otro instrumento de escritura, tiene aún más valor. Si debe anotar un número de teléfono importante o una prescripción médica urgente, tiene todavía más valor, no solamente para el que escribe, sino también para otras personas. La pluma también puede tener un valor como regalo. Puede tener un gran valor documental (incluso para alguien que no sepa escribir) si se han empleado para firmar un tratado histórico, por ejemplo.

Si juntas una piedra con otra, obtienes dos piedras. Pero si añades agua al agua, no obtienes dos aguas. La poesía se basa en la lógica del agua. En poesía añadimos capa tras capa de palabras, imágenes, metáforas y otros vehículos de percepción, y todo ello se funde en una percepción total.

Si lo deseas, puedes vaciar un vaso de agua gota a gota. Con una piedra no hay opción: la piedra o está en el vaso (toda) o está fuera de él. En nuestro sistema legal hacemos una clara distinción entre «culpable» e «inocente». Al culpable se le impone un castigo. En Japón, la mitad de los delincuentes detenidos son puestos en libertad por el fiscal, que tiene la facultad de soltarlos si se disculpan y muestran una intención sincera de comportarse mejor en el futuro. El sistema japonés no pone el acento en una categoría de juicio, sino en lo que viene después. El índice de delincuencia es muy bajo en ese país. Hay un abogado por cada nueve mil habitantes, mientras que en Estados Unidos hay uno por cada cuatrocientos.

La lógica pétrea es la base de nuestra lógica de procedimiento tradicional, con sus categorías, identidades y contradicciones permanentes. La lógica del agua es la base de la lógica de percepción. Hasta hace muy poco no teníamos ni idea del funcionamiento de la percepción. Ahora estamos empezando a comprenderla en términos de funcionamiento cerebral.

Un caballo es diferente de un automóvil, aunque ambos son sistemas de transporte terrestre. Un pájaro es diferente de un aeroplano, aunque ambos vuelan por el aire. El tenis es diferente del ajedrez, aunque ambos son juegos entre dos personas, con un ganador y un perdedor. La sopa es diferente de los espaguetis, aunque ambos son alimentos y se comen casi siempre como primer plato.

De la misma manera, existen dos tipos distintos de sistemas de información. Uno es el sistema «pasivo» tradicional, en que las piezas, los símbolos o la información de cualquier tipo se graban y almacenan sobre alguna superficie. La información no cambia en la superficie. La superficie tampoco cambia. Se necesita algún operador externo que manipule la información de acuerdo con ciertas normas. Imagínate un jugador de ajedrez. Las piezas permanecen pasivas e inertes sobre el tablero hasta que el jugador las mueve según las reglas del juego y con alguna estrategia en mente.

Los ordenadores tradicionales son sistemas de información pasivos. La información está almacenada en cintas o discos y después un ordenador central la emplea (según reglas particulares y para un fin en concreto). El colegial que hace ejercicios de aritmética en un cuaderno es también un ejemplo de sistema de información pasivo. En los sistemas pasivos existe una clara distinción entre el almacenamiento de la información y su manipulación por un operador externo. Nuestro uso del lenguaje y de los símbolos se basa en el comportamiento de sistemas de información pasivos. Empleamos las piezas almacenadas según las reglas de las matemáticas, la gramática y la lógica.

El otro tipo de sistema es el «activo». No hay ningún operador lógico externo. Toda la actividad se desarrolla dentro de la superficie que la registra. La información es activa. La superficie es activa. La información actúa recíprocamente con la superficie para formar organizaciones, secuencias, patrones, lazos, etc.

Un ejemplo muy sencillo de sistema activo de patrones (autoorganizador) sería la lluvia que cae sobre un paisaje virgen. Con el tiempo, su agua se convierte en arroyos, riachuelos y ríos. El paisaje ha sido alterado. Ha habido una interacción entre la lluvia y el paisaje. Ha habido actividad. Cuando vuelva a llover, el agua fluirá a lo largo de los canales que han sido establecidos.

Los sistemas pasivos tan solo registran el lugar o la forma en una superficie. Este lugar o forma tiene un significado porque se refiere a una situación predefinida. Los sistemas activos registran el lugar, el tiempo, la secuencia y el contexto. Son todos estos factores los que determinan cómo se forman los patrones, y qué se relaciona con qué.

Los sistemas activos también se denominan «sistemas de autoorganización», porque no dependen de un «organizador» externo, sino que se coordinan ellos mismos. El tema de los sistemas de autoorganización está adquiriendo gran importancia en la termodinámica, la biología, las matemáticas y la economía.

En 1968 escribí un libro titulado *The Mechanism of Mind* (publicado en 1969 por Jonathan Cape, en Londres, y por Simon & Schuster, en Nueva York. Pasó bastante inadvertido en aquella época, porque los tiempos no estaban aún preparados para aquellas ideas. En él explicaba cómo se comportan las redes nerviosas del cerebro como un sistema autoorganizador que estimula a la información entrante para que se organice a sí misma en una serie de estados estables que se suceden unos a otros: la formación de secuencias y patrones. Y describía este comportamiento de formación de patrones como el comportamiento natural de redes nerviosas muy sencillas.

Los principios que expuse en aquel libro son aceptados en la actualidad. Forman la base de los últimos avances en ordenadores: máquinas de red neuronal y neuroordenadores. Posteriormente se han propuesto varios modelos y simulaciones por ordenador de esta clase de sistema, por ejemplo el de Gerald Edelman (en 1977) y el de John Hopfield (en el Instituto de Tecnología de California). No estoy insinuando que estos desarrollos posteriores estén basados en los conceptos que yo expuse en 1969, porque ha habido más gente trabajando sobre este tema del comportamiento de las redes nerviosas. Lo que afirmo es que ideas y conceptos que resultaban extraños, disparatados e irrelevantes en aquella época integran ahora una de las principales corrientes de pensamiento. Hoy existen ramas de las matemáticas que versan sobre el comportamiento de tales sistemas. Como dato interesante, el modelo que propuse en 1969 fue simulado en ordenador por M. H. Lee y sus colegas, y se comportó como había predicho.[1] Esto es importante porque los modelos conceptuales a veces no funcionan según pronóstico.

Cuando uno se viste todas las mañanas, tiene que ponerse cierto número de prendas. Si se llevan once prendas, existen teóricamente más de treinta y nueve millones de secuencias diferentes, de las cuales

---

1. M. H. Lee y A. R. Marudarajan, *International Journal of Man-Machine Studies* (1982), vol. 17, págs. 189-210

solo unas cinco mil son practicables (por ejemplo, no se pueden calzar los zapatos antes de ponerse los calcetines). Aun así, hay que elegir entre cinco mil posibilidades.

Las matemáticas que nos dan esta enorme cantidad de opciones son sencillas y las mencionaré más adelante. La cuestión es que si nuestro cerebro tuviese que funcionar como los ordenadores tradicionales, tardaríamos casi dos días en vestirnos, una semana en preparar el desayuno y una semana en iniciar un trabajo. Tendríamos que calcular cómo sostener un vaso cada vez que lo tomamos, cómo llenarlo y cómo beber de él. Pero nos vestimos y bebemos en el tiempo normal, porque el cerebro se comporta como un sistema autoorganizador que sigue patrones de rutina. Una vez establecidos los patrones, solo tenemos que emplearlos. Deberíamos estar enormemente agradecidos a este comportamiento porque, sin él, la vida sería completamente imposible.

¿Es realmente importante que comprendamos cómo funciona el cerebro? ¿Es importante que comprendamos el tipo de información que requiere?

Sí, es importante. La filosofía y la psicología han adolecido siempre de descripciones que persiguen a otras descripciones en una complicada danza según la música de las palabras. Una descripción concuerda solamente con lo que describe. Para movernos hacia delante, debemos comprender los mecanismos subyacentes. No existe mecanismo más básico que el funcionamiento de las redes nerviosas en el cerebro. Una vez que entendemos estos mecanismos, nos liberamos de las interminables descripciones.

Podemos basarnos en esta comprensión para concebir herramientas de pensamiento (como en los procesos de pensamiento lateral). Podemos reconocer los defectos y las tendencias incorrectas del sistema y ver cómo son favorecidos por algunos de nuestros hábitos tradicionales de pensamiento. Podemos empezar a admitir la necesidad de hábitos nuevos.

En este libro examinaré, con cierto detalle, cómo llega el cerebro a formar y emplear patrones. Explicaré cómo este comportamiento de patrones es la base de la percepción y cómo da origen a aspectos de esta tales como el reconocimiento, la discriminación, la polarización, la centralización, el humor, la perspicacia, la creatividad y las ventajas y los problemas del lenguaje. Exploraré cómo afecta realmente el mecanismo de la mente a nuestro pensamiento. Muchos de los que trabajan en estos campos han mostrado interés en diseñar ordenadores capaces de pensar como el cerebro humano, en producir una inteligencia artificial. Mi objetivo al estudiar el comportamiento de estos tipos de sistemas ha sido detectar sus defectos y ser capaz de hacer un mejor uso de ellos. Me gustaría edificar sobre los puntos fuertes del sistema y minimizar sus puntos débiles. Desearía diseñar un *software* mejor para el cerebro.

Nuestros sistemas tradicionales de pensamiento se basan más en el lenguaje que en el funcionamiento del cerebro. Como resultado de ello, tienden a veces a favorecer las debilidades del sistema (tales como las polarizaciones exageradas) y a descuidar las fortalezas (creatividad y cambios de percepción).

Los patrones formados en el cerebro no son simétricos. Este es un punto crucial para la comprensión de los mecanismos cerebrales. Pero ¿qué significa esto?

Al dirigirnos en coche a un nuevo restaurante, tomamos el camino que nos es más familiar. El trayecto puede ser muy largo. Después de la cena, uno de los amigos con quienes hemos estado comiendo nos dice que hay una ruta mucho más directa para volver a casa. La tomamos y nos percatamos de que habríamos ahorrado mucho tiempo de haberla empleado la primera vez. Así pues, el trayecto que hacemos para ir al restaurante no es el mismo que seguimos para regresar. Si la secuencia de A a B no es la misma que la de B a A, los patrones no son simétricos.

Si el cerebro, como consciencia, discurre por el cauce de la carretera principal, ni siquiera nos damos cuenta de los posibles atajos, porque han sido eliminados temporalmente por la vía dominante (este es el comportamiento simple y natural de una red nerviosa, según describiré). Si, de alguna manera, podemos pasar de la carretera principal a la vía lateral, el camino de regreso al punto de partida es obvio. Este cambio de una vía a otra dio origen al término *pensamiento lateral* (atravesar los patrones, en vez de moverse arriba y abajo a lo largo de ellos). La «manera» de atravesar esos patrones es la esencia del humor.

La importancia del humor está en que indica, precisamente, la formación de patrones, su asimetría y su cambio. Nada de esto puede ocurrir en un sistema de información pasivo. Por este motivo, los filósofos, los psicólogos y los científicos de la información tradicionales tuvieron que ignorar el humor. Este no puede darse en sistemas de información pasivos. La creatividad y el pensamiento lateral tienen exactamente la misma base que el humor.

La secuencia de nuestra experiencia personal (histórica y presente), las palabras y conceptos proporcionados por la cultura y el contexto ofrecido por el medioambiente inmediato determinan el patrón de la carretera principal. Si podemos «de alguna manera» pasar a la vía lateral, encontraremos una idea creativa que será perfectamente lógica... una vez que la hayamos encontrado. Esta es la base de la perspicacia y el resultado del pensamiento lateral deliberado. Ahora hemos llegado al punto crucial que explica el motivo por el que nunca hemos sido capaces de tomar en serio el pensamiento creativo.

Toda idea creativa valiosa (conceptos y percepciones, no expresión artística) debe ser siempre lógica, vista retrospectivamente. Si no lo fuese, no podríamos reconocer jamás su valor. Tan solo parecería una idea descabellada. Podríamos validarla dentro de veinte años; o nunca, porque podría ser realmente una idea absurda.

La primera vez que escribí sobre el pensamiento lateral, muchos creyeron que era un disparate, porque era contrario, en algunos puntos, a nuestra manera habitual de pensar. En la actualidad se considera que el pensamiento lateral tiene sentido y es matemáticamente necesario en los sistemas de autoorganización.

Por desgracia, aceptando que todas las ideas creativas valiosas deben ser siempre lógicas vistas de una forma retrospectiva, hemos supuesto que una lógica mejor habría concebido anteriormente aquella idea, y que, por consiguiente, no es necesario el pensamiento creativo. Este razonamiento aparentemente «lógico» fue la causa de que no le prestásemos una atención seria y al pensamiento creativo.

Tan solo hoy en día sabemos que una idea, obvia en retrospectiva, puede ser invisible si la contemplamos previamente en un sistema de patrones... Para entender este punto es necesario comprender, aunque sea de manera superficial, la naturaleza de los sistemas de patrones. Dado que tanto hoy como antaño la inmensa mayoría de nuestros pensadores tan solo han considerado los sistemas de información pasivos, no han podido ver este punto. En este sistema tradicional no hay lugar, ni necesidad, ni mecanismo para el pensamiento creativo. Por el contrario, en los sistemas de patrones, el pensamiento creativo tiene un lugar y unos mecanismos, y es absolutamente necesario.

Esto es un ejemplo —y muy importante— de cómo nuestra incomprensión del sistema de información del cerebro puede limitar gravemente nuestro pensamiento. Por este motivo hemos sido tan pobres respecto al pensamiento creativo, tan necesario para resolver aquellos problemas que no ceden al análisis.

¿Cómo podemos deslizarnos eficazmente hasta una pista lateral que nos proporcione una perspicacia creativa? Podemos esperar una inspiración, una intuición, un accidente, un error, una oportunidad o una idea disparatada de alguien. Estas han sido las fuentes tradicionales de nuevas ideas, y de vez en cuando dan resultado. Podemos inventar y después emplear métodos que sean más deliberados y sistemáticos. Por ejemplo, podemos emplear la «provocación», que marcaremos empleando *po*, la nueva palabra que sugerí para indicar una provocación deliberada. El marcaje es necesario porque, de otra manera, declaraciones tales como «los coches deberían tener las ruedas cuadradas» parecerían absolutamente estúpidas o propias de locos. Una provocación es una declaración que está fuera de nuestros patrones normales de experiencia. Por consiguiente, nos vemos obligados a abandonar dichos patrones. Entonces podemos pasar de la provocación a un nuevo patrón y crear de este modo una idea nueva. Así, la provocación «los coches *po* tienen las ruedas cuadradas» condujo hace muchos años a un concepto de suspensión que se adaptase a los baches del suelo de manera que los coches pudiesen «deslizarse» en vez de rebotar sobre él. Este concepto se está poniendo en práctica actualmente.

Son la clase de técnicas deliberadas que empleó Peter Ueberroth con tanto éxito en los Juegos Olímpicos de 1984 en Los Ángeles, gracias a la introducción de nuevos conceptos. En aquella época el movimiento olímpico parecía condenado, ya que ninguna ciudad quería sufrir las enormes pérdidas financieras que se habían producido en los anteriores. Gracias a la creatividad de Ueberroth (y a su liderazgo), muchas ciudades compiten hoy por ser sede de los juegos. Ueberroth había aprendido las técnicas del pensamiento lateral en una charla que me habían pedido que diese en la Young Presidents Organization, nueve años antes en Boca Ratón (Florida). Él mismo lo contó en *The Washington Post* (30 de septiembre de 1984).

Existen otras técnicas de pensamiento lateral, como la de la «entrada al azar», que resultaría totalmente absurda en un sistema pasivo de información, pero que es perfectamente lógica y matemáticamente sensata en un sistema de autoorganización.

¿Qué más podemos aprender del comportamiento de los sistemas de información activa que crean y emplean patrones?

Dejemos caer una bola de acero en la playa y se introducirá directamente en la arena, en el sitio donde la hayamos soltado. Dejemos caer la misma bola en la parte ancha de un embudo. La soltemos donde la soltemos (dentro del radio del embudo), siempre saldrá de él por el mismo sitio. El agua que cae en cualquier parte de la cuenca (zona de captación) de un río terminará en aquel río. En un sistema de autoorganización, los patrones se comportan de la misma manera. Tienen una amplia zona de captación. Esto significa que muchos patrones inestables conducirán, todos, al mismo patrón estable. Este comportamiento de captación es lo que llamamos «centralización».

Centrar es una propiedad muy útil de la percepción, porque significa que podemos reconocer cosas y situaciones aunque no estén exactamente bajo la forma en que las conocemos. Podemos reconocer un plato desde cualquier ángulo, incluso cuando una fotografía muestre que es ovalado desde aquel ángulo.

El lenguaje se basa en esta propiedad de centralización y captación de los patrones. Aunque esto es muy útil en general, existen algunos problemas. Solo podemos percibir las cosas a través de patrones establecidos. El inglés es quizás uno de los idiomas más ricos del mundo por su abundancia de palabras y de matices. Es excelente para la descripción, pero muy pobre para la percepción. (Esto puede sorprender, e incluso molestar, a los que tanto valoran la eficacia y la variedad de esta lengua). En inglés no hay muchas gradaciones entre «amigo» y «enemigo» y entre «me gusta» y «me disgusta». Existen muchas maneras de describir grados intermedios, pero se trataría de una descripción postsuceso. El lenguaje esquimal, en el norte de Canadá, podría tener hasta veinte gradaciones entre «amigo» y «enemigo». Incluso cuentan con una palabra para decir: «Me caes muy bien, pero no iría a cazar focas contigo». Dicha palabra permite al observador percibir a otra persona de igual manera.

La mente puede ver únicamente lo que está preparada para ver. El cerebro tiene que utilizar los patrones y captaciones existentes. Cuando creemos que estamos analizando datos, en realidad solo estamos probando nuestro depósito de ideas existentes para ver cuál de ellas se adapta mejor. Es cierto que si nuestro depósito es rico, el análisis resultará adecuado.

Pero el análisis de datos no producirá nuevas ideas por sí solo. Este es un punto bastante importante, porque toda la base de la ciencia y del progreso se apoya en la creencia de que el análisis de datos producirá todas las ideas que necesitamos para avanzar.

De hecho, el creador de nuevas ideas tiene que hacer mucho «trabajo de ideas» en su mente y, después, cotejar estas ideas con los datos. El simple análisis de los datos no es suficiente.

Aprender a jugar al tenis, a ejecutar unos nuevos pasos de baile, a manejar un velero requiere generalmente mucha práctica y repetición. Sabemos por experiencia que el aprendizaje exige tiempo y repetición.

¿Cuántas veces necesitas poner el dedo en una llama para aprender a no hacerlo? Solo una. ¿Cómo puede ser tan rápido el aprendizaje? El dedo en la llama puede ser el ejemplo más simple de un sistema de «creencias». Un sistema de creencias es una manera de percibir el mundo que nos impide poner a prueba la validez de dichas creencias.

Los sistemas de creencias crean percepciones que las refuerzan. Pueden ser tan poderosos que incluso hay personas dispuestas a dar la vida por sus creencias.

La mente tiene que formar sistemas de creencias porque, sin ellos, nunca pondría en conexión sus diferentes experiencias. Son prácticos y necesarios. Las redes nerviosas del cerebro establecen muy fácilmente las estructuras circulares que probablemente forman la base de nuestros sistemas de creencias. Esta función conectiva del cerebro surge directamente de la manera en que los nervios se entrelazan y nos permite creer en la relación causa/efecto y otras (como presumió Kant).

¿Qué hay de verdad en los sistemas de creencias? ¿Qué significa la verdad en la percepción, en la creencia y en la lógica? Fuera del juego particular de las matemáticas, ¿es la propia «verdad» un sistema de creencias? Sin duda algunas verdades son ciertamente verdaderas. Otras son utilizables como «verdaderas». Tal vez el valor social de la verdad es como un destino, siempre y cuando no creamos que ya hemos llegado. Estas son algunas de las cuestiones que me propongo examinar con más detalle en este libro.

¿Qué ocurrirá si preferimos seguir dándonos por satisfechos con nuestros hábitos tradicionales de pensamiento en lugar de acometer un nuevo Renacimiento?

Todos nuestros problemas actuales podrían simplemente desvanecerse y el mundo se convertiría en un lugar mejor. ¿Por qué? Porque este podría ser el ciclo del destino o del desarrollo.

Podríamos llegar a ser aún más adeptos a afrontar los problemas según nuestras tradicionales técnicas de pensamiento. ¿Por qué? Porque hemos adquirido más experiencia y tenemos más información a nuestro alcance.

Los cambios en los valores pueden ser suficientes para impulsar nuestras técnicas disponibles de pensamiento hacia la resolución de todos los problemas. ¿Por qué? Porque el defecto no está en nuestras técnicas de pensamiento sino en nuestro marco de valores.

Podríamos darnos o no darnos por satisfechos con las justificaciones que acabo de exponer. Pero tal vez haya llegado el momento de valorar la adecuación de nuestros métodos disponibles para progresar. Estos métodos son el concepto de comportamiento inteligente, el concepto de evolución, el toma y daca de la argumentación política, el análisis de problemas, el análisis de datos para generar nuevas ideas, las lecciones de la historia y los cambios fundamentales en los valores. Podríamos definir nuestros métodos disponibles como «el funcionamiento inteligente de la lógica tradicional a partir de la información existente dentro de un marco de valores».

Creo que estos métodos son inadecuados. Ciertamente, la inteligencia no lo es todo. Hay muchos individuos sumamente inteligentes que son pobres pensadores. Por ejemplo, una persona inteligente puede emplear su pensamiento simplemente para defender un punto de vista. Cuanto más hábil sea la defensa, menos verá esta persona la necesidad de explorar el tema, de escuchar a otros o de generar alternativas. Esto es lo que yo considero un pensamiento pobre.

La relación entre la inteligencia y el pensamiento es similar a la que existe entre un automóvil y su conductor. Los caballos y la mecánica del automóvil representan un «potencial». Pero la manera en que funciona un vehículo depende también de la habilidad del conductor. Un coche potente puede ser mal conducido. Uno más modesto puede ser bien conducido.

Hemos puesto mucha fe en la evolución como un camino hacia el progreso. Esto es porque creemos que funciona bien y también porque sentimos mucho recelo ante el futuro y las ideas diseñados, ya que creemos que se conciben desde un punto de vista particular. Pensamos que los diseños no pueden tomar en cuenta todos los factores relevantes. No se ajustan ni a la naturaleza ni a las necesidades humanas, ni se puede prever la reacción que provocarán... Muchos de estos argumentos son válidos. Pero seguimos diseñando: constituciones, sistemas legales, medicamentos, automóviles y alfombras.

Preferimos confiar en la evolución porque es gradual y permite que la presión de las necesidades, de los valores, de las reacciones y de los acontecimientos dé forma a ideas. Permite que la crítica ejerza su fuerza moldeadora. Las malas ideas morirán. Las buenas ideas sobrevivirán y se harán incluso mejores. Realmente nos gusta el método de la evolución porque se adapta a nuestros hábitos tradicionales de pensamiento. El cambio tiene su propia energía y podemos modificarla y controlarla por el uso de nuestras facultades críticas, porque la crítica es la base de nuestra tradición de pensamiento. La evolución es también colectiva y parece democrática, mientras que el diseño siempre parece autocrático.

A pesar de todas estas excelentes razones para preferir la evolución y confiar en ella, hay un serio defecto en el proceso evolucionista. Suponte que te dan varios bloques de madera de forma geométrica (cuadrado, rectángulo, triángulo, etc.) de uno en uno y te dicen que trates de juntarlos de manera que resulte un perfil geométrico más grande según los vas añadiendo.

Cuando te dan la pieza siguiente, construyes sobre lo que ya tienes. Lo que tienes en el momento determina lo que harás a continuación. En caso de que sea completamente imposible construir sobre lo que tienes, separarás todas las piezas y empezarás de nuevo. El problema surgirá cuando lo que obtengas al construir sobre lo que ya tienes sea poco adecuado. Llegado a este punto, deberías volver atrás y separar todas las piezas por orden para empezar de cero e ir colocándolas de la mejor manera sin tener en cuenta la secuencia en la que te han sido entregadas.

El fallo de la evolución es que la secuencia de desarrollo determinará las ideas y estructuras que podemos usar. Si la línea de desarrollo es adecuada, procedemos a lo largo de ella. Solamente si es desastrosa volvemos atrás y pensamos de nuevo. Así, las ideas y estructuras que utilizamos pueden quedarse muy cortas respecto a lo que se puede hacer con el conocimiento de que disponemos. La evolución no es en modo alguno un mecanismo eficaz (porque depende de la secuencia). En el mejor de los casos es solo adecuada.

En cierto sentido, el lenguaje es un museo de ignorancia. Cada palabra y cada concepto han entrado en el lenguaje en una fase de ignorancia relativa, en comparación con nuestra mayor experiencia actual. Pero las palabras y los conceptos quedan congelados de manera permanente por el lenguaje, y nosotros debemos emplearlos para enfrentarnos con la realidad actual. Esto significa que podemos vernos obligados a considerar las cosas de manera inadecuada.

La palabra *diseño* debería ser muy importante porque cubre todos los aspectos del proceso de juntar cosas para lograr un efecto. En realidad el uso del lenguaje la ha convertido en una palabra de significado restringido. Pensamos en ella solamente en términos de gráficos, mecánica y arquitectura. Para muchas personas implica simplemente un aspecto visual, como en el caso de la moda.

El lenguaje no podría por sí solo crear la palabra *po*, porque no está en la línea de evolución. Pero *po* es necesaria, tanto matemática como socialmente. Cuando yo enseñaba en la Escuela 57 de Moscú, uno de mis alumnos dijo que los jóvenes tenían una verdadera necesidad de *po*, pues sin ella solo veían las cosas como eran y no como podrían ser.

Si la evolución no es suficiente, ¿deberíamos recurrir a la revolución? Esta es la respuesta acostumbrada a un cambio de sentido necesario pero tan radical que la evolución no puede producirlo. En la mayoría de las sociedades, la revolución tal y como la entendemos tradicionalmente ya no tiene sentido. Las revoluciones son peligrosas, caras y sumamente destructivas. Y al final puede que solo reemplacen al grupo que gobierna, sin cambiar realmente el sistema.

Casi necesitamos un nuevo término —*provolución*— para expresar un cambio que sea más radical que la evolución pero más gradual que la revolución. Es el tipo de cambio que proponía en mi libro *Positive Revolution for Brazil*. Las armas no son las balas, sino las percepciones y los valores. Los pasos son cortos pero acumulativos. Se trabaja continuamente para hacer algo mejor y no para la destrucción de un enemigo. Se basa en la lógica del agua y no en la lógica pétrea.

Los medios de difusión, el arte y la cultura pueden ser mecanismos poderosos para generar un cambio en los valores. No hace mucho que los no fumadores casi tenían que pedir perdón por no fumar. Hoy en día, son los fumadores quienes se apartan y se disculpan. La creciente preocupación por el medioambiente y los valores ecológicos muestran lo acumulativos y poderosos que pueden ser la opinión expresada y los grupos de presión cuando se trata de cambiar valores sociales. Los políticos siguen la corriente porque, de otra manera, podrían perder votos. En algunas sociedades, la posición de la mujer y de las minorías ha cambiado gracias a los mismos mecanismos.

También debemos recordar que, a veces, los cambios de valores pueden ser perjudiciales. Los manifiestos cambios de valores dieron poder y cohesión a la Alemania nazi. El fomento de la hostilidad y de la guerra ha sido responsable de muchas agresiones. El prejuicio y la persecución surgieron también, en el pasado, de valores fomentados.

La buena voluntad general y la creciente presión de los cambios de valores contribuyen de manera importante al progreso. El movimiento de «crecimiento lento» en California, aunque a veces se base en motivos egoístas («en mi patio, no»), puede llevar a una reconsideración del crecimiento urbano por el crecimiento mismo. No importa lo poderosos que sean los cambios de valores, siempre habrá una necesidad de nuevos conceptos con el fin de ponerlos en práctica. A veces basta con estar en contra de algo. Los grupos de presión pueden ser poderosos para poner término a algo. Pero, en muchos casos, lo que se necesita realmente son ideas constructivas. Si no se quiere transportar petróleo, por el peligro de contaminación, ¿qué hay que hacer? Si no se desea que más población se desplace a las grandes ciudades, ¿qué medidas hay que tomar?

En cierto modo, los grupos de presión comparten nuestros hábitos de confrontación tradicionales. Es suficiente estar contra algo: debemos permitir que la otra parte decida qué hacer. Lo cual supone poner demasiada confianza en las capacidades constructoras del «otro bando».

El toma y daca de la argumentación política tiene poco, o ningún, poder constructivo/creativo. Esto se debe a que nunca se pretendió que la argumentación fuese creativa o constructiva. La argumentación tiene como objeto revelar la verdad, no crearla.

Puede oponer una idea mala y modificar, y por ende mejorar, una idea buena. Pero no diseña nuevas ideas, de la misma manera que la función de las tijeras de podar no es cultivar el jardín. Los políticos no tienen que ser creativos. Para concebir ideas, les basta con escuchar a sus asesores y analistas.

Somos buenos para el análisis. Todos los centros de educación —en especial al más alto nivel (la Harvard Business School, las grandes Écoles de Francia)— ponen el mayor énfasis intelectual en el análisis. Seguramente, si analizas de forma correcta una situación o un problema, sabrás lo que tienes que hacer al respecto. Esto es evidentemente cierto y, al mismo tiempo, ha sido una de las mayores falacias del pensamiento occidental.

Si analizas tu incomodidad y descubres que es debida a que te has sentado sobre un alfiler, quitas el alfiler y todo arreglado. Descubrir la causa y eliminarla. Algunos problemas son de este tipo. Algunas enfermedades tienen como causa una invasión bacteriana. Para sanarse basta con matar a las bacterias.

Pero hay ocasiones en las que no podemos encontrar la causa del problema. O podemos encontrarla, pero no eliminarla; por ejemplo, la codicia humana. O puede haber múltiples causas. ¿Qué hacemos entonces? Continuamos analizando, y analizamos los análisis de otros (erudición). Más y más análisis no van a ayudarnos, porque lo que necesitamos es un diseño. Necesitamos diseñar una manera de resolver el problema o una manera de vivir con él.

Somos mucho mejores en el análisis que en el diseño de un proyecto, porque nunca hemos puesto bastante énfasis en este. En educación, hemos sentido que el diseño era necesario en arquitectura, ingeniería, gráficos, teatro y moda, pero no en otros sectores en los que el análisis se encargaría de revelar la verdad. Y si estás en posesión de la verdad, la acción es fácil. Para diseñar necesitamos un pensamiento constructivo y creativo y tener en cuenta las percepciones, los valores y a la gente. Este énfasis tradicional (parte de nuestra herencia pensante) sobre el análisis más que sobre el proyecto es lo que hace que algunos problemas (como la drogadicción) sean tan difíciles de resolver.

Siempre hemos dependido del análisis, no solamente para resolver problemas, sino también como fuente de nuevas ideas. La mayoría de los que trabajan en educación, ciencia, negocios y economía cree todavía que el análisis de datos nos dará todas las nuevas ideas que necesitamos. Desgraciadamente, esto no es así. La mente solo puede ver lo que está preparada para ver. Por eso, después de un gran avance científico, miramos atrás y descubrimos que todas las pruebas necesarias estaban a nuestro alcance mucho tiempo antes, pero las veíamos a través de la antigua idea (paradigma de Kuhn). Hay una necesidad desesperada de la clase de «trabajo de la idea» o esfuerzo conceptual que hicieron Einstein en su campo y Keynes en el suyo. Sabemos que esto es importante, pero nos contentamos con dejar que ocurra por casualidad o por obra de un genio, porque nuestras tradiciones de pensamiento sostienen que con el análisis es suficiente.

¿Qué decir de las lecciones de la historia como contribución al cambio? Nuestra cultura de pensamiento le da una enorme importancia al estudio de la historia, considerando que es el verdadero laboratorio de la conducta humana y de la interacción de los sistemas.

En los tiempos del último Renacimiento, los pensadores podían avanzar mucho más deprisa mirando atrás que mirando adelante. Fue una época insólita. Al contemplar el pasado, descubrieron la sabiduría y los conocimientos almacenados del pensamiento griego, romano y árabe. Esto era excelente en sí mismo, y todavía más si lo comparaban con el pensamiento rígido de su propia sociedad medieval.

Esta sabiduría acumulada durante siglos podía descubrirse mediante el ejercicio de la «erudición». Por ese motivo la erudición se convirtió en ingrediente clave de la tradición intelectual, cuando esta tradición empezaba a establecerse. Era muy adecuada para aquellos tiempos. Sin embargo, en la actualidad no lo es tanto, porque podemos conseguir más si miramos hacia delante. La erudición tiene su valor y su sitio, pero se adueña de una porción demasiado grande de recursos y esfuerzos intelectuales.

Hay una obsesión por la historia. La historia existe y aumenta en cantidad, tanto porque aprendemos más acerca de ella como porque la creamos día a día. Podemos hincarle el diente de nuestras mentes. La historia es atractiva porque siempre es posible encontrar un hueco y porque el esfuerzo es siempre recompensado, en contraste con muchas materias en las que años de esfuerzo puede que no sirvan de nada. Es atractiva para las mentalidades que prefieren el análisis al diseño (solamente en la antigua Unión Soviética podrá «rediseñarse» la historia). También es refugio, a veces, de mentes que no llegarían muy lejos en otros campos.

La historia tiene un papel importante que representar. Pero las tradiciones occidentales de pensamiento, establecidas por el pasado Renacimiento, están demasiado obsesionadas con ella. Se le da veinte veces más importancia a la historia que al diseño. Sin embargo, este es, como mínimo, tan importante como aquella.

Es fácil escribir sobre historia. Por eso la cultura literaria a veces parece una cultura de cadáveres, que presta el grueso de su atención a los muertos y al pasado.

Históricamente, la educación ha estado siempre preocupada por el conocimiento. Se aprendían valores culturales de la familia y de la Iglesia. Se heredaban valores operativos del padre o del maestro a través de un largo aprendizaje. El objetivo de la educación ha sido transmitir conocimiento. Y es sencillo hacerlo porque puede exponerse en libros y es fácil de comprobar. ¿Es suficiente el conocimiento? Cuando un estudiante sale de la escuela, tiene que empezar a operar respecto al futuro: decisiones, opciones, alternativas, planes, iniciativas... Aunque tuviera un conocimiento completo del pasado, el empleo de este conocimiento para la acción futura requiere «pensar». Al conocimiento básico debemos añadirle la capacidad pensante necesaria para «hacer». Hace muchos años sugerí el término *operancia* para describir esta capacidad. Implica, entre otras cosas, un examen de las consecuencias de la acción, una consideración de factores relevantes, la valoración de prioridades, la atención a los intereses de otras personas, una definición de objetivos, etc.

Todos estos puntos podrían enseñarse específicamente en las escuelas; por ejemplo, el programa de pensamiento de CoRT.[1] Muchos países (Estados Unidos, Canadá, China, Rusia, Australia, Bulgaria, Malasia, Venezuela, Singapur, etc.) emplean este programa. Es obligatorio

---

1. CoRT (Cognitive Research Trust o Fundación Para la Investigación Cognoscitiva). Se trata de un programa de sesenta lecciones publicado por S.R.A. para la enseñanza directa del pensamiento como materia escolar.

en todos los colegios de Venezuela y se aplica en las escuelas más importantes de China. Crece rápidamente en Estados Unidos y el Gobierno de Singapur proyecta introducirlo en todos los colegios, después de haber hecho numerosas pruebas. Lo importante es que las técnicas de pensamiento de *operancia* son muy diferentes de las utilizadas en el debate y en el pensamiento crítico, aunque estas últimas se incluyen como una parte del programa.

El conocimiento y las técnicas de pensamiento crítico no son suficientes. La mayoría de los educadores tarda mucho tiempo en darse cuenta de esto. Esta realidad se debe en parte a que la educación se convierte fácilmente en un mundo dentro de sí mismo, elige, establece y satisface sus propias prioridades sin tomar demasiado en consideración el mundo exterior. ¿Deberíamos condenar nuestros métodos tradicionales de pensamiento, establecidos por el último Renacimiento? ¿Acaso no nos han sido útiles en la ciencia, la tecnología, la democracia y el desarrollo mismo de la civilización?

No hay duda de que nuestra cultura de pensamiento nos ha llevado muy lejos. No tiene sentido especular sobre si otra cultura de pensamiento podría habernos llevado todavía más lejos —especialmente en cuestiones humanas—, porque tal especulación no podría ponerse a prueba. Pero podemos examinar debidamente nuestra cultura tradicional de pensamiento y darnos cuenta de que es inadecuada. Pudo ser adecuada en el período en que se desarrolló (la antigua Grecia y la Europa medieval), pero no hay que olvidar que en aquellos tiempos había sociedades estables, percepciones aceptadas y avances técnicos muy limitados. Actualmente el cambio acelerado y la naturaleza desigual de este cambio están originando problemas. En parte, estos problemas son debidos al «ingenio» de nuestros sistemas tradicionales de pensamiento y a una falta de «sabiduría».

La inadecuación de nuestra cultura tradicional de pensamiento puede precisarse en que necesitamos:

- Pasar de un modelo de pensamiento destructivo a un modelo de pensamiento constructivo.

- Cambiar la argumentación por la genuina exploración de los temas.
- Superar nuestra preferencia por el pensamiento crítico y colocarlo por debajo del pensamiento constructivo.
- Poner el mismo énfasis en las técnicas de diseño que en las de análisis.
- Trabajar tanto con ideas como con información y darnos cuenta de que el análisis de datos no es suficiente.
- Pasar de la obsesión por la historia a la preocupación por el futuro.
- Poner tanto énfasis en la *operancia* como en el conocimiento. La facultad de hacer es tan importante como la de conocer.
- Ser conscientes por fin, de que el pensamiento creativo es una parte seria y esencial del proceso del pensamiento.
- Desplazarnos de la lógica de proceso a la lógica de percepción (de la lógica pétrea a la lógica del agua).
- Pasar del ingenio a la sabiduría. La percepción es la base de la sabiduría.

Nuestra cultura de pensamiento es limitada e ineficaz; ¿es por tanto peligrosa? Un cocinero incompetente no es más que incompetente. Un conductor de automóvil incompetente es peligroso. Hay algunos peligros que nacen directamente de la naturaleza de nuestra cultura tradicional de pensamiento.

Hay otros que nacen de la complacencia y de la arrogancia con las que nos empeñamos en que es adecuada una cultura de pensamiento que resulta claramente inadecuada.

Entre los peligros directos están las limitaciones de la percepción, las polarizaciones, los efectos engañosos del lenguaje, los enfrentamientos innecesarios, los preceptos morales y las creencias agresivas. Muchos de estos peligros son directamente responsables del dolor que el hombre ha infligido al hombre. Es justo decir que los mismos métodos de pensamiento pueden también haber protegido al hombre de muchas desgracias, como en el caso del derecho y de la medicina.

Tal vez los mayores peligros son los de la arrogancia y la complacencia y la capacidad de defenderlas. El reconocimiento de la inadecuación es el preludio del cambio. La defensa arrogante es una negación de toda necesidad de cambio. Si creemos que nuestros hábitos de pensamiento son perfectos —como cree mucha gente—, nunca veremos la necesidad de completarlos con más hábitos de pensamiento (creativo, constructivo, de planificación, etc.). Siempre podemos defender nuestra cultura de pensamiento porque es, fundamentalmente, un sistema de creencias particulares que se basa en conceptos de verdad y de lógica. Todo sistema de creencia establece un armazón de percepción dentro del cual no puede ser atacado. La arrogancia de la lógica significa que, si tenemos un argumento lógicamente impecable, debemos de tener razón: «Yo tengo razón; tú estás equivocado».

Sin embargo, el valor de toda conclusión depende tanto de la validez de la lógica como de la validez de las percepciones y los valores de partida. Un ordenador defectuoso producirá disparates. Un ordenador que funcione perfectamente producirá también disparates, si el *input* es disparatado. Cualquier estudiante de lógica lo sabe.

Todo estudiante de lógica sabe, además, que la excelencia de la lógica no puede nunca compensar los problemas de inadecuación de la percepción. Pero pasamos por alto este punto por tres razones. La primera de ellas es que en las sociedades estables en las que se desarrollaron las reglas de la lógica ciertos axiomas o percepciones eran comunes y aceptados por todos. Por ejemplo, Euclides construyó su geometría sobre axiomas que, tal y como se demostró mucho tiempo después, resultaron más bien particulares y que tan solo eran aplicables en superficies planas. La segunda razón es que presumimos que la propia lógica podía emplearse para justificar las percepciones, lo que constituye un espejismo peligroso que lleva a engaño. La tercera, y tal vez la más importante, es que no sabemos cómo abordar la percepción.

La persona inteligente siempre puede triunfar en una discusión eligiendo percepciones, valores y circunstancias adaptadas a la lógica.

El mayor peligro reside, tal vez, no en la arrogancia con que defendemos nuestro sistema de pensamiento, sino en la complacencia con que nos aferramos a él... porque no podemos concebir otra cosa. Esta complacencia significa que hemos canalizado hasta tal punto nuestro esfuerzo intelectual, nuestros recursos, educación y valoraciones, en los métodos existentes, que los nuevos (y necesarios) hábitos de pensamiento no tienen la menor oportunidad. No quedan recursos, y muchos educadores me han dicho, simplemente, que no hay tiempo en las escuelas para enseñar a pensar.

Nos encontramos tan encerrados en nuestras instituciones y estructuras como lo estamos en las creencias. Lo paradójico es que al avanzar hacia el futuro tenemos más necesidad de cambio que nunca y, sin embargo, hay menos espacio para el cambio porque todas las posiciones están ocupadas. Confiamos tanto en la excelencia de la argumentación para el ataque y la defensa que no vemos que algo puede ser «acertado» pero resultar inadecuado dentro de un marco más amplio. Para la defensa, nos negamos a ver o aceptar este marco más amplio. No nos damos cuenta de que los razonamientos con que defendemos el argumento carecen de los aspectos constructivos y creativos de pensamiento que tanta falta nos hacen. Por eso se impone la necesidad de sugerir, proponer y anunciar un nuevo Renacimiento, y trabajar en él.

Hay quienes se han apartado de la rigidez, las argumentaciones y los juegos de palabras del pensamiento tradicional y han vuelto la espalda por completo al pensamiento. Se han inclinado hacia la espiritualidad, las emociones, el misticismo y una preocupación general basada en la buena voluntad para con la humanidad y la naturaleza. Esta actitud interior ha sido siempre un ingrediente valioso para el desarrollo tanto del individuo como de la sociedad. ¿Será suficiente?

Hay que diseñar y construir puentes. Hay que hacer funcionar sistemas económicos. Hay que prestar servicios sanitarios. ¿Son suficientes las actitudes correctas y los valores elevados para que todo esto funcione? La espiritualidad de Oriente va acompañada de una pasividad y una aceptación que pueden proporcionar una filosofía completa si esta aceptación incluye también elementos que algunas culturas consideran inaceptables (la pobreza, la mala salud). Además, la confianza en la buena voluntad da mejores resultados en las comunidades pequeñas donde la mayoría tiene las mismas percepciones y valores. No deberíamos olvidar que los «sentimientos íntimos», la «verdad» y la «justicia» pueden no ser una protección contra los peligros de los «preceptos morales».

Por muy útiles que sean estas directrices de la Nueva Era, creo que no deberíamos abandonar el empleo del mejor recurso: la mente humana y su pensamiento. Más bien, deberíamos tratar de desarrollar hábitos de pensamiento que sean más constructivos y más creativos que los que tenemos ahora. Para ello necesitamos los valores de la llamada Nueva Era, pero también el pensamiento del nuevo Renacimiento. Los valores no bastan. El pensamiento no es suficiente. Necesitamos percepciones, valores y pensamiento.

No se trata solamente de ser un poco más positivos y constructivos en nuestro pensamiento. Si así fuera, no estaría escribiendo este libro. Vale la pena exhortar a la gente en esa dirección, pero eso pueden hacerlo otros mucho mejor que yo. Se trata de algo más fundamental y más serio que una exhortación.

Si da la sensación de que en estas páginas arremeto contra muchos de los aspectos de nuestra cultura tradicional de pensamiento (identidad, contradicción, dicotomías, lógica, lenguaje, argumento, análisis de datos, historia, etc.), es porque precisamente tal era mi propósito al escribirlas.

Ahora que sabemos mucho más acerca de los sistemas de información autoorganizadores, podemos empezar a poner en tela de juicio la suficiencia y la perfección de los hábitos tradicionales de pensamiento, que hasta la actualidad hemos venido dando por ciertas. ¿Quiere esto decir que nuestros métodos tradicionales de pensamiento son erróneos o falsos?

Yo creo que nuestros métodos tradicionales de pensamiento se basan en un modelo erróneo de sistema de información; pero un método puede tener un fundamento falso y ser no obstante muy valioso en la práctica. Calificar algo de erróneo o de falso es típico de nuestra cultura de pensamiento; pero, para mi propósito, basta con considerar nuestros métodos tradicionales de pensamiento como limitados, inadecuados y peligrosos en algunos aspectos.

Una sierra es una herramienta excelente para cortar madera, pero si queremos juntar dos trozos, necesitamos un martillo y clavos, o cola, o tornillos y un destornillador. De manera parecida, el análisis ocupa un lugar, pero también es necesario el diseño constructivo.

Supongo que podríamos diseñar un sistema de pensamiento mejor que el sistema actual, aunque para sus fines, el sistema actual funciona muy bien. Un ejemplo sencillo: en vez de enfrentar una tesis a otra, ambas partes podrían exponer paralelamente sus tesis y hacer después comparaciones. También podríamos diseñar nuevas operaciones, nuevos conceptos, nuevas palabras para nuestros lenguajes existentes e incluso lenguajes totalmente nuevos para el pensamiento (un proyecto en el que estoy trabajando). Todo esto requerirá tiempo. De momento, podemos continuar cortando madera con la sierra, pero siendo conscientes de sus limitaciones.

Sospecho que muchos se sentirán agraviados por las ideas lanzadas en estas páginas. Ideas como estas solo pueden expresarse en un libro. Pero los guardianes de la cultura se basan en el lenguaje. Cualquier libro tiene que pasar a través de esta puerta «literaria». Como mucho de lo escrito en esta obra pone en tela de juicio la suficiencia de nuestros argumentos y lógica tradicionales fundados en el lenguaje, no espero una respuesta muy objetiva. Por consiguiente, los lectores tendrán que sacar sus propias conclusiones.

Probablemente hemos llegado a una etapa en que el progreso en filosofía o psicología requiere la comprensión del sistema de información subyacente y de su base neurofisiológica. Esto es algo que combatirán con vehemencia aquellos que tienen un historial en humanidades y creen que los tradicionales juegos de palabras son suficientes. Este dilema será un obstáculo para el progreso de la sociedad. Sin embargo, en nuestra preocupación por el medioambiente, en algún punto la buena voluntad tiene que aliarse con la comprensión científica.

Quienes se dedican a la cibernética, a las matemáticas y a las ciencias de la información se sentirán mucho menos molestos con este libro que los que tienen una mentalidad literaria o legalista. Los hombres de negocios y los interesados en hacer cosas (que no es lo mismo que describir cosas) verán asimismo la necesidad de la *operancia* y del pensamiento constructivo-creativo. También hay muchos que siempre han sentido que el «diseño» es tan importante como el «análisis».

Desde luego, se dirá que, si abandonamos los decisivos «bueno» y «malo» del pensamiento tradicional, ¿cómo podría la sociedad hacer frente a un fenómeno como Hitler? La respuesta es muy sencilla: la sociedad se enfrentaría a Hitler de la misma manera en que se enfrenta a un perro rabioso, a un camión sin frenos, a un vertido contaminante de petróleo o a una epidemia de meningitis: adecuadamente. Salir del simple marco «bueno/malo» no significa que todo sea siempre bueno ni que todo sea siempre malo. Los extremos «siempre» y «nunca» forman parte de nuestra necesidad tradicional de lo absoluto en la que se basa nuestra lógica de identidad/contradicción. Por ejemplo, tenemos el precepto general de que ensayar las cosas es una buena política para ampliar la experiencia. ¿Quiere esto decir que hay que ensayar el salto desde una ventana de un duodécimo piso o probar el sabor del cianuro?

¡Hay tantos sectores en los que necesitamos urgentemente nuevas ideas! Necesitamos nuevas ideas, por ejemplo, en economía —valorar los daños potenciales y no solo la producción—, en política —un poder limitable en lugar de absoluto—, en ecología —los «aranceles ecológicos»—, en la calidad de vida, en organizaciones y comportamientos, en el uso de la tecnología, en educación, etc., etc. Nuestros hábitos tradicionales de pensamiento no proporcionan estas nuevas ideas. Demasiadas mentes brillantes se han visto limitadas y esterilizadas por estos hábitos.

Necesitamos un nuevo Renacimiento, y creo que ya ha comenzado. Yo simplemente estoy poniendo un poste indicador en el camino, entre los muchos que se levantarán con el tiempo. Es asunto de cada individuo ignorarlo o prestarle atención. El nuevo Renacimiento se basará en el pensamiento constructivo y creativo. Se ocupará de las percepciones, los valores y la gente. Hay una base para el pensamiento del nuevo Renacimiento. De todo ello trata este libro.

EDWARD DE BONO,
Palazzo Marnisi
Malta

NUESTRO SISTEMA
DE PENSAMIENTO

A continuación enuncio algunos de los temas que voy a abordar en
este libro:

- Por qué es el humor la característica más significativa del cerebro humano y por qué los filósofos clásicos siempre lo han
  ignorado.
- Por qué, contrariamente a la opinión tradicional, el cerebro
  puede ser un mecanismo muy simple que funciona de una manera sumamente compleja.
- La importantísima diferencia entre nuestros habituales sistemas de información pasivos y los sistemas activos.
- Por qué la propia excelencia del lenguaje para la descripción
  lo ha hecho tan tosco e ineficaz para la percepción.
- Por qué podemos ver solamente lo que estamos preparados
  para ver.
- Por qué puede ser mucho más fácil aprender cosas observando el pasado que enfocándose en el futuro.
- Por qué los patrones o moldes tienen áreas amplias tanto de
  captación como de discriminación.

- Por qué las tradiciones de pensamiento clásicas respecto a la verdad y la razón, que heredamos de los griegos, pueden haber llevado a la civilización por un camino equivocado.
- Por qué estamos obsesionados con la historia.
- Por qué llamo a nuestro razonamiento tradicional «lógica de tablero».
- Por qué hemos tenido tanto éxito en materias técnicas y sin embargo hemos progresado tan poco en cuestiones humanas.
- Por qué el análisis de datos no puede producir por sí solo nuevas ideas e incluso es poco probable que descubra ideas antiguas en los mismos datos.
- Cómo podemos pasar del comportamiento de una neurona en una red neuronal al comportamiento de la mente en política, en economía y en un conflicto mundial.
- Cómo podemos tener un sistema de patrones y disfrutar sin embargo de libre albedrío.
- Por qué hemos fracasado completamente en entender la creatividad y por qué algo que resulta lógico visto retrospectivamente puede ser inaccesible a la lógica en el momento de su nacimiento como idea.
- Por qué la argumentación lógica no ha conseguido nunca cambiar prejuicios, creencias, emociones o impresiones. Por qué estos solo pueden cambiarse a través de la percepción.
- Por qué resulta tan fácil establecer creencias en un sistema de autoorganización y cómo producen la única verdad perceptiva.
- Cómo nos ha atrapado la lógica tradicional con la rigidez de sus principios absolutos.
- Cómo podemos diseñar herramientas creativas específicas que puedan utilizarse deliberadamente para generar nuevas ideas.
- Por qué quizás no haya una razón para decir algo hasta después de que se ha dicho: la lógica de la provocación que es matemáticamente necesaria en un sistema de patrones.
- Cómo es que una palabra sencilla, obtenida al azar, puede llegar a ser una herramienta creativa tan poderosa.

- Por qué es urgente la invención de nuevas palabras que ayuden a nuestro pensamiento.
- Por qué son necesarias las funciones (tales como «valor cero») asumidas por la nueva palabra *po*.
- Por qué el método científico establecido y su exigencia de la hipótesis más razonable es perceptualmente defectuoso.
- De qué manera la curva de Laffer constituye un gran problema en nuestro pensamiento tradicional.
- Por qué nuestro arraigado modo de argumentación se propone la exploración motivada de un tema, pero al poco tiempo abandona dicha exploración.
- Por qué nuestro modelo subyacente de progreso —evolución basada en el «ir tirando»— está condenado a ser ineficaz.
- Por qué, a menos que tengamos en cuenta el comportamiento sistemático de la mente humana, la filosofía nunca pasará de ser un mero juego de palabras.
- Por qué las falsas dicotomías que hemos construido con el fin de poner en práctica el principio lógico de contradicción han sido tan especialmente desastrosas.
- Por qué tanto la poesía como el humor ilustran tan bien la lógica de la percepción, que es diferente de la lógica de la razón.
- Por qué dejamos la percepción al reino del arte, y por qué el arte ha hecho tan poco.
- Por qué la mejor descripción de la verdad es una constelación particular de circunstancias con un resultado particular.
- Cómo podemos, en definitiva, extraer una nueva ideología de la tecnología de la información, de la misma manera que Karl Marx la extrajo de la tecnología de la máquina de vapor de la revolución industrial.

ASUNTOS HUMANOS

Quiero volver a un tema que he tocado anteriormente. La propia excelencia de nuestros logros tecnológicos sirve para poner más de manifiesto nuestra falta de progreso en las cuestiones humanas. Podemos comunicarnos instantáneamente con miles de millones de personas al mismo tiempo por medio de la televisión y los satélites en órbita. Podemos volar a velocidad mayor que la del sonido. Tenemos energía nuclear capaz de aniquilar a la humanidad (varias veces).

Yo creo que, de no haber sido constreñidos por algunos aspectos de nuestro sistema de pensamiento, habríamos progresado aún más. Tengo en convencimiento de que, a estas alturas, habríamos vencido el envejecimiento, el cáncer y la infección vírica; podríamos curar la mayoría de las enfermedades mentales, disponer de una energía ilimitada y no contaminadora producida por la fusión nuclear y tener comida abundante, medios de transporte mucho más eficaces y una formidable capacidad educativa. Más adelante comentaré por qué tengo la impresión de que nuestro sistema científico no es tan perfecto como podría ser y cómo ha sido frenado por nuestros hábitos tradicionales de pensamiento. A pesar de ello, siento tanta admiración como el que más por los logros técnicos alcanzados hasta la fecha.

Sin embargo, si observamos el ámbito humano, vemos pobreza, guerras, racismo, prejuicios, desastres ecológicos, violencia, crímenes, terrorismo, codicia, egoísmo y pensamiento cortoplacista. Nuestros hábitos de guerra son los mismos de siempre, solo que con armas más sofisticadas. Gastamos, en todo el mundo, aproximadamente un billón de libras esterlinas al año en armas.

Nuestros hábitos de gobierno (tanto la democracia como la dictadura) son los mismos que aplicó la antigua civilización griega. En algunos aspectos son iguales. ¿Por qué? Veamos primero nuestras excusas tradicionales:

- La naturaleza humana esencial no puede cambiar. La naturaleza humana es egoísta, codiciosa y agresiva, y siempre lo será. También se sostiene que las partes animales más antiguas y básicas de nuestro cerebro rigen el comportamiento emocional.
- El mundo se ha tornado demasiado complicado y no podemos hacer frente a todo. La ecología, la economía y la política

constituyen ahora un complejo de factores de acción recíproca, cada uno de los cuales afecta a los otros de manera directa e indirecta. Sencillamente, no tenemos sistemas para afrontar semejante complejidad.

- No podemos hacer frente al ritmo de cambio generado por la tecnología. La curación de ciertas enfermedades infantiles provoca explosiones demográficas. El desarrollo industrial amenaza al medioambiente tanto local (a través de la contaminación) como global (capa de ozono y efecto invernadero).
- El grado de progreso en el mundo es desigual. Algunos países han estabilizado sus poblaciones; otros son víctimas de un crecimiento demográfico excesivo. Determinadas naciones (Suecia, Canadá, Estados Unidos) muestran una gran preocupación por la ecología. Sin embargo, unos once millones de hectáreas de bosque son destruidos anualmente y tres especies desaparecen cada día. En algunas partes del mundo se observan actitudes medievales en lo que respecta a la guerra.
- Nuestras estructuras son inadecuadas para enfrentarse a la situación. El pensamiento político es, por su propia naturaleza, interesado y cortoplacista (especialmente en las democracias).
- El desarrollo de nuestro mundo ha ido más allá de lo que puede afrontar nuestro cerebro.

Ahora bien, todas estas excusas, salvo la primera de ellas, solo explican cómo la reciente explosión del desarrollo ha empeorado las cosas. Luego hemos de preguntarnos por qué las cosas no iban mucho mejor incluso antes de que se produjese tal explosión. La primera excusa es la única que parece resolver realmente la cuestión: todo se debe a la naturaleza humana, con su incorregibles agresividad y codicia. La religión se convirtió en el pasado en la vía potencial para mejorar dicha naturaleza y propició algunos cambios sumamente valiosos, aunque generó también muchos problemas (odios, prejuicios, guerras y persecuciones).

Hay otra explicación, y es la que yo pretendo dar. Fue el propio Einstein quien dijo que todo había cambiado, salvo nuestra manera de pensar. Yo sostengo que nuestra incapacidad de progresar en los asuntos humanos se debe a nuestros hábitos tradicionales de pensamiento. Este fracaso puede ser visto de dos maneras. La primera es una inadecuación al afrontar las cuestiones humanas. La segunda es la verdadera creación o exacerbación de problemas y conflictos en los asuntos humanos. Así que, por un lado, nuestros hábitos de pensamiento son inadecuados y, por otro, tienen un efecto directamente perjudicial.

La experiencia ha demostrado que la razón y la lógica no pueden cambiar las percepciones, las emociones, los prejuicios y las creencias. Sin embargo, continuamos con la piadosa esperanza de que, si todos quisieran «ver la razón», el mundo sería mucho mejor. Como veremos más adelante, hay motivos concretos por los que la lógica no afectará nunca a las emociones y las creencias. Solo la percepción puede hacerlo. Pero hemos fracasado totalmente cuando se trata de desarrollar la comprensión de la percepción.

Nuestro sistema lógico, incorporado al lenguaje (y en particular las falsas dicotomías necesarias para poner en práctica el principio de contradicción), ha creado y cristalizado percepciones toscas y polarizadas del tipo bien/mal y nosotros/ellos. La lógica no puede cambiar las creencias y los prejuicios, pero puede emplearse para reforzarlos y consolidar las percepciones. Dado que nunca hemos comprendido los sistemas de patrones, no hemos sido capaces de entender la fuerza de la verdad de los sistemas de creencias y cómo la percepción no tiene otra verdad. Nos hemos ocupado obsesivamente del pensamiento crítico y de la argumentación como instrumentos de cambio. Y son virtualmente inútiles para el cambio, porque carecen de un elemento realmente creador. Aún no comprendemos la creatividad y los cambios de paradigmas.

Podemos llevar hombres a la Luna con una asombrosa precisión matemática, pero somos incapaces de predecir con exactitud el tiempo que hará mañana. Esto es así porque hemos tenido principalmente éxito con sistemas estáticos en los que las variables no cambian ni interactúan entre sí (el espacio es un perfecto ejemplo de esto).

Ahora bien, todos los fallos que he consignado antes surgen directamente de nuestros hábitos tradicionales de pensamiento, lógica, razón, verdad, lenguaje, identidad, contradicción, categorías, etc. Cómo surgen exactamente estos fallos lo explicaré en este libro. También mostraré que, si nos movemos hacia delante, no desde un sistema construido de lenguaje (herencia griega), sino desde la manera real en que funciona el cerebro como sistema de patrones autoorganizador, podemos obtener una perspectiva muy diferente.

LA PERCEPCIÓN

Durante veinticuatro siglos hemos volcado todo nuestro esfuerzo intelectual en la lógica de la razón y no en la lógica de la percepción. Sin embargo, en lo relativo a los asuntos humanos, la percepción es mucho más importante. ¿Por qué hemos cometido este error?

Tal vez creímos que las percepciones no eran realmente importantes y podían ser controladas por la lógica y la razón. No nos gustaba la vaguedad, la subjetividad y la variabilidad de la percepción, y buscamos un refugio en los sólidos absolutos de la verdad y la lógica. Hasta cierto punto, los griegos crearon la lógica para dar sentido a la percepción. Y nosotros nos contentábamos con dejar la percepción para el mundo del arte (drama, poesía, pintura, música, danza...), mientras que la razón continuaba reinando en la ciencia, las matemáticas, la economía y el gobierno. Nunca hemos comprendido la percepción.

Todas estas razones son válidas para justificar nuestro error, pero la última es la más determinante. La percepción tiene su propia lógica. Esta lógica se basa directamente en el comportamiento de los sistemas autoorganizadores de patrones, totalmente diferentes de la lógica de «tablero», la razón tradicional y el lenguaje. La verdad perceptual es diferente de la verdad construida.

Nunca antes, a lo largo de la historia, estuvimos en condiciones de comprender el sistema y la base neurológica de la percepción. Nunca pudimos comprender, a lo largo de la historia, la lógica de la percepción. Por eso no tuvimos más remedio que desdeñarla.

Siempre que hemos tenido que afrontar la percepción nos hemos refugiado en la certidumbre de la lógica clásica. Por eso un libro como

The Closing of the American Mind resulta tan anticuado y retrógrado. Justifica un retorno a los mismos hábitos de pensamiento que arruinaron la civilización, en vez de abordar la complejidad de la percepción. Un filósofo que se base en el lenguaje no tiene oportunidad de elegir, porque la comprensión de la percepción requiere la comprensión de los sistemas autoorganizadores.

Como no hemos entendido la percepción, hemos permitido que las limitaciones del lenguaje deformasen y fijasen después nuestra visión falseada del mundo. La propia excelencia del lenguaje como medio descriptivo ha hecho que sea burdo como instrumento de percepción. Como podemos describir situaciones complejas, no tenemos necesidad de enriquecer nuestros patrones de percepción. Las falsas dicotomías y las certidumbres amañadas del lenguaje tampoco sirven de ayuda.

Nuestro hábito de establecer categorías, que es la base de la lógica del lenguaje, da automáticamente un sabor característico a la percepción. Todos los delincuentes son vistos ante todo como delincuentes.

Hemos dejado la percepción al mundo del arte. ¿Ha hecho el arte un buen trabajo? Los cambios en el sentimiento de las masas han llegado ciertamente a través de la expresión artística, lo mismo que las revoluciones. En el mejor de los casos, el arte es dogmático, excéntrico y propagandístico. Presenta las percepciones –que pueden ser nuevas y valiosas–, pero nunca ha ofrecido las herramientas para cambiarlas. Puede continuar su curso, con su valiosa contribución a la cultura, pero no podemos decir que cumple el papel propio de la percepción. Tenemos que aprender la lógica de la percepción y qué herramientas sirven para ampliarla y cambiarla. Estar en el extremo receptor de la propaganda referente a la percepción no es suficiente, por buena que sea.

Con el tiempo, los ordenadores aplicarán toda la lógica y realizarán todos los procesos que necesitamos. Esto planteará más exigencias que nunca a nuestras técnicas de percepción. Lo que introducimos en el ordenador depende enteramente de nuestras opciones de percepción y de nuestra habilidad. Por muy brillante que sea el ordenador, el resultado no puede ser nunca mejor que nuestro *input* perceptivo. El valor de todo modelo econométrico depende de lo que incluya, los enlaces y los parámetros. Estos son cuestión de percepción, reforzada después por la medición.

Si llegamos a producir unos ordenadores que sean realmente inteligentes, estaremos en grave peligro, a menos que desarrollemos hasta un grado mucho mayor nuestra habilidad perceptiva. Un ordenador así nos daría respuestas peligrosamente lógicas, basadas en nuestras percepciones defectuosas.

EL HUMOR

El humor es con mucho el fenómeno más identificativo de la mente humana. Entonces, ¿por qué lo han ignorado los filósofos clásicos, psicólogos y teóricos de la información, por no hablar de los lógicos?

En términos de sistema, la razón es un artículo barato. El razonamiento puede obtenerse con cajas, ruedas dentadas y sencillos ordenadores lineales. Cualquier sistema de clasificación que funcione en retroceso es un simple sistema de razonamiento. El humor, sin embargo, solamente puede producirse con los patrones asimétricos creados en un sistema autoorganizador. Por ello, el humor es fundamental, porque nos dice muchísimo respecto al sistema de información que actúa en el cerebro. Incluso en términos de comportamiento, el humor nos advierte que tengamos cuidado con los dogmatismos absolutos porque, de pronto, algo puede considerarse de un modo completamente nuevo.

Por eso, los filósofos clásicos, los psicólogos y los teóricos de la información no han podido contemplar o comprender el humor, porque han estado trabajando con los llamados sistemas de información pasivos —esencialmente, manipulación de símbolos según las normas «lógica de tablero»—. El humor se produce en sistemas de información activos (autoorganizadores). Más adelante comentaré la diferencia clave entre las dos clases de sistemas de información.

La poesía es también un proceso lógico y comparte la lógica de la percepción, pero no se la puede situar dentro de la lógica tradicional. La «lógica del agua» de la percepción es ciertamente diferente de la «lógica pétrea» clásica.

RESULTADOS PRÁCTICOS

Hay una anécdota apócrifa sobre un embajador estadounidense que disputó una carrera con un embajador soviético. Ganó el estadounidense. La prensa local dijo que se había celebrado una carrera, que el embajador soviético había quedado segundo y que el otro había llegado penúltimo. No mencionaba que la carrera había sido entre dos personas. En este absurdo relato, los detalles del artículo sobre la carrera son ciertos, pero se ha omitido algo importante. Desde luego, cosas como esta no deberían ocurrir en un periódico serio; pero ocurren. *The Independent* se considera uno de los periódicos más serios de Londres. En una crítica de uno de mis libros se comentó que yo me atribuía el mérito creativo de los Juegos Olímpicos de 1984, basándome en que el organizador, Peter Ueberroth, había asistido una vez a un seminario dictado por mí. Suena ridículo. Pero se había omitido el hecho de que, en una entrevista con *The Washington Post* (30 de septiembre de 1984), el propio Ueberroth había atribuido el éxito de esos innovadores Juegos Olímpicos a su aplicación del «pensamiento lateral». En aquella entrevista comentó con cierto detalle las técnicas específicas que había aprendido sobre todo de mí en 1975. En el libro se indicaba la atribución directa del mérito por parte de Ueberroth, pero el crítico, que por lo visto deseaba que la atribución pareciese ridícula, lo omitió de forma deliberada. Y es sorprendente que el director de *The Independent* aceptara esas premeditadas omisión y deformación.

Puede faltar la verdad en los medios de comunicación masiva, que, en este sentido, son un buen ejemplo de percepción. No hay verdad en la percepción. La percepción siempre es desde un punto de vista. Nunca es completa.

La percepción comprensiva tiene un alto valor práctico, porque abarca la mayor parte de nuestros pensamientos fuera de las áreas técnicas. El comentario que acabo de hacer sobre los medios de difusión es un ejemplo de ello. Nunca deberíamos esperar que estos medios fueran objetivos, porque la percepción no funciona de esta manera.

La única verdad en la percepción es la verdad de los sistemas de creencias. Como veremos, las creencias surgen muy fácilmente del fenómeno de circularidad en el sistema subyacente. Si comprendemos cómo nacen y cómo se mantienen las creencias, podemos ver por qué los argumentos lógicos no pueden afectarlas, mientras que los cambios en la percepción son la única manera de alterar las creencias, los prejuicios y las percepciones defectuosas. Esto es de gran valor práctico, ya que los diversos sistemas de creencias son componentes importantes de los asuntos humanos. También veremos por qué deberíamos valorar los sistemas de creencias.

Igualmente manera examinaremos las graves limitaciones del lenguaje como sistema de percepción y como sistema de pensamiento. Algo que tiene suma importancia práctica, porque el lenguaje es nuestro principal instrumento de comunicación y de pensamiento. Cuando comprendamos por qué hemos creado dicotomías artificiales (nosotros/ellos, bien/mal, inocente/culpable) y lo poderosas que son en la percepción, a través del efecto «filo de navaja», podremos tratar de remediar la cuestión. El lenguaje necesita muchas palabras nuevas, para que nuestra percepción sea más rica. Cuando comprendamos que la exactitud de la descripción retrospectiva por medio del lenguaje no es la de la percepción inicial, podremos aplacar nuestra fuerte resistencia a crear nuevas palabras. Lo que tendría un enorme valor práctico.

La comprensión de la simetría de patrones nos permitirá, por primera vez en la historia, comprender los fenómenos del humor, de la perspicacia y de la creatividad. A través de la comprensión de la necesidad lógica de la provocación (para atravesar los patrones en lugar de seguirlos linealmente), podemos inventar instrumentos de pensamiento específicos y creativos.

Si aprendemos la percepción y la naturaleza de las hipótesis, sabremos por qué podemos ver solamente aquello que estamos preparados para ver. Esto nos mostrará, a su vez, por qué es improbable que el análisis de datos como tales produzca ideas nuevas, a no ser que existan ya a medias. Asimismo mostrará por qué es inexacto tomar simplemente la hipótesis más razonable como base del método científico.

El pensamiento crítico y la argumentación han constituido nuestro intento básico de progreso en el sistema de pensamiento clásico y han impregnado la sociedad (el derecho, la política, la ciencia, etc.). Ambos se basan en la noción de «llegar a la verdad». Es decir, carecen del elemento constructivo necesario para el progreso. Las necesidades de hoy en día son diferentes de las del discurso griego o la teología medieval. La identificación de los puntos débiles del pensamiento y de la argumentación, como instrumentos de progreso, también presenta un valor sumamente práctico.

Veremos que el arte tiene valor en tanto en cuanto ofrece percepciones nuevas, intuiciones y percepciones más detalladas. Pero estas se ofrecen con gran convicción. El arte no provee a las personas de las herramientas necesarias para formar y alterar sus propias percepciones. El arte no es un curso de cocina, sino la presentación de platos excelentes. No podemos dar por sentado que la percepción esté a salvo en manos del «mundo del arte».

En todas estas cuestiones estamos contemplando el tejido mismo de la civilización tal como la conocemos: creencia, verdad, razón, argumentación, ciencia, arte, etc. En todos estos campos, una mejor comprensión de la percepción tendría un impacto directo. Hasta ahora no hemos tenido una base sobre la que construir esta comprensión. Hoy, nuestra progresiva comprensión de los sistemas autoorganizadores nos proporciona esa base.

EL CEREBRO HUMANO

«Si al menos pudiésemos comprender el cerebro humano...» «Pasará mucho tiempo antes de que podamos comprender el cerebro».

«Cuando comprendamos el funcionamiento de nuestras mentes, se aclarará todo».

Cierto día estaba almorzando en un pequeño restaurante en lo alto del Col de Frene, cerca de Annecy, en Francia, y miraba, al otro lado del valle, el comienzo de los Alpes. Observé cómo un halcón trazaba círculos en lo alto. Durante veinte minutos se deslizó sin agitar una sola vez las alas. El halcón conocía perfectamente el mecanismo y pasaba de una corriente térmica ascendente a otra. Sin embargo, unos hombres que se lanzaban en ala delta descendían al fondo del valle en dos minutos. Conocer el sistema es lo que marca la diferencia.

Supongamos que un día comprendiésemos cómo funciona el cerebro. ¿Qué haríamos?:

- Empezaríamos de inmediato a diseñar ordenadores cuyo funcionamiento fuera igual que el cerebro.

- Trataríamos de manipular el cerebro para fines específicos.
- Examinaríamos la pertinencia de nuestro *software* para el sistema y trataríamos de diseñar un *software* mejor.

Pues bien, ahora sabemos cómo funciona el cerebro. Esta afirmación será negada por los que se aferran a una ignorancia dogmática («El cerebro es tan importante que nunca lo comprenderemos») y por los que están obsesionados por la complejidad. Estos últimos creen que solamente un sistema muy complicado puede reproducir el complejo comportamiento del cerebro. Esta fue la posición adoptada por los primeros que trabajaron en inteligencia artificial. Hay otros que siempre han creído que ciertos tipos de sistemas muy simples pueden operar de una manera sumamente compleja.

Los matemáticos saben ahora muy bien que, en la teoría del caos, una expresión muy simple creará una complejidad inmensa.

Mi afirmación será también rebatida por los especialistas que creen que, a menos que conozcamos las conexiones exactas de cada neurona y la naturaleza y distribución de cada neurotransmisor químico, no podremos jactarnos de saber cómo funciona el cerebro.

Esta afirmación, por el contrario, será bien recibida por los que saben que la comprensión general del sistema (no hay que reparar en los pormenores) nos permitirá señalar datos muy útiles sobre el comportamiento de dicho sistema. Estamos sin duda alguna en la fase en la que entenderemos que el cerebro pertenece al grupo de los sistemas autoorganizadores. En cuanto comprendamos esto, podremos seguir adelante y examinar, con algún detalle, el comportamiento de tales sistemas y construir a partir de este comportamiento. Los detalles se completarán más tarde. Esta comprensión de la naturaleza del sistema es aún más importante cuando nos damos cuenta de que el sistema es muy diferente a nuestra visión tradicional del cerebro (una especie de centralita telefónica con una operadora frente al tablero de conexiones).

No podemos seguir permitiendo que la ignorancia dogmática nos paralice. Si comprendemos la manera en que funciona el cerebro, ¿qué estamos haciendo al respecto? Efectivamente, estamos diseñando ordenadores que funcionan como este órgano. Son los neuroordenadores que han entrado ya en acción. Trataremos de manipular el cerebro con propaganda cada vez más hábil, como en la política.

En 1968, cuando escribí *The Mechanism of Mind* mi objetivo no era construir un ordenador con estas características. Otros se encargaron de hacerlo. Mi interés radica en el *software* (sistema de pensamiento). ¿Podemos inventar un *software* mejor para el cerebro? ¿Hasta qué punto es bueno el *software* ya existente?

El área del *software* es la de la «percepción», la parte más importante del pensamiento, pero que no está afectada por nuestra forma de pensar basada en la lógica. Así que, como he mencionado anteriormente, concebí métodos prácticos de enseñar a pensar, que se emplean actualmente en todo el mundo con millones de estudiantes.

Nuestra forma tradicional de entender el cerebro hizo de la creatividad un misterio; un misterio completamente imposible de desentrañar. Toda idea creativa valiosa tiene que ser lógica si la observamos retrospectivamente (de otra forma podríamos no apreciarla); por consiguiente, suponemos que la lógica tendría que haber captado la idea en primer lugar. La comprensión del cerebro como un sistema autoorganizador, con asimetrías de patrones (según explicaré más adelante), ofrece la base lógica para la provocación, la entrada aleatoria y las otras herramientas deliberadas de pensamiento lateral que se emplean para trascender los patrones.

Necesitamos saber qué efectos prácticos podrían deducirse de la comprensión del mecanismo del cerebro. Podemos mostrar por qué nuestros actuales hábitos de pensamiento son inadecuados y peligrosos. Podemos sugerir algún nuevo *software* práctico. Estas son precisamente las materias que pretendo tratar en este libro. Examinaré áreas tales como la verdad, la lógica, la razón, el lenguaje y, sobre todo, la percepción.

¿Podemos realmente avanzar paso a paso, desde el comportamiento de una neurona en una red, para comprender –y mejorar– nuestro comportamiento de pensamiento en materias tan importantes como son la política, la economía, los conflictos mundiales y los sistemas de creencias?

Podemos hacerlo. Ese es exactamente el propósito de este libro.

VALIDEZ DEL MODELO

¿Cómo podemos estar absolutamente seguros de que la explicación que he dado en este libro acerca de la manera en que funciona el cerebro es la acertada? La respuesta a esta pregunta se compone de diez partes:

1. El propósito de la ciencia es presentar modelos conceptuales de cómo funciona el mundo. La ciencia nunca puede «demostrar» nada de manera definitiva. La teoría de Newton sobre la mecánica del universo parecía perfecta hasta que apareció Einstein. Las teorías de Einstein serán modificadas muy pronto. Algunas veces, un modelo conceptual se moderniza; otras veces se muestran diferentes modelos efectivos a distintos niveles; y otras, el modelo tiene que ser totalmente cambiado. Aquí presento un modelo de un sistema de información autoorganizador basado en la neurona. Este es el modelo conceptual. Parece claro que nuestra comprensión del cerebro no va a surgir de la medición de lo que hace cada una de sus células individuales. Esta clase de medición no nos dará una idea de cómo está «organizado» el cerebro para funcionar. El examen del diseño de los vagones y de la metalurgia de los raíles no nos dará un concepto organizativo de cómo funciona un ferrocarril. Necesitamos un concepto funcional que muestre cómo el comportamiento interactivo de las neuronas da origen a una gran variedad de actividad mental: humor, perspicacia, percepciones, emociones, etc. Como he dicho, la ignorancia dogmática no tiene cabida en la ciencia: «El cerebro es demasiado complejo para comprenderlo; por consiguiente, no podremos entenderlo nunca».

2. Esencialmente, nos interesa una gama muy amplia de sistemas autoorganizadores, en comparación con los sistemas pasivos (ordenadores tradicionales). Dentro de esta gama de sistemas puede haber otros modelos. Los detalles variarán casi con toda seguridad. Por ejemplo, donde sugiero una conexión nerviosa, puede haber una conexión química.

    El truco de la ciencia es hacer que la gama de sistemas sea lo más amplia posible y, aun así, capaz de predecir tipos definidos de comportamiento. La simple comparación entre sistemas de información pasivos y sistemas autoorganizadores destapa muchas diferencias de comportamiento.

    Hay quienes dicen que el cerebro almacena información como un holograma. Tal vez lo haga, pero esta descripción no explica cómo pasa el cerebro de un estado a otro para darnos el pensamiento. El concepto de holograma, como otros muchos, es funcionalmente compatible con el modelo empleado aquí.

3. Nuestro modelo es un sistema muy sencillo, que es capaz de comportarse de una manera sumamente compleja. Esto cuadra mucho más que considerarlo un sistema sumamente complejo, porque la biología tiende a trabajar a través de sistemas simples con comportamiento complejo (la codificación de los genes es simplemente una cadena de diferentes proteínas). Y lo que es más importante aún, el comportamiento del sistema que da origen a fenómenos tales como la confección de patrones, la perspicacia y el humor surge directamente del comportamiento natural del sistema. El sistema no podría comportarse de otra manera. Esto difiere mucho de: «Ahora programemos el humor según este modelo».

4. Los modelos descriptivos que dicen simplemente «así ocurre» o «algún mecanismo conecta este proceso» tienen muy poco valor. Es como un dibujo infantil que representa una caja con un rótulo que reza «todo sucede aquí dentro». Nuestro modelo básico ha sido simulado en ordenador y se comporta en gran manera como se ha predicho. Esto es importante,

porque, a veces, los modelos complejos pueden «congelarse» o «estallar» cuando se llevan a la práctica. Y lo que es más importante aún: todo el ingente trabajo que se ha invertido en neuroordenadores o máquinas de red neuronal (desde que publiqué el libro *The Mechanism of Mind*, en 1969) muestra que tales sistemas funcionan y aprenden muy deprisa. Aunque todavía no en producción comercial, tales máquinas se ponen en marcha todos los días.

Así pues, está bastante claro que este tipo de sistema de información funciona y es poderoso. En cierto sentido, se trata de poner a prueba un diseño. Los neuroordenadores están diseñados para trabajar como creemos que trabaja el cerebro, y demuestran, por su éxito, que esta clase de sistema funciona realmente.

5. Nuestro sistema autoorganizador es compatible con lo que sabemos acerca de las neuronas y de las redes nerviosas. Los adelantos en neurología completarán los detalles. Por ejemplo, el descubrimiento del efecto de la enzima calpaína, al proporcionar la conexión de asociación, se produjo después de haberse predicho que existía algún mecanismo para realizar esta función. La neurología puede mostrar, en definitiva, que hay varios cerebros o capas cerebrales que trabajan independientemente y en paralelo con alguna forma que coordine su rendimiento. La neurología puede mostrar un efecto muy poderoso, tanto del neurotransmisor como de las sustancias químicas de origen. Sin embargo, estos descubrimientos no cambian el «carácter» organizativo del sistema.

6. Los efectos predichos por el modelo (tales como humor, perspicacia, creatividad, efecto de la emoción sobre la percepción, etc.) coinciden con nuestra experiencia normal. No hay nada que sea contrario a la experiencia empírica, aunque sí puede contradecir nuestra visión tradicional del cerebro como una centralita telefónica.

7. El modelo del concepto de evolución de Darwin nunca ha sido demostrado y, probablemente, nunca lo será. Lo aceptamos y lo empleamos porque es plausible, porque explica fenómenos de una manera más o menos verosímil y porque no tenemos un modelo mejor. Todos estos factores son aplicables a nuestro modelo autoorganizador. Tiene tanta validez funcional como la teoría evolucionista de Darwin. A otros incumbe presentar un modelo mejor, construido también a partir del simple comportamiento de las neuronas. De hecho, el modelo es probablemente bastante más firme que el de Darwin, porque la teoría darwiniana del cambio a través de la mutación casual es muy endeble.

8. El aspecto más importante de cualquier modelo de concepto es que debería generar resultados prácticos. El modelo presentado aquí ha generado una comprensión del proceso de creatividad en los cambios de concepto. De ahí ha venido la lógica de la provocación y la intención de crear deliberadamente instrumentos de pensamiento (pensamiento lateral) que han sido muy empleados con efectos mensurables. Simples métodos de enseñanza de pensamiento a través de la percepción, utilizados en las escuelas, se han derivado también de este modelo y han demostrado su total eficacia. Además de los resultados prácticos (como el aprendizaje retrospectivo), hay que tener en cuenta la comprensión de fenómenos tales como la perspicacia y el humor.

    A lo largo de este libro, encontrarás varios puntos prácticos que surgen directamente del modelo de patrones autoorganizadores. Todos estos efectos se resumen al final del libro, en la página 241.

9. El sistema geométrico de Euclides es tanto una construcción mental brillante como un sistema muy práctico del que podemos obtener verdaderos beneficios. El primer paso era definir el universo. Para Euclides la geometría no funciona en determinadas superficies, como las esféricas. El siguiente paso era

definir algunos axiomas. Estos axiomas se derivaban del comportamiento de elementos simples, como líneas, en el universo definido: por ejemplo, las líneas paralelas no se encuentran nunca. Partiendo de estos axiomas, se construyó todo el sistema de teoremas y pruebas.

Podríamos olvidarlo todo acerca del cerebro y considerar que el modelo que se expone más adelante define cierto tipo de universo «autoorganizador». Los elementos necesarios ya no son las neuronas. Podríamos considerar este universo como «un espacio de patrones». En ese caso, exploraríamos el comportamiento en este espacio y derivaríamos algunos principios fundamentales. Eso es lo que he hecho en una parte de este libro. Por último, vemos lo que ocurre cuando estos principios o axiomas funcionan juntos. Obtenemos un resultado que es notablemente similar a la mente humana. Pero incluso podemos preferir ignorar esta similitud.

10. Por último, en mi opinión –y el lector puede no estar de acuerdo– nuestro modelo de concepto explica ciertos comportamientos del cerebro (como el humor, la perspicacia y la creatividad) mucho mejor que cualquier otro modelo existente, así como lo relativo al área de la «percepción», que es lo que me interesa –ahora bien, quizás ciertas partes del cerebro que se comporten de un modo diferente (modelos de clasificación algorítmica) y que no querría excluir–. Mi tarea es ofrecer un modelo verosímil de percepción que surja de lo que sabemos del comportamiento de la neurona y sea compatible con él. Quien crea que el sistema no es básicamente un sistema autoorganizador debería presentar un modelo que fuese diferente y mejor.

Así, desde mi punto de vista, existen razones de peso para trabajar con el modelo autoorganizador. La comprensión y la visión prácticas que nazcan de dicho modelo pueden ser muy valiosas y servir para alterar nuestro sistema de pensamiento. Por ejemplo, las limitaciones del modelo evolutivo del cambio y la gran dificultad para modificar los paradigmas surgen directamente de la naturaleza básica de los sistemas autoorganizadores. Ciertamente, comprendemos mejor cómo funciona el cerebro que cómo funciona la «gravedad».

UNIVERSOS DIFERENTES

En un país islámico, si alguien te debe dinero y te entrega un fajo de billetes, tú debes contarlos uno a uno, delante de él. Si hicieses de igual manera en la cultura occidental, la persona que te diese el dinero se sentiría sumamente ofendida. El universo islámico es diferente del universo occidental.

En el trabajo, las mujeres japonesas son tratadas de un modo espantoso (aunque esto empieza a cambiar). En cuanto se casan, se espera que dejen su empleo. Y, aunque no se casen, son despedidas a los treinta años y sustituidas por mujeres más jóvenes, porque estas resultan más baratas (los sueldos aumentan por cada año de empleo). Las mujeres rara vez alcanzan posiciones importantes en las grandes empresas. En cambio, en casa, la japonesa tiene un mando casi total. Toma todas las decisiones y cuida de los fondos de la familia. El marido, sea cual fuere su categoría, entrega todo el salario a su esposa. Ella le da algo de dinero para sus gastos diarios; por esto son tan elevadas las cuentas de gastos corporativos. La madre japonesa tiene el control total de la educación de los hijos. Hay dos universos distintos: el del trabajo y el del hogar.

Existen en la Tierra diversas criaturas que no viven de oxígeno. Estamos tan acostumbrados al universo que respira oxígeno (en el que se incluyen también los peces) que damos por sentado que este es el único universo. Y no lo es. En las zonas más profundas del océano Pacífico, hay unas extrañas criaturas parecidas a gusanos que no viven de oxígeno, sino del sulfuro de hidrógeno que brota de grietas volcánicas en el fondo del mar. A tales profundidades, hay muy poco oxígeno en el agua. He aquí otro ejemplo de un universo diferente.

Ahora la mayoría de los jóvenes franceses aprende a hablar inglés; pero uno puede hallarse en situaciones en que la gente solo hable francés. En tal caso, uno habla en inglés más fuerte y más despacio, y le parece imposible que sus oyentes no comprendan lo que les está diciendo. Y es que se halla en un universo diferente, y lo que es obvio en su universo no tiene significado en el otro.

Tres personas llevan cada una un trozo de madera de pino. La primera persona lo suelta, y la madera cae al suelo. La segunda lo suelta, y la madera se mueve hacia arriba. La tercera lo suelta, y la madera permanece exactamente donde está. Alguien nos cuenta esto por teléfono. En el primer caso, el comportamiento es el esperado. En el segundo caso, es extraño. En el tercer caso, es simplemente increíble. Esto es así porque suponemos que los tres casos ocurren en el mismo universo.

Pero también puede ser que la primera persona esté de pie sobre la superficie de la Tierra —por consiguiente, la madera cae al suelo—; que la segunda esté debajo del agua —por lo que, naturalmente, la madera flota hacia arriba; esto es perfectamente normal y lógico en esa situación— y que la tercera esté en una nave espacial en órbita, con gravedad cero —por lo que el trozo de madera se queda donde fue soltado; esto es también normal y lógico en ese universo.

En cuanto comprendemos la diferencia de universos, comprendemos también, instantáneamente, el comportamiento. Pero si no hubiésemos sabido que existía esa diferencia y hubiésemos supuesto que las tres personas se hallaban de pie sobre la superficie de la Tierra, nos habría costado mucho comprender lo que sucedía.

La famosa geometría de Euclides funciona solamente en una superficie plana, pero no en una superficie esférica (donde líneas paralelas pueden encontrarse).

En todos estos ejemplos vemos que el comportamiento en un sistema distinto o en un universo diferente es, en efecto, distinto. Es importante que nos percatemos de que el comportamiento en un universo diferente puede ser incomprensible hasta que advertimos que se trata de un universo diferente.

Imaginemos que sueltas varias bolas sobre una bandeja llena de arena. Cada bola se introduce en la arena directamente debajo del punto en que la has soltado. Si examinamos ahora las posiciones de las bolas en la superficie de la arena, tendremos una buena idea de todas las posiciones de partida. Las bolas permanecen donde están. No se mueven de un lado a otro. La superficie de la arena seguirá siendo como es, sin ningún cambio. Este es un típico sistema pasivo. Representa todos aquellos sistemas de grabación de información en que esta es registrada en una superficie neutra y sigue igual a cuando se grabó. Este tipo de sistema va desde las marcas hechas por un colegial en su libro de ejercicios hasta las marcas electrónicas efectuadas por un superordenador sobre un disco magnético duro. Si queremos usar esta información, algún operador de fuera (el cerebro del colegial o el procesador central) tendrá que realizar alguna operación lógica sobre la información almacenada.

Examinemos ahora un sistema diferente, un universo diferente. Esta vez utilizaremos en lugar de arena una bolsa de caucho llena de un aceite muy viscoso. Dejamos caer la primera bola sobre la superficie. La bola es más densa que el aceite, por lo que se hunde gradualmente, empujando la superficie de caucho. La bola descansa entonces sobre el fondo de la bandeja. La superficie ya no es plana, sino que está inclinada hacia abajo en dirección a la bola. Dejamos caer otras bolas sobre aquella superficie. Ruedan cuesta abajo y chocan contra la primera.

En la bandeja con arena, las bolas quedaban exactamente donde habían sido lanzadas. En la bandeja con la materia viscosa, las bolas no se quedan donde cayeron, sino que se mueven. En la bandeja con arena, la superficie permanece plana. En la bandeja viscosa, la forma de la superficie ha sido alterada por la primera bola. Como las bolas se mueven y la superficie cambia, decimos que esta es una superficie activa.

En el modelo de arena (pasivo), las bolas se quedan donde han caído. En el modelo viscoso (activo), todas las bolas se arraciman en un punto de la bandeja. En efecto, la superficie ha permitido que las bolas «se organicen» en un grupo. Este es un ejemplo sencillo de sistema autoorganizador. La organización de las bolas en un grupo no es producida por un agente exterior, sino que es una característica natural del propio sistema. Esto constituye un punto muy importante y expresa la diferencia clave entre sistemas pasivos (que requieren un operador exterior para mover las cosas) y sistemas activos (en los que se mueve la propia información).

Consideremos otro par de modelos. El primero es una pequeña toalla tomada del cuarto de baño y colocada sobre una mesa, junto a un frasco de tinta. Tomamos una cucharadita de tinta y la vertemos sobre un punto de la toalla. Se forma una mancha que registra nuestra actividad. En definitiva, este sistema pasivo da una buena información sobre nuestra actividad. La tinta permanece donde fue vertida.

Para nuestro modelo activo, sustituimos la toalla por un cuenco poco hondo que contiene gelatina. Esta vez calentamos el frasco de tinta. Cuando vertemos una cucharada de la tinta caliente sobre la gelatina, la tinta disuelve la gelatina, pero deja de hacerlo cuando se enfría. Entonces quitamos la tinta enfriada y la gelatina disuelta y queda una depresión poco profunda en la superficie de la gelatina. Esta es nuestra marca sobre la superficie y corresponde a la mancha de tinta en la toalla. Vertemos otra cucharada de tinta caliente sobre la superficie. Si esta segunda cucharada está cerca de la primera depresión, la tinta fluye hacia esta. Si continuamos vertiendo más cucharadas de esta manera, veremos que se ha formado un riachuelo o canal en la superficie de la gelatina (cosa que no ocurrirá si vertemos la tinta en sitios muy separados). Lo que ha sucedido es que el primer *input* ha alterado la manera en que recibe la superficie el *input* siguiente, y así sucesivamente.

Como en el anterior modelo viscoso, el modelo gelatina ha suministrado un medio en el que la «información» entrante puede organizarse a sí misma. En el caso del modelo viscoso, la información se organiza a sí misma en un canal, una secuencia, un patrón. Una vez establecida esta, todo lo que esté cerca fluirá dentro y a lo largo de ella.

En estos modelos vemos un vivo contraste entre dos sistemas o universos muy diferentes. En el sistema pasivo, la información permanece exactamente donde ha sido depositada, y nosotros la movemos como deseamos y de acuerdo con las reglas que queremos; por ejemplo, las reglas de la lógica o de las matemáticas. En el sistema activo, la superficie y la información permiten que esta se organice a sí misma de alguna manera; por ejemplo, en patrones o secuencias.

La importancia de esta diferencia entre los dos sistemas se debe a que, virtualmente, en todos nuestros sistemas de información hemos empleado el modelo pasivo. Almacenamos información de una manera pasiva y la movemos luego de acuerdo con ciertas reglas. Todos nuestros sistemas de pensamiento se fundan en este modelo. Cada vez parece más probable que el cerebro no funcione en absoluto así, sino como un sistema autoorganizador en el que la información se organiza a sí misma en patrones.

En los ordenadores tradicionales había almacenamiento de información y manipulación de información. En los últimos ordenadores (máquinas de red neuronal), la conexión está dispuesta de manera que imita las redes nerviosas del cerebro. Estos son sistemas autoorganizadores activos, en los que la información se organiza a sí misma.

LÓGICA TRADICIONAL DEL TABLERO

Imagínate a un niño sentado delante de un tablero sobre el cual hay varias piezas de diferentes formas, tamaños y colores, como las que suelen emplearse en los jardines de infancia. También hay cajas de diferentes formas, tamaños y colores.

El niño puede escoger entre tomar las piezas y moverlas de acuerdo con alguna regla, poniendo juntas todas las rojas con independencia de su forma, o metiéndolas en la caja roja, etc. Una vez metidas en la caja roja, toda pieza que se saque de esta deberá ser roja. Las piezas pueden agruparse según la forma o según la forma y el color. El niño puede encontrar dos piezas que sean idénticas en forma, tamaño y color, u otras dos que no tengan nada en común; comprenderá rápidamente que, si algo pertenece a la caja roja, no puede pertenecer a la verde al mismo tiempo. Ve enseguida que si algo está dentro de una caja que está a su vez dentro de una caja mayor, ese objeto está también dentro de la caja más grande. Las piezas son estáticas. No se mueven por su propia decisión, aunque pueden ser movidas fácilmente de un lado a otro. No cambian.

En este sencillo comportamiento de tablero podemos ver en acción varias operaciones mentales. Hay atributos que serán advertidos y buscados. Hay juicios. Hay categorías. Hay inclusión, exclusión y contradicción. Hay identidad y emparejamiento erróneo.

Este simple sistema ilustra el sistema de pensamiento básico que heredamos de Platón, Aristóteles y otros pensadores griegos. Los teólogos medievales que necesitaban una lógica en la que basar su defensa de la verdadera teología pulieron dicho sistema. Y fue más pulido aún durante el Renacimiento para ofrecer una base a la razón como algo distinto de la creencia y la aceptación religiosas. El sistema es sencillo y poderoso, y además ha sido útil.

En vez de piezas de colores, empleamos las palabras del lenguaje, que, en cierta medida, representan lo que experimentamos. Dicho de otra manera, construimos deliberadamente palabras que tengan los significados que queremos que tengan. En la base del sistema se encuentran la poderosa palabra *es* y su opuesto *no es* (que conducen al importante principio de contradicción).

Esta ha sido la base de nuestro razonamiento. Consideremos ahora un universo diferente, un sistema diferente.

Ahora hay sobre el tablero un paisaje en miniatura, hecho con una clase especial de arena. Rociamos al azar la superficie con agua. Como en la vida real, se forman pequeñas corrientes que se unen para dar origen a riachuelos más grandes y, por último, desarrollar pequeños ríos. El paisaje ha tomado ahora una forma. El agua que se vierta en cualquier punto seguirá ahora los cauces establecidos.

Una vez que hemos visto cómo se forman los cauces, cambiaremos el modelo. Copiamos el paisaje en goma (posiblemente nos bastaría con hacer un molde en látex). Cuando lo inflemos con aire desde abajo, el modelo se parecerá al paisaje. Pero si lo inflamos de una manera diferente, el paisaje será distinto, así como los cauces. Estos diferentes patrones, que hemos generado inflando la goma, dependerán del lugar donde se coloque el agua. Así, no hay solamente un paisaje establecido, sino una variedad de paisajes posibles, cada uno con sus propios cauces.

Un niño que mire los cauces observará que las zonas coloreadas (que representan ciudades) se enlazan de una u otra forma según el cauce.

El niño no controla conscientemente la entrada de agua, pero advierte que si mira en cierta dirección, la entrada de agua se producirá en cierto punto. Unas veces, el caudal fluirá a lo largo de los canales del paisaje existente; otras, dará origen a un cambio en el paisaje y fluirá a lo largo de canales en el nuevo paisaje. Con el tiempo, el niño irá aprendiendo algunos de los patrones (en el paisaje A, a esto le sigue esto, después esto, etc.), y podrá decir: «Si miro en aquella dirección, el paisaje cambiará y el caudal discurrirá de esta manera...».

En el segundo sistema, los cauces representan patrones que han surgido (en el escenario de arena). El paisaje cambiante (goma inflada) representa el fondo cambiante, pues los patrones se modificarán según dicho fondo. (Más adelante veremos cómo la «emoción» transforma el «fondo» de la mente). En este segundo sistema, el niño no manipula deliberadamente los efectos visuales, como en el caso de las piezas. Pero así como una persona que mire otro cuadro concebirá ideas diferentes, del mismo modo el niño puede generar diferentes efectos visuales por el simple hecho de mirar en una dirección distinta.

Dentro de poco te mostraré cómo se puede describir este tosco modelo de paisaje de modo más preciso en términos del comportamiento de las neuronas en redes nerviosas, en una estructura como el cerebro. De momento bastará con apreciar que el modelo del tablero es muy diferente del modelo del paisaje. Son dos universos diferentes.

LA RED NERVIOSA DEL CEREBRO

Describiré aquí un modelo muy simplificado de red nerviosa que, sin embargo, es compatible con lo que sabemos acerca de las redes nerviosas del cerebro. Por razones de sencillez, no emplearé los términos neurológicos, porque el lector lego tendría que buscar constantemente su explicación. Lo que importa es el comportamiento funcional del sistema.

El comportamiento funcional abarcará una gama muy amplia de sistemas de este tipo. Pueden cambiar los detalles y puede mostrarse que es posible conseguir el mismo efecto de una forma diferente. Los detalles de distintos tipos de interruptores de la corriente eléctrica pueden variar, pero el efecto al pulsarlos será en definitiva el mismo. El modelo propuesto es esencialmente el que expuse en *The Mechanism of Mind*. La simulación por ordenador de dicho modelo ha mostrado que funciona en gran manera según lo previsto.

En cualquier modelo de esta clase, el modo real de comportamiento dependerá en gran medida de los parámetros, es decir, de las cantidades asignadas a las diversas interacciones. No las he incluido y, por consiguiente, describiré el comportamiento del modelo con los parámetros óptimos (sean estos los que fueren). También creo que en el cerebro, como en las restantes partes del cuerpo, hay capas de sistemas de retroalimentación (*feedback*) local que mantienen los parámetros dentro de la anchura de banda óptima.

Imaginemos una neurona como un pulpo con un gran número de tentáculos (no con los ocho de rigor). Algunos de estos tentáculos son muy largos. Cada uno de ellos descansa sobre el cuerpo de otro pulpo y puede transmitirle un *shock* eléctrico. Esta transferencia se realiza segregando una sustancia química desde el extremo del tentáculo (correspondiente a un neurotransmisor). Si un pulpo recibe un número suficiente de *shocks*, se despierta y procede a transmitirlos a otros. La playa está cubierta de un gran número de pulpos, relacionados todos ellos de esta manera. Cualquier pulpo puede en realidad relacionarse, por medio de largos tentáculos, con otro muy alejado; pero, por comodidad, presupondremos que un pulpo está solo conectado con sus vecinos físicos.

Si estimulamos un grupo de pulpos, por ejemplo proyectando una luz brillante desde un helicóptero encima de ellos, se vuelven activos y empiezan a enviar descargas con sus tentáculos. Con el fin de ver lo que sucede, supondremos que, cuando un pulpo está despierto, su color cambia de gris verdoso a amarillo fuerte. Así veremos que una mancha amarilla se extiende hacia fuera desde el grupo al que hemos estimulado con la luz brillante. La mancha amarilla podría seguir extendiéndose hasta cubrir toda la playa. Esto sería, en cierto modo, equivalente a un ataque epiléptico en el cerebro, con todos los sistemas activados.

Añadamos ahora otra circunstancia. Cuando un pulpo está despierto (y es de un amarillo fuerte), despide un olor penetrante, una especie de mezcla de peces podridos y amoníaco. Este olor es tan desagradable para todos los pulpos que si su intensidad alcanza cierto nivel, se niegan a despertarse. Así, cuando la creciente mancha amarilla de pulpos activados ha alcanzado determinada dimensión, el olor habrá adquirido a su vez cierto grado de intensidad. Llegados a este punto, no se despertarán más pulpos, por lo que la mancha quedará limitada a aquella dimensión.

En términos neurológicos, tenemos una activación que se extiende y también un aumento de la inhibición. Inhibición que podría provocarse a través de un aumento de sustancias químicas o de una retroalimentación negativa directa llevada por otra serie de nervios. La función es la misma.

Si esto fuese todo, la mancha amarilla sería siempre circular, alrededor de los pulpos sobre los que brilló primero la luz del helicóptero. Así pues, añadamos otro efecto. Si un pulpo está ya despierto cuando recibe una descarga eléctrica a través de un tentáculo, el trozo de piel de debajo del tentáculo queda bastante dolorido. Este dolor significa que, en el futuro, es mucho más probable que el pulpo responda a una descarga de este tentáculo particular. Lo cual quiere decir que si dos focos del helicóptero despiertan a dos grupos próximos de pulpos, en el futuro la conexión entre los pulpos de ambos grupos será más fuerte que su conexión con los demás. Tal efecto da origen al importante fenómeno de la asociación y también a la reconstrucción. En 1969, predije que este era un elemento necesario del sistema. Subsiguientes estudios han demostrado que hay efectivamente un cambio enzimático (calpaína) que asegura que la posibilidad de conexión entre neuronas que son excitadas al mismo tiempo es más alta que con otras neuronas.

Volvamos a los pulpos. Si se han empleado de esta manera dos focos del helicóptero y en el futuro solo se emplea uno de ellos, es más probable que la mancha amarilla se extienda al grupo que está mejor conectado que a los demás. Así, la situación se presenta de nuevo como si hubiese dos puntos de luz, y la mancha amarilla no se extiende como un simple círculo alrededor del punto de estímulo, sino que sigue la pista de las conexiones crecientes, que depende a su vez de la pasada experiencia. De esta manera, el grupo de pulpos puede repetir o reconstruir un patrón. Aunque el *input* recibido no sea exacto, puede producirse la misma forma de mancha amarilla.

Ahora tenemos una repetición o reconstrucción de un patrón, lo cual constituye una parte muy importante del sistema. ¿Qué ocurre después? La mancha amarilla ya no se extiende, sino que es interrumpida (por el hedor). Ha seguido la experiencia previa. Ahora, los pulpos activos (como los actuales adictos a la televisión) solo tienen una breve esfera de atención, por lo que empiezan a aburrirse o a cansarse. Al empezar a aburrirse, el hedor que exhalan se reduce rápidamente. Esto significa que otros pulpos, que se encuentran fuera de la primera mancha amarilla y reciben descargas suficientes para despertar, pero han sido desanimados por el hedor, pueden despertar ahora y volverse activos. Simultáneamente se duerme el grupo primitivo, con lo que su mancha amarilla desaparece y pasa al nuevo grupo de pulpos que acaban de ser despertados.

Hay, pues, un cambio de posición de la mancha amarilla de un grupo a otro. La mancha, siempre de un tamaño limitado por el hedor, continuará cambiando de sitio en la playa. Si un grupo está bien conectado por largos tentáculos con un grupo distante, la mancha puede desaparecer en una zona y aparecer en otra lejana. La forma en que se vuelven amarillas una zona tras otra constituye una secuencia o patrón, patrón que será constante para una serie dada de condiciones.

Para cualquier pulpo, tomado aisladamente, el hecho de despertar y activarse vendrá determinado por el número de descargas que reciba de pulpos que ya se han despertado (dicho en otras palabras, del número de tentáculos del grupo que descansen sobre su cuerpo) y por el grado de «dolor» que exista debajo de estos tentáculos (dicho de otro modo, depende de con cuánta frecuencia ha estado activo el pulpo cuando el otro grupo ha permanecido activo). Pugnando contra tales efectos estimulantes, se encuentran el nivel de penetrante hedor que inhibe al pulpo y el factor de cansancio o aburrimiento.

Llegados a este punto, debería señalar que la relación entre los factores estimulantes y el despertar del pulpo no es lineal. Es lo que llamamos un efecto de umbral, absolutamente típico del sistema nervioso. Significa que, hasta cierto punto, un estímulo creciente no producirá el menor efecto; pero, más allá de este punto, el pulpo entrará en plena actividad. Más adelante empleo la analogía del cosquilleo. Se puede hacer cosquillas a alguien con creciente intensidad sin producir el menor efecto, hasta que, de pronto, la persona estalla en carcajadas. Este efecto no lineal constituye una parte muy importante del comportamiento de las redes nerviosas y no debería ser obviado en los cálculos de tal comportamiento. Es como aumentar la presión sobre un gatillo hasta que, de pronto, se libera toda la fuerza del arma.

¿Qué le ocurre al aburrido grupo de pulpos que fueron inicialmente estimulados? ¿Sigue aburrido e inactivo para siempre? Al cabo de un tiempo, cesa el aburrimiento. No solamente cesa, sino que va seguido de un breve período de alerta.

El cansancio, el período refractario y el aumento de la excitabilidad son normales en el comportamiento de los sistemas nerviosos.

La alerta incrementada del primer grupo estimulado significa que la mancha amarilla de actividad puede volver muy bien a este grupo, ya que ahora tiene una ligera ventaja sobre otros. Esto generará una circularidad del patrón. La mancha amarilla empezaría bajo el estímulo directo en una parte de la playa, discurriría alrededor de esta, después volvería al punto original y repetiría el circuito. En el cerebro, es esta circularidad lo que constituye probablemente un pensamiento.

¿Qué sucede si hay dos helicópteros que proyectan rayos de luz sobre diferentes partes de la playa al mismo tiempo? Ambas manchas amarillas nacen y tratan de extenderse. El penetrante olor aumenta. El grupo más fuerte (en términos de mayor conexión y tamaño) sigue extendiéndose y el grupo menos numeroso es eliminado por el hedor. Así, en cada punto hay solamente una zona de actividad, una mancha amarilla. En el cerebro, esto correspondería a un área de atención.

Después resulta que estos pulpos tumbados en la playa son más cultos de lo que pensábamos. Algunos de ellos responden a la música.

A unos parece gustarles el *jazz*, otros prefieren la música *country* y otros reaccionan solamente con Mozart. La respuesta consiste en un mayor estado de alerta.

Supongamos que más allá, en la playa, un grupo de excursionistas está escuchando música a todo volumen. De momento, está sonando *jazz*. Los pulpos sensibles al *jazz* se animan. Esto significa que están más propensos a activarse que cualquier otro grupo. Esta propensión inducida por la música se suma a los otros factores de propensión que ya han sido mencionados (conexión, grado de estimulación actual, aburrimiento, etc.), por lo que la mancha amarilla de actividad tendrá más probabilidades de moverse hacia este grupo medio despierto. Si la música hubiese sido *country*, otro grupo de pulpos se habría visto favorecido. Si hubiese sido de Mozart, los pulpos favorecidos habrían sido los más cultos.

La música de fondo aumenta la sensibilidad de diferentes grupos. Dicha sensibilidad aumentada, o predisposición para volverse activo, significará que la secuencia del patrón (secuencia del cambio de posición de la mancha amarilla de actividad) será diferente cuando suene la música que cuando no suene. Este es, en efecto, un punto muy importante.

En términos del cerebro, estamos contemplando los efectos de «emociones» o cambios químicos de fondo que favorecen un área neuronal, lo que quiere decir que es más probable que los patrones se produzcan en tales áreas. Así, la respuesta a un estímulo exactamente igual variará según el estado químico de fondo, que a su vez viene determinado por las emociones. Este efecto emocional podría ser tanto neurológico como químico. Da igual.

La predisposición de un grupo particular de pulpos a ser despertados (volverse activos) puede lograrse también de otra manera. Vemos cómo una segunda mancha amarilla, creada por un foco de helicóptero distinto a cierta distancia del primero, sería temporalmente eliminada por la mancha más fuerte. Sin embargo, la predisposición de aquel grupo a volverse activo es todavía mayor que la de otros pulpos, por lo que sería más probable que la mancha de actividad se desviase en su dirección. De esta manera, la superficie tendría en cuenta otros *inputs* que se produjesen al mismo tiempo. Advierte que si los dos focos de los helicópteros hubiesen estado al principio muy cerca el uno del otro, las dos manchas amarillas se habrían integrado para formar una sola. Ahora podemos resumir la propensión de cualquier pulpo en particular para despertar y volverse activo:

- Estimulación directa.
- Estimulación desde otros pulpos y grado de facilidad para la conexión (que depende de la historia pasada).
- Aumento del estado de alerta después de la fase de tedio.
- Música de fondo.
- Los factores negativos de aburrimiento y hedor son los mismos que antes.

¿Qué es la memoria en este modelo? El dolor que es la base de una conexión aumentada se hace permanente. En el mundo de la neurona, este incremento de la conexión puede lograrse por cambios enzimáticos, por la aparición de nuevas proteínas o por dendritas (tentáculos) adicionales.

Podemos consignar las características de este sistema:

- La actividad de un pulpo puede estimular la activación de otros pulpos si están conectados (la actividad se aprecia por el cambio al color amarillo).
- La dimensión total del grupo activado es limitada por la reacción negativa (el olor penetrante).
- Un factor de tedio o de cansancio significa que la actividad se desviará del grupo estimulado al siguiente que esté predispuesto a ello.
- La estimulación se da sobre una base de «umbral» y no es lineal.
- Todos los pulpos que son activados al mismo tiempo verán incrementada la posibilidad de conexión (el efecto de la parte dolorida).

Como resultado de estas simples características, el sistema muestra el siguiente comportamiento general:

- Atención unitaria.
- Reconocimiento y reconstrucción de patrones.
- Integración de *inputs* diferentes.
- Creación de patrones de secuencia que traen experiencias del pasado.
- Creación de patrones circulares repetidos.
- Respuestas diferentes a la estimulación, según la actividad de fondo (o línea de base química).

Se trata de efectos poderosos, que se suman al comportamiento de un sistema de autoorganización, de elaboración de patrones y de uso de estos últimos y que se suman al comportamiento de la percepción.

Ahora dejaremos la explicación del sistema y abordaremos su comportamiento, con el fin de mostrar cómo estos efectos son fundamentales para comprender la percepción humana.

CÓMO FUNCIONA LA PERCEPCIÓN

Anteriormente he descrito un vasto sistema de información autoorganizadora, constituido por las neuronas, sistema que es plenamente compatible con lo que sabemos del cerebro humano y que ha sido también simulado en ordenador (por M. H. Lee y colaboradores), comportándose en gran manera como estaba previsto. ¿Y qué?

De vez en cuando recibo cartas muy detalladas de individuos que tienen un modo tremendamente singular de contemplar el mundo. Hay ilimitadas maneras de describir cualquier cosa. Yo podría decirte que la taza que tienes delante está realmente constituida por trillones de pequeñas criaturas que han suspendido momentáneamente su actividad con el fin de constituir una taza. La pregunta pertinente tras leer esas cartas sería: «¿Y qué?». Yo no replico de esta manera porque resultaría ofensivo; pero en toda descripción o modelo queremos saber qué es lo que estos aportan. Como habría dicho el estadounidense William James, filósofo del pragmatismo: «¿Cuál es su valor en dinero contante?».

El objetivo de la ciencia no es analizar o describir, sino elaborar modelos útiles del mundo. Un modelo es útil si es posible emplearlo de alguna manera. El uso no se limita a predicciones de comportamiento, sino que también se extiende a intervenciones. Por ejemplo, el empleo del modelo que he descrito tuvo como resultado, en cierta ocasión, el ahorro de trescientos millones de dólares.

Dicho modelo es muy amplio. Abarca una gran variedad de sistemas autoorganizadores. Con el tiempo podemos descubrir que los detalles no son correctos. Podemos encontrar que empleamos varios cerebros a la vez o varias capas independientes de cerebro (como sospecho), pero esto no alterará la imagen general. La clave, en ciencia, es hacer un modelo lo más amplio posible, de manera que pueda abarcar muchos sistemas reales diferentes. Pero no debe ser tan amplio que no podamos sacar nada útil de él. Como veremos, se puede obtener muchísima información útil del comportamiento del sistema descrito.

Tradicionalmente hemos estado obsesionados por el modelo de mente semejante a una antigua «centralita telefónica». En él, un telefonista muy atareado conecta continuamente líneas. Se trata del sistema pasivo de «tablero» que he mencionado tan a menudo en este libro. Sentado frente a un tablero, el telefonista (el sentido del yo o «ego») mueve los cables según ciertas reglas.

El modelo que he descrito es totalmente diferente. Es un modelo de sistema autoorganizador (el que presenté en *The Mechanism of Mind*). Tal sistema tiene una vida y un dinamismo propios. Hay actividad total. La información que llega y las redes nerviosas interactúan con su propia energía. El yo, o telefonista, es en parte observador y en parte un aspecto de la acción, como veremos más adelante.

Quiero hacer aquí una lista de algunas de las cosas (lista nada exhaustiva) que ocurrirán en sistemas amplios de este tipo. De nuevo deseo recalcar lo de «amplios», porque estoy describiendo un sistema de alcance enorme. Luego me detendré con más detalle en cada tipo de comportamiento.

- ESTABLECIMIENTO DE PATRONES: el cerebro funciona proporcionando un medio en el que las secuencias de actividad quedan establecidas como patrones.

- DISPARADOR: el cerebro reconstruirá todo el cuadro a raíz de una parte de él; toda una secuencia puede desencadenarse a partir de la parte inicial.

- ASIMETRÍA DE PATRONES: los patrones de secuencia son asimétricos, lo que da origen al humor y a la creatividad.

- PERSPICACIA: si entramos en la secuencia pautada en un punto ligeramente distinto, podemos seguir un atajo, ya sea a causa del azar, ya sea de forma deliberada.

- APRENDIZAJE EN RETROCESO: hay buenas razones para creer que aprender cosas hacia atrás es mucho más eficaz que aprenderlas hacia delante.

- SECUENCIA TEMPORAL: el cerebro registra la historia, por lo que los patrones dependen en gran manera de la secuencia inicial de experiencia.

- CAPTACIÓN: cada patrón tiene un área de captación muy extensa, de manera que una variedad de *inputs* producen el mismo *output*.

- DISCRIMINACIÓN DE FILO DE NAVAJA: el límite entre dos áreas de captación está tan bien delimitado que pueden hacerse distinciones muy claras entre cosas que son muy parecidas, siempre que los patrones estén en su sitio.

- PRIORIDAD: una vez establecido un patrón, es muy difícil trascenderlo para establecer uno nuevo.

- INCONGRUENCIA: si lo que se le ofrece al cerebro contradice lo que está establecido como patrón, el cerebro lo advierte con toda claridad.

- PREDISPOSICIÓN: los patrones, en el cerebro, no se hallan solamente en un estado activo/inactivo, sino que existe una predisposición a seguirlos, la cual depende del contexto y de las emociones.

- CONTEXTO: los patrones reales que emergen vienen determinados por la historia, por la actividad del momento y también por el contexto, que establece el nivel de predisposición de los diferentes patrones.

- CIRCULARIDAD: puede establecerse una circularidad en que los patrones se retroalimenten. Esta es la base de los sistemas de creencias.

- DAR SENTIDO: el cerebro posee una gran capacidad para aglutinar y tratar de dar sentido a cualquier cosa que se le ponga enfrente.

- ATENCIÓN: hay una atención unitaria que puede captar todo el campo o enfocar solo una parte de él, haciendo caso omiso del resto.

- RELEVANCIA Y SIGNIFICADO: la atención se desplazará hacia aquellas áreas que desencadenen los patrones existentes.

- DOMINIO DEL CERO: la actividad del cerebro no puede estabilizarse en un dominio del cero que acepte el *input*, pero que no trate de seguir un patrón aceptado.

Tal como se han consignado aquí, estas características de comportamiento pueden parecer abstractas. Pero, como veremos, tienen un impacto directo sobre nuestro pensamiento y nuestro comportamiento diario.

ESTABLECIMIENTO DE PATRONES

¿Dispones de cuarenta y cinco horas para vestirte cada mañana? Si no es así, agradece que el cerebro establezca patrones de secuencia.

Un día, un joven decidió calcular de cuántas maneras podía vestirse empleando sus once prendas básicas. Encargó el trabajo a su ordenador personal.

El ordenador necesitó cuarenta y cinco horas seguidas para mostrar que, de los treinta y nueve millones de maneras posibles de ponerse las once prendas de vestir, solamente unas cinco mil eran factibles (no se pueden poner los zapatos antes que los calcetines, etc.). La cantidad de treinta y nueve millones se obtiene fácilmente, calculando todas las combinaciones de las once prendas. Basta con multiplicar $11 \times 10 \times 9 \times 8 \times 7 \times 6 \times 5 \times 4 \times 3 \times 2$.

Cuando te sirves de una botella de Saint-Véran, no tienes que resolver cómo colocar la copa. Cuando bebes, no tienes que calcular cuál es la mejor manera de sostenerla o decidir si has de llevártelo a la boca o a una oreja. Tus patrones pueden incluso haberte dicho que el Saint-Véran es un vino blanco de la región de Borgoña (o quizás estás estableciendo ese patrón en este preciso momento).

La definición de un patrón de secuencia es sencilla. En cada momento hay una dirección de cambio que tiene muchas más probabilidades de producirse que cualquier otra. Para un ferrocarril, en todo momento, la probabilidad (o verosimilitud) de ir hacia delante a lo largo de la vía es bastante más elevada que la de ir en cualquier otra dirección. En el cerebro, el cambio desde el estado actual de actividad hacia el siguiente tiene más probabilidades de ocurrir en una dirección (hacia el próximo estado particular) que en cualquier otra.

El comportamiento natural e indefectible de nuestro modelo autoorganizador del cerebro lo constituye el hecho de ser un sistema de confección y empleo de patrones. Tal es su actividad natural; no puede hacer otra cosa. La lluvia cae sobre un paisaje virgen. En definitiva, la acción recíproca de la lluvia y el paisaje forma arroyos y ríos. La lluvia que caiga después seguirá aquellos cauces. Así es el comportamiento natural del sistema.

Una persona ciega de nacimiento se encuentra repentinamente con que ha recobrado la facultad de ver. En un principio no podrá ver, pues todo estará confuso para ella, ya que el cerebro necesita algún tiempo para establecer patrones de visión.

Si el cerebro no fuese un sistema capaz de establecer patrones, no podríamos leer, ni escribir, ni hablar. Cada actividad, como la de vestirse por la mañana, sería una tarea que consumiría muchísimo tiempo. El deporte sería imposible; por ejemplo, un jugador de golf tendría que dirigir conscientemente cada parte de un golpe.

Consideremos los millones de personas que conducen sus coches todos los días por las carreteras, empleando patrones de percepción y de reacción y teniendo solo ocasionalmente que inventar otros. Hay patrones rutinarios de acción, como conducir un coche o jugar al golf.

Hay patrones rutinarios de percepción, que hacen que podamos reconocer los cuchillos, los tenedores y a las personas. Existen patrones rutinarios de significación, que nos permiten escuchar y leer, así como comunicar.

Los ordenadores tradicionales tienen que esforzarse muchísimo en establecer y reconocer los patrones. El cerebro los establece con gran facilidad y los reconoce instantáneamente. Esta capacidad está en su naturaleza y nace directamente de la manera en que funcionan los sistemas autoorganizadores.

DISPARADOR

En 1988, AT&T anunció un gran adelanto: la creación del primer chip neuronal, un chip electrónico cuyo funcionamiento se basa en el comportamiento de las redes nerviosas (bastante parecido al que he descrito). Si a este chip se le muestra una vez una imagen, en el futuro cualquier parte de la imagen le bastará para reproducir la imagen completa. Hay una reconstrucción del conjunto, provocada por cualquiera de sus partes.

Una vez más, se trata del comportamiento natural de un sistema autoorganizador, comportamiento que procede directamente de la confección del patrón y de su empleo. El comienzo del patrón es provocado; el resto lo sigue o es reconstruido.

En el MGM Grand Hotel de Las Vegas vi una vez cómo un mago hacía desaparecer un león a escasos metros de donde yo estaba sentado. Fue algo impresionante. Siento gran admiración por los magos, por su habilidad para engañarnos. Lo hacen empleando el efecto del disparador. Montan algo para disparar el patrón del público en una dirección determinada y, mientras, ellos toman una dirección diferente. Por ejemplo, el mago, antes de realizar un truco, sigue un complicado ritual de preparación o explica de algún modo en qué va a consistir la demostración y cuando bajamos la guardia, rápidamente realiza el truco.

En julio de 1988, una banda de cuatro ladrones salió de una oficina del aeropuerto de Nueva York llevándose un millón de dólares. No hubo violencia ni amenazas. Los ladrones se habían disfrazado con los uniformes habituales del servicio que iba a recoger el dinero aproximadamente a aquella hora. Presentaron credenciales al parecer auténticas. Todo ello provocó que nadie les ofreciera resistencia.

Las formas que ves en esta página disparan patrones que nos llevan hacia las palabras, y hacia su sentido y significado.

La presión sobre un gatillo puede ser la misma, ya sea el arma una pistola de agua, una escopeta de tiro al plato, un rifle Armalite que mate a alguien o incluso un misil que derribe un avión.

En general, el sistema de disparo en el cerebro es enormemente útil. Si no fuese por él, tendríamos que pasar muchísimo tiempo decidiendo qué patrón hemos de seguir. En vez de esta selección activa, se da el disparo automático. Se reconoce al instante a un amigo sin tener que emplear un calibrador para medirle la nariz o el tamaño de los ojos.

Pero el disparo puede ser demasiado rápido. Un amigo mío detuvo su coche para ayudar a una mujer que había sido atropellada por un automóvil que no se detuvo. Al inclinarse sobre ella para auxiliarla, un motorista se paró y supuso inmediatamente que había sido él quien la había atropellado (la persona lesionada y el hecho de que hubiese solo un coche provocaron esta reacción). El recién llegado, encolerizado, dejó a mi amigo sin sentido de un puñetazo.

Los testigos oculares pueden no ser dignos de confianza, porque el ojo no es una cámara fotográfica. El cerebro reconstruye lo que el testigo creyó ver.

Los gatillos disparan lo que uno cree que es, más que lo que es en realidad. Por esto es fácil disparar estereotipos sobre personas, razas o situaciones. Rótulos, lemas, imágenes y símbolos, ya se empleen en publicidad o con fines políticos, aprovechan este efecto de disparador y reconstrucción.

La frase «esto es lo mismo que...» destruye cualquier posibilidad de creatividad. Resulta mucho peor que decir que la idea es absurda, insensata o imposible. La expresión *lo mismo que...* significa que la idea no es nueva y, por consiguiente, no hace falta discutirla. Lo que sucede es que alguna parte de la nueva idea propuesta dispara una idea ya conocida en la mente del oyente, y él a partir de ese momento se niega a seguir escuchando.

La cuestión clave reside en si el disparo de patrones puede cambiar realmente lo que vemos. Se trata de la competencia entre un patrón almacenado y la realidad. Hay experimentos psicológicos que sugieren que es posible (como ocurre indudablemente con los magos que actúan sobre un escenario). Pero esto no tiene demasiada importancia. Basta con que el patrón disparado provoque emociones y estereotipos que afecten directamente a nuestra percepción de lo que está delante de nosotros.

La percepción modificada determinará (como veremos más adelante) adónde dirigimos nuestra atención y qué patrones empleamos. De ello resulta que vemos realmente algo diferente de lo que puede ver otra persona. Esto se aplica a situaciones físicas y, aún más, a situaciones de pensamiento, cuando respondemos a palabras habladas o impresas.

En una ocasión sugerí que los delincuentes habituales podrían ser marcados con tatuajes para facilitar su identificación. Tal idea provocó una reacción de horror, horror que no fue debido a que se considerase injusto o cruel aquel trato, sino a que la idea de «tatuaje» disparó inmediatamente imágenes de los números tatuados en los prisioneros de los campos de concentración nazis. Ahí residió la fuente del horror.

El fenómeno de disparador y reconstrucción constituye un comportamiento natural de cualquier sistema de patrones. En conjunto resulta tremendamente útil; la vida sería imposible sin él. Sin embargo, el disparo es precisamente uno de los factores que muestran que no puede haber verdad en la percepción.

ASIMETRÍA DE PATRONES

¿Por qué es el humor la característica más significativa de la mente humana? ¿Por qué le prestaron tan poca atención los filósofos tradicionales, entre otros?

El humor proviene directamente de la asimetría de patrones en un sistema autoorganizador. Resulta significativo, porque es un indicador directo de este tipo de sistema. No podría existir en un sistema de información pasivo de «tablero». El razonamiento es un fenómeno relativamente fácil que puede obtenerse con cajas, ruedas dentadas y transistores, pero el humor solo puede darse en un sistema asimétrico de patrones. El motivo de que los filósofos tradicionales le hayan prestado tan poca atención es la prueba más clara de que se han limitado a trabajar con sistemas de información pasivos de «tablero».

La asimetría de patrones explica también por qué hemos sido incapaces, durante dos mil cuatrocientos años o más, de comprender la creatividad o de usarla más deliberadamente. ¿Qué es la asimetría?

Asimetría significa falta de simetría. La simetría es la correspondencia exacta. Los edificios góticos eran asimétricos, porque los lados no eran iguales, como en un edificio clásico.

Si le pides a alguien que empiece con la palabra *perro* y la enlace por medio de otras palabras con el vocablo *cuchillo*, obtendrás una serie de palabras que serán muy diferentes de las que obtendrías si hubieses solicitado que empezaran con *cuchillo* y que la enlazaran hasta llegar a *perro*. Dicho de otra manera, lo que conduce de *perro* a *cuchillo* no es lo mismo que lo que lleva de *cuchillo* a *perro*. Es en este último sentido en el que los patrones son asimétricos. El camino de A a B puede ser largo y tedioso, y el de B a A, corto y directo.

Te pongo el mismo ejemplo que antes. Cruzas en coche la ciudad para ir a cenar a casa de un amigo. Recorres el camino que conoces, sigues la ruta habitual. Cuando te dispones a regresar, tu amigo te indica un camino mucho más rápido. Nunca lo habrías encontrado por ti mismo, porque no podías saber que la clave estaba en una calle insignificante que habías pasado de largo.

En los libros escolares de ejercicios a menudo aparece una ilustración en la que se ve a cuatro jovencitos que están pescando. Los sedales se han enredado.

Un solo pez pende de uno de los anzuelos. Se le pide al niño que descubra cuál de los chicos ha pescado el pez. Si empieza desde cada pescador, resolver el ejercicio le resultará bastante difícil, porque no hay manera de saber qué sedal termina donde se encuentra el pez. Pero si empieza al revés, desde el pez, bastará con que siga el sedal hasta el pescador afortunado.

Tanto el trayecto a través de la ciudad como el pasatiempo del pez y los pescadores son ejemplos de caminos asimétricos. ¿Por qué es tan importante la asimetría en un sistema de patrones?

Cierta tarde te diriges a cenar con algunos amigos que viven en el campo. Te han dado claras instrucciones sobre la manera de llegar al pueblo más próximo. También te han dicho que en el tercer cruce gires a la derecha después de la iglesia. Giras por lo que parece ser el tercer cruce pero ese camino no va a ninguna parte. El problema reside en que hay calles anchas, calles estrechas y callejones.

¿Cómo habrías tenido que contar para llegar al «tercer cruce»? Deberías haber comprobado cada cruce a la derecha, pero eso te hubiese hecho perder mucho tiempo.

En un sistema de patrones hay un camino principal y muchos caminos laterales. Si la mente tuviese que detenerse en cada uno de estos últimos para explorar su potencial, la vida sería insoportablemente lenta y no tendría ningún sentido tener un sistema de patrones. Además, se necesitaría una segunda mente para tomar estas decisiones y una tercera para tomar otras decisiones... y así sucesivamente.

El cerebro está mucho mejor organizado. El comportamiento natural e intrínseco que he descrito asegura que, en cualquier punto, se destaque el camino más probable hacia delante y se suprima por completo, de momento, el camino lateral menos probable (aunque solo sea un poco menos probable). Así pues, por ahora, no existen realmente caminos laterales. Avanzaremos por el camino principal sin vacilaciones y con plena confianza.

Sin embargo, si «de algún modo» saltamos al camino lateral, o incluso si arrancamos de este, el trayecto de regreso al punto de origen resultará muy fácil. Esto es asimetría clásica, que se ilustra mucho mejor con un dibujo.

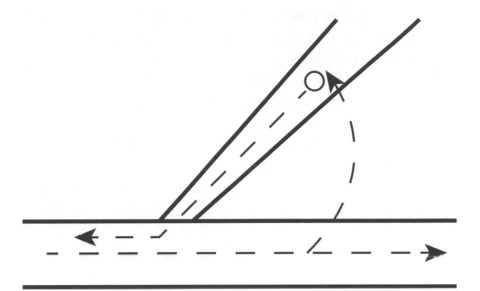

Vuelvo a precisar que tal comportamiento surge directa y espontáneamente de la naturaleza del sistema; no es algo que uno haya de añadir.

Si «de alguna manera» cruzamos del camino principal al camino lateral, podemos ver, «retrospectivamente», que la ruta de vuelta es obvia. Esta es la esencia del humor. Será función del comediante, o de la culminación ingeniosa de un chiste, colocarnos en el camino de regreso. Algo que no podía ser evidente con anticipación lo es a posteriori.

Un hombre de ochenta y cinco años muere y va al infierno. Mientras pasa por allí, tropieza con un amigo de edad parecida que está sentado con una espléndida joven sobre sus rodillas.

—¿Estás seguro de que esto es el infierno? Parece que lo pasas muy bien —le dice al amigo.

—Oh, sí que es el infierno. Es que yo soy el castigo de ella —responde este.

Las conexiones y la fuerza con que volvemos rápidamente por el camino lateral dependen del carácter local, de los prejuicios étnicos, de la personalidad del comediante y de cosas parecidas; pero la mecánica es fundamental.

Idéntico proceso tiene lugar en la creatividad, o lo que yo prefiero llamar *pensamiento lateral*. Como explicaré más adelante, la palabra *creatividad* es demasiado amplia, por lo que inventé el término *pensamiento lateral* para cubrir cambios de concepto y percepción, obtenidos mediante un movimiento lateral que atraviesa el patrón. El pensamiento lateral surge directamente de una consideración de la mente como sistema autoorganizador. El término figura ya en el *Oxford English Dictionary*, aunque la definición no es la adecuada.

Con el pensamiento lateral tratamos de *funcionar* como funciona el humor. Tratamos de cruzar del camino principal al camino lateral. He diseñado herramientas y procesos específicos para hacerlo y los describiré en breve. Si conseguimos cruzar hasta el camino lateral, podremos ver —retrospectivamente— al instante (como en el humor) el valor de la nueva posición.

Ahora llegamos a uno de los grandes dilemas. En realidad, yo lo llamaría uno de los mayores dilemas de toda nuestra cultura del pensamiento. Y es que cada idea creativa valiosa tiene que ser siempre lógica, vista retrospectivamente. Si no lo fuese, nunca podríamos apreciar su valor. Solo sería una idea disparatada, suspendida sin el menor apoyo. Así pues, únicamente podemos apreciar las ideas creativas que resultan lógicas a posteriori. Desde luego, hay ideas creativas que la mayoría de la gente será incapaz de apreciar antes de un cambio de paradigma (como el que propongo en este libro).

Hasta ahora se ha defendido siempre que si una idea es lógica a posteriori, tuvo que ser accesible de antemano a la lógica. Por consiguiente, basta con buscar una lógica mejor, en lugar de potenciar la creatividad. Esta actitud es del todo correcta en un sistema pasivo de tablero, pero totalmente falsa en un sistema autoorganizador. Por desgracia, casi toda nuestra cultura se basa en el pensamiento pasivo de tablero; por eso no podemos ver lo necesaria que es la creatividad.

Sabiendo todo esto, ¿podemos dar pasos concretos para movernos del camino principal al lateral? Sí. Hace muchos años concebí herramientas específicas de pensamiento, precisamente para este fin. Estas herramientas han sido muy eficaces en la práctica y fueron, como hemos visto, las que utilizó Peter Ueberroth para generar los nuevos conceptos para los Juegos Olímpicos de 1984. (Hay otros muchos ejemplos de su uso, pero este resulta clarísimo).

Para cruzar caminos asimétricos necesitamos una combinación de dos elementos: provocación y «movimiento». En 1982, los investigadores de IBM declararon categóricamente que, en cierto tipo de sistemas (como las ecuaciones Boltzmann), la provocación era una necesidad matemática absoluta. Desde principios de los años setenta he estado defendiendo esto mismo como parte del proceso de pensamiento lateral.

Puede no haber una razón para decir algo hasta después de que se ha dicho. Esto es una provocación. Generalmente existe una razón para decir algo antes de que se diga. Una provocación se concibe para perturbar el sistema; y son los beneficios de esta perturbación los que justifican la provocación.

Quizás sea más fácil de entender si pensamos en la provocación como si se tratara de una rampa. Esta rampa no se basa en la experiencia y marca una salida del camino principal. Así que sirve para sacar nuestra mente de la ruta establecida. Realizando la operación de «movimiento», nos lanzamos desde la provocación hacia el nuevo camino. Una vez allí, si la idea es valiosa, podemos ver su valor a toro pasado y olvidar cómo llegamos allí.

En la historia de la ciencia ha habido provocaciones debidas al azar, a un accidente, a un error, a una confluencia de circunstancias, a la locura, a una distracción y a otras muchas causas. Pero no tenemos que esperar que algo de esto ocurra; podemos concebir y también emplear deliberadamente provocaciones.

Acuñé la nueva palabra *po* para indicar una provocación. Por ejemplo, podríamos decir que «los coches *po* deberían tener las ruedas cuadradas». Sin la señal *po* (que advierte que se trata de una provocación), esta declaración parecería completamente absurda y contraria a todas nuestras nociones de mecánica realista. Sin embargo, la provocación conduce a numerosas ideas útiles, incluida la de la suspensión activa. Hace muchos años sugerí un sistema de suspensión que levantara las ruedas encima de los obstáculos como un caballo que se encabrita. En la actualidad Lotus (parte de GM) y otros fabricantes están aplicando dicha idea. El resultado es muy superior a cualquier otro sistema existente de suspensión. No tengo manera alguna de reclamar la patente.

El término *po* está tomado de palabras como *hipótesis*, *suposición*, *posible* y *poesía*. En todos estos casos empleamos una declaración o una idea para seguir adelante. Puede considerarse también que *po* representa una «operación provocativa».

La provocación resulta del todo inútil, a menos que aprendamos la operación del «movimiento». El movimiento es una operación muy diferente al juicio, donde comparamos una idea con nuestros patrones existentes y rechazamos o criticamos la idea si existe cualquier desajuste. En el movimiento usamos la idea para desplazarnos hacia delante, lo cual no es muy diferente de lo que hacemos con la poesía.

Hay maneras específicas y formales de causar provocaciones. Hay maneras deliberadas y formales de conseguir movimiento. Estas incluyen las herramientas específicas del pensamiento creativo deliberado.

No es ahora el momento de examinar estos temas con detalle[1].

Una fábrica situada junto a un río lo contamina. Los que viven río abajo sufren las consecuencias. ¿Qué podemos hacer? Lanzar una provocación: «La fábrica *po* está río abajo de ella misma». Esto suena absurdo e imposible. Pero conduce directamente a la lógica idea de que la entrada de materiales en la fábrica debería estar situada más abajo que su salida de productos. Así, la fábrica sería la primera en sufrir su propia contaminación y tendría más interés en evitarla.

Esta sugerencia la lancé hace muchos años y, según me han dicho, ha sido incorporada a la legislación en algunos países.

Me he detenido bastante en estas cuestiones por dos razones. La primera es mostrar que nuestro fracaso en comprender el comportamiento de los sistemas autoorganizadores ha hecho que fuésemos incapaces de tratar debidamente la creatividad. Esto, que es muy grave, ha hecho que el progreso sea mucho más lento de lo necesario. La segunda

---

1. Otros libros míos tratan del pensamiento lateral, entre ellos *El pensamiento lateral*, Paidos Ibérica, 2013.

es mostrar que la comprensión de la naturaleza de los sistemas de patrones puede tener aplicaciones prácticas; por ejemplo, en el diseño de herramientas creativas específicas que deliberadamente pueden usarse para generar nuevas ideas. Vemos aquí la legitimación de dos operaciones mentales: provocación y movimiento.

La asimetría de patrones también conduce al fenómeno de la perspicacia y a otra herramienta creativa muy sencilla.

PERSPICACIA

Arquímedes salta desnudo de su baño gritando ¡eureka! Alexander Fleming entiende de pronto el significado de la cubeta contaminada por el moho de la penicilina. Kekulé ve súbitamente el anillo del benceno como una serpiente que se muerde la cola. Los historiadores que se han encargado de recopilar los grandes descubrimientos han documentado prolijamente el momento de la perspicacia, del «eureka» y del «ajá». Los cambios paradigmáticos, aunque un tanto más lentos, también son ejemplos de perspicacia. De alguna manera, llegamos a ver las mismas cosas de un modo diferente.

¿Cómo puede darse la perspicacia en un sistema de patrones donde las cosas deben fluir por el cauce establecido? Sin duda, sistema pautado y perspicacia implican ideas opuestas; con la perspicacia obtenemos de pronto un nuevo patrón. Lo paradójico es que precisamente la naturaleza de los sistemas de patrones es la que da origen al fenómeno de la perspicacia. Algo muy parecido a lo que sucede con el humor.

Mientras marchamos por el camino principal no podemos tener acceso al lateral. Pero si de alguna manera, en una ocasión, se da el caso de que arrancamos en algún punto del camino lateral, o cerca de él, y por un momento volvemos atrás, veremos que tiene sentido. Lo que nos hace arrancar desde este nuevo punto puede ser una observación casual, un nuevo dato o algo ajeno al entorno. La proverbial manzana que cayó sobre la cabeza de Newton sería un buen ejemplo.

Intuición y perspicacia no son lo mismo. La perspicacia es una súbita comprensión, como la de un matemático o un programador de ordenador que de pronto se da cuenta de que algo puede hacerse de una manera mucho más sencilla. La intuición es la elaboración gradual de patrones de fondo que a menudo no pueden ser expresados con palabras o ni siquiera son conscientes. A veces, un patrón clave cae en su sitio y hace que toda la red sea accesible y utilizable.

Podemos tratar de producir el fenómeno de la perspicacia de manera artificial. ¿Cómo obtener un nuevo punto de entrada? ¿Qué detonante hemos de utilizar en sustitución del suceso casual o el nuevo dato que nos da acceso al camino lateral? La respuesta es sorprendentemente fácil y da pie a la creación de lo que debe ser la técnica más sencilla posible de pensamiento lateral. Es una técnica muy empleada por quienes se dedican a crear nuevos productos o quienes necesitan un caudal de ideas nuevas. No podemos escoger un nuevo punto de entrada deliberado (aunque sea un proceso útil), porque es probable que lo elijamos con referencia a nuestras ideas previas sobre la materia. Necesitamos, pues, un nuevo punto de entrada, pero no podemos escogerlo. La solución es obtenerlo por casualidad.

Nos conviene emplear una palabra (con preferencia un nombre) que sea un conjunto de funciones y asociaciones. Obtenemos esta palabra de forma fortuita; por ejemplo, abriendo un diccionario al azar, tomando la quinta palabra y siguiendo hacia abajo hasta encontrar el primer nombre; colocamos después esta palabra en yuxtaposición con el área focal para la que necesitamos una nueva idea.

El área focal era, por ejemplo, *cigarrillo*, y la palabra escogida al azar, *semáforo*. Rápidamente surgió la idea de colocar una ancha franja roja alrededor de los cigarrillos, a cierta distancia del extremo. Esto marcaba una zona de peligro, una zona de culpa y una zona de decisión para los fumadores. Si se detenían antes de la franja roja, la acción de fumar era algo menos peligrosa, y el fumador ganaba también cierta sensación de control. La franja podía ser colocada progresivamente más cerca del extremo del cigarrillo para los que querían fumar menos.

En un sistema pasivo de tablero, esta técnica tan simple y absurda sería una insensatez total, pues, por definición, una palabra casual no tiene relación con la materia focal. La misma palabra serviría para cualquier objeto o para ninguno de ellos; lo que puede ser una insensatez en un sistema pasivo. Pero en un sistema de patrones autoorganizador, el proceso es perfectamente lógico.

Al entrar desde la periferia, desde cualquier punto de partida, es probable que encontremos caminos que nunca habríamos tomado si nos hubiésemos movido desde el centro hacia fuera. Esto nace directamente de la asimetría de patrones.

Además, la palabra casual sintetiza ciertos patrones (la palabra *semáforo* sintetiza patrones tales como «control», «peligro», «*stop*»), de manera que la corriente del pensamiento puede advertir patrones que, de otro modo, se habrían pasado por alto. La técnica es muy eficaz y muy fácil de emplear. Un ejemplo más del valor práctico de tener un modelo de sistema desde el cual podemos trabajar avanzando, para producir ideas útiles. Como he dicho, la técnica de la palabra al azar no habría podido surgir nunca del modelo de tablero.

La efectividad de la técnica de la palabra casual no demuestra en modo alguno que el modelo sea correcto, pues puede haber otros modelos que produzcan también este efecto. Pero el modelo tiene un valor real, si puede generar instrumentos prácticos de pensamiento, que puedan ser probados directamente. El objetivo de todo modelo científico es proporcionar valor real y no solo otra descripción.

APRENDER EN RETROCESO

Si tuviéramos que enseñar a alguien a utilizar un torno para madera, podríamos emplear la siguiente secuencia: revisa la máquina, coloca la herramienta, fija la pieza de madera en el cabezal, revisa de nuevo el torno, enciéndelo, observa y controla la operación, apágalo, quita la herramienta, saca la pieza ya torneada y desconecta la máquina. Esta es la secuencia en que se realiza la operación, y supuestamente lo más sensato sería enseñarla siguiendo ese orden.

Pero esta manera de enseñar puede resultar completamente errónea. Tal vez sería mejor enseñar la secuencia a la inversa. Quizás lo primero que deberíamos mostrar es cómo parar la máquina; después, cómo retirar la pieza de madera ya torneada, y, por último, cómo poner en marcha el torno.

La lógica de los sistemas de patrones sugiere que el aprendizaje marcha atrás podría ser mucho más eficaz. Esto no se aplica necesariamente al lenguaje, donde existe un significado en un sentido pero no en el otro; sin embargo, tal vez podría aplicarse, por ejemplo, para aprender un poema largo. Algunos trabajos preliminares que hice así lo sugieren.

Imaginemos que estamos aprendiendo una secuencia ABCDE de la manera normal. Comenzaríamos por A y, cuando la hubiésemos aprendido, pasaríamos a B y después a C. En cada caso pasaríamos de algo que conocemos bien a algo que solo estamos aprendiendo (podríamos llamarlo construir sobre la base). Como nos estaríamos desplazando hacia un área nueva, sería probable que cometiéramos un error o que siguiéramos alguna ruta equivocada. Esto resulta muy difícil de «desaprender». Veamos ahora el recorrido en el sentido inverso.

Aprendamos primero E y después aprenderemos D. Esto significa que ahora vamos de lo que estamos aprendiendo a algo que ya conocemos bien. Por consiguiente, la probabilidad de seguir una ruta equivocada es mucho menor. Cuando luego aprendamos C, de nuevo avanzaremos con confianza.

El principio reside en que es mucho mejor saber adónde vamos, por haber estado ya allí, que ir de lo conocido a lo desconocido. Me han dicho que algunos directores de coros están empleando este enfoque: enseñar la última frase, después la penúltima, luego la anterior, etc. Así avanzan los coristas con plena confianza en un terreno que ya conocen. También creo que se está utilizando en la enseñanza del golf. Se empieza al final del recorrido y se va hacia atrás para terminar en el principio.

Hay mucho por hacer en materias como esta. Podría suponer un cambio profundo en nuestra manera de enfocar la educación. No es fácil hacer la transición desde secuencias simples a materias de diferente complejidad. En materias de complejidad creciente, ¿qué significa trabajar marcha atrás? Podemos concebirlo en términos de diseño específico de una secuencia de conceptos.

Se trata de otro ejemplo de algo que no deja espacio para la intuición, pero que surge directamente de una consideración del comportamiento general de los sistemas autoorganizativos de patrones. Lo cual podría tener un valor práctico considerable.

SECUENCIA TEMPORAL

Si vas a empezar a trabajar en un campo nuevo, deberías investigarlo minuciosamente. ¿No es así? ¡No!

La opinión tradicional es que deberías leer todo lo que pudieses, con el fin de obtener los conocimientos básicos, para después poder avanzar a partir de ahí. Tal argumento tiene un fallo, el fallo habitual del método científico. Lo que obtenemos no es conocimiento puro, sino conocimiento encorsetado por conceptos y percepciones. En el modelo de tablero, el conocimiento está allí, como objetos sobre un tablero. Podemos jugar con los objetos. En el modelo de patrones autoorganizador, el conocimiento está empaquetado inextricablemente entre conceptos y percepciones. Juntos, estos conceptos y percepciones dan lo que Thomas Kuhn llamó paradigmas.

¿Por qué los grandes progresos en un campo concreto se deben a menudo a alguien inexperto en dicho campo o que practica una disciplina diferente? La historia de la nueva ciencia del caos está llena de ejemplos. No es tan solo que el orden establecido desee defender su propio territorio, hay también un problema de secuencia. Los patrones se forman directamente según la secuencia de la experiencia. Las piezas están ya unidas; no se pueden mover de un lado a otro como en el modelo de tablero. Esta es la esencia misma de la naturaleza de los sistemas autoorganizadores.

San Ignacio de Loyola («Dadme un niño hasta que tenga siete años, y marcaré su vida»), Freud y los marxistas tienen razón. Fija pronto los patrones, y todo lo que surja surgirá sobre esa base. Eso en cuanto a la vida, en cuanto a la investigación: nuestra experiencia, nuestros estudios en determinado campo fijarán nuestros patrones. A veces, esto es bueno y a veces, malo. Alexander Fleming pudo reconocer el significado de la contaminación del *penicillium* gracias a sus antecedentes en la investigación de los efectos antibacterianos. Mi propio bagaje en medicina (y en particular los sistemas integrados de control del riñón, la función renal, el control de la circulación y el control respiratorio) fueron esenciales para despertar mi interés en los sistemas de patrones autoorganizadores. Si hubiese procedido del campo de la filosofía, de la lógica, de las matemáticas o de la informática, habría aprendido el lenguaje de la manipulación simbólica y me habría encontrado en el modelo de tablero.

Otras veces, la experiencia puede ser restrictiva, porque estamos atrapados en los conceptos existentes. Tal vez lo ideal sería leer solo lo suficiente para que todo nos resultase familiar en general y después hacer un trabajo personal. Sin embargo, puede que necesites aprender a utilizar las poderosas herramientas y las técnicas del sector. Pero incluso esto puede ser peligroso: si se tiene un martillo, todos los problemas serán tratados como si fueran clavos.

Dirigimos líneas aéreas como solíamos dirigir ferrocarriles, porque el ferrocarril llegó primero y solo transferimos los conceptos de este a las líneas aéreas. En estas, tales conceptos (trayectos fijos, equipamiento informático...) no solo son innecesarios, sino muy costosos e ineficaces.

Incluso segundo a segundo, los sistemas de patrones son sumamente sensibles a la secuencia. Consideremos el siguiente anuncio en un avión a pie de pista, lleno de pasajeros : «Les habla el comandante. Siento tener que darles una mala noticia. Todos habrán oído hablar de la congestión del espacio aéreo. Lamento decirles que saldremos con cinco minutos de retraso». La primera parte del mensaje hace que los pasajeros esperen algo grave, un problema técnico importante. Después, la mención del «atasco» elimina aquel temor, pero sugiere un largo retraso. Un viaje aéreo provoca ya la suficiente tensión, así que no estaría mal un cursillo para saber cómo exponer la información. El capitán debió empezar diciendo que TAN SOLO habría un retraso de cinco minutos.

Siempre hay que dar primero las buenas noticias.

CAPTACIÓN

Una vez comí a orillas del río Misisipi, a unos ciento cincuenta kilómetros de la frontera canadiense. Generalmente consideramos ese río como netamente sureño, pero lo cierto es que recorre gran parte de Estados Unidos.

Hay una cumbre muy interesante en el oeste de Suiza. Si uno se planta en aquella cumbre un día de lluvia y escupe hacia el este, su escupitajo llegará a la desembocadura del Danubio, arrastrado por la corriente de agua. Pero si escupe hacia el oeste, el escupitajo irá a parar a la desembocadura del Rin, en Holanda. Aquí hay dos puntos dignos de mención. Uno es la marcada división entre dos enormes cuencas de recolección o captación y el otro, la dimensión de dichas cuencas.

El Misisipi, el Danubio y el Rin tienen inmensas áreas de captación, y este es el tema que quiero abordar aquí.

Imagínate un tubo de dos centímetros de diámetro plantado verticalmente en el suelo. Trata de lanzar y colar una bolita de acero a ese tubo. Tienes que acercarte mucho o tener muy buena puntería. Tomemos ahora un embudo de treinta centímetros de diámetro más o menos e introduzcamos el extremo en el tubo. Nuestra tarea será ahora mucho más fácil. No tenemos que apuntar con tanta exactitud. En vez de apuntar a un agujero de dos centímetros de diámetro, ahora tenemos uno de treinta centímetros. Sin embargo, el resultado será el mismo.

El embudo es un sistema que permite una gran variedad de entradas para una sola salida. Saquemos ahora aquel embudo del tubo y sostengámoslo sobre una bandeja llena de arena. Por muy variadas que sean las posiciones desde las que arrojemos la bolita, esta irá a parar siempre al mismo sitio de la arena. Si quitamos el embudo, la bola irá a parar a muchos puntos diferentes.

¿Qué tiene que ver todo esto con los patrones de la mente? Muchísimo: ¿tienen los patrones un área de captación muy ancha (como el embudo y los ríos) o un área muy pequeña y exacta (como el tubo sin el embudo)?

Si ponemos una caja grande de cereales sobre la mesa y damos vueltas alrededor con una cámara, disparándola desde todos los ángulos, obtendremos fotografías con imágenes de la caja que, físicamente, parecerán muy diferentes. ¿Cómo es que el ojo no tiene dificultad en reconocer en todas estas formas diferentes la caja de cereales?

Durante años, los expertos en inteligencia artificial se mostraron perplejos ante esta propiedad de la mente y del ojo y elaboraron esquemas muy complicados de análisis y comparación. En un sistema de patrones autoorganizador, la solución es muy simple. Los patrones para la caja de cereales (y de objetos en forma de caja, en general) tienen un área de captación muy amplia, y todos ellos van a parar a lo mismo. Una vez más, no hay nada especial o exótico en esto: es el comportamiento natural del sencillo sistema de patrones que he descrito. Este sistema no podría funcionar de otra manera.

De momento, quiero dejar a un lado los patrones competitivos y el efecto de «filo de navaja», y observar el área de captación de un patrón. Si esta es ancha, una variedad de objetos relacionados entre sí o de algún modo similares acabarán viéndose como el mismo patrón. Desde un punto de vista práctico de supervivencia, esto es inmensamente útil. En vez de tener que aprender muchos patrones separados, podremos apañarnos con unos pocos que sean amplios. Casi todo entrará en el área de captación de uno de ellos. Imaginemos los patrones simplificados de un bebé y cómo fluyen dentro de ellos, tan sencillos, la mayoría de las cosas.

¿Cómo ocurre esto? Tracemos varios círculos sobre una hoja de papel. Cada círculo representa un estado de actividad particular en el sistema cerebral. Cada estado (siendo iguales todas las cosas; más adelante veremos que pueden no serlo) perderá interés, se agotará y será seguido por uno nuevo. Por consiguiente, conectamos aquel círculo con otro por medio de una línea y cruzamos esta con dos rayas para indicar que es la ruta de cambio preferida. Si este segundo estado ya ha estado activo, puede que se encuentre demasiado cansado para responder, por lo que necesitamos otro cambio que lo sustituya. Conectemos el primer círculo con cualquier otro y crucemos la línea con una sola raya. Conectemos los círculos al azar. Solamente debemos asegurarnos de que cada uno tenga al menos dos líneas que vayan hacia él: una de ellas debería estar cruzada por dos rayas (primera elección para el cambio), y la otra, solamente por una (segunda elección). Podemos empezar con cualquier círculo. Salgamos por la ruta preferida, a no ser que hayamos entrado por ella, en cuyo caso saldremos por la elegida en segundo lugar.

Hagamos lo que hagamos, siempre terminaremos repitiendo un círculo (ocasionalmente dos). Todos los demás estados se alimentarán de este estado estable. Aquí no hay ninguna magia. Es el comportamiento natural de los sistemas autoorganizadores, que pasan de estados inestables a estados estables. El resultado es que una extensa variedad de entradas puede llegar a estabilizarse como el mismo patrón establecido, lo que sería el área extensa de captación. En un principio, este amplio mecanismo de captación tiene grandes ventajas para la supervivencia. Pero posteriormente puede mostrar defectos graves. Nuestra civilización está sufriendo gravemente a causa de estos defectos.

Los *inuit* (a quienes se solía designar con el término un tanto despectivo de «esquimales») acostumbraban pasar mucho tiempo apiñados en iglús en las largas noches de invierno. Si uno se ve obligado a compartir un espacio tan estrecho, las relaciones humanas se convierten en algo muy importante... y muy sutil. Por este motivo, creo yo, los *inuit* desarrollaron un rico lenguaje para describir matices de las relaciones humanas. Tienen también una veintena de términos para describir la nieve, que tan importante papel juega en sus vidas. En términos de relaciones humanas, cuentan con más de veinte palabras a lo largo de todo el espectro que va del amor al odio. Por ejemplo, hay una para describir el sentimiento siguiente: «Te aprecio mucho, pero no querría ir a cazar focas contigo».

Considera lo práctica que es esta riqueza léxica. Considera su valor en las relaciones humanas, en las relaciones de negocios («Le aprecio mucho pero no me fío una pizca de usted») y en las relaciones internacionales («Somos ciertamente enemigos, pero somos administradores conjuntos de este planeta —la frase es de Howard Baker— y debemos hacer que funcione»).

Pero nosotros carecemos de tal riqueza. El idioma inglés (como muchos otros) es extraordinariamente pobre en este sentido. Tenemos amor, odio, simpatía, antipatía, desconfianza, confianza. Tenemos amigo y enemigo. Hemos de apañarnos con estas toscas formas y, por consiguiente, cada una de ellas tiene una amplia área de captación. El problema se complica todavía más por el fenómeno de centrado, que describiré en breve.

Hay una razón para esta pobreza léxica en el idioma libre. El inglés es un lenguaje muy expresivo y descriptivo. Quiere decir que podemos describir adecuadamente, mediante una combinación de palabras, frases y adjetivos, un espectro muy completo entre el odio y el amor. Esto, que está muy bien para la literatura y la poesía, es del todo inútil para la percepción.

La descripción es una cosa; la percepción, otra. La descripción describe la percepción que ha sucedido. Percepción es lo que está sucediendo. Necesitamos formas ricas y sutiles para lo actual; no maneras de describir más tarde matices de sentimiento.

Así, los anglófonos se ven realmente perjudicados por la rica expresividad de su lenguaje, y también por la manera en que lo defienden tan orgullosamente. El idioma estático de Alemania y los códigos tan ricos de Japón son burdos al principio, pero en realidad permiten una percepción más sutil. El resultado puede ser un mayor pragmatismo.

El quid de la cuestión es que la capacidad descriptiva no puede suplir al instante de percepción.

Imaginemos un paisaje con unas pocas cuencas de captación pero muy grandes. Todo va a parar a los ríos de dichas cuencas. Imaginemos otro paisaje con cuencas de captación más numerosas y reducidas, que conducen a diferentes ríos. Podríamos llamar a las grandes áreas de captación sumideros o conceptos-trampa. Una trampa para elefantes es un agujero en el suelo con paredes inclinadas. El elefante resbala dentro de la trampa y no puede salir de ella.

Nuestro pensamiento civilizado está saturado de grandes conceptos-trampa, como libertad, justicia, democracia o imperialismo. Es virtualmente imposible pensar en cualquier zona cercana a estas trampas, so pena de caer en patrones aceptados que no pueden ser desafiados. Si criticas la democracia, es que eres un fascista (otra trampa). Si te inclinas por el socialismo, es que eres marxista. Como los ingleses que van a buscar setas, tenemos un número limitado de conceptos burdos. Los recolectores franceses pueden reconocer muchas más especies de hongos. Y esta variedad es imprescindible para cubrir las necesidades de la comunicación en un contexto democrático.

Ahora llegamos al fenómeno de «centrado», que va unido a la captación. Significa que, por muy amplia que sea el área de captación, cuando algo es absorbido (como lo que está cerca del campo de gravitación de un agujero negro), va a parar directamente al centro. Dicho en otras palabras, los patrones mostrarán los tipos más puros, sin ninguno de los matices o calificaciones que deberían haber estado allí en primer lugar. Así, un criminal no es más que un criminal.

Desde luego, sabemos que el objetivo de la civilización y de la educación es dividir estas toscas categorías en distinciones más finas y más sutiles. Y si es así, ¿por qué no funcionan?, como dijo la niña a la abuela que se estaba poniendo crema contra las arrugas. Para hallar una explicación, debemos analizar la frase «trata de descomponer las grandes categorías toscas en otras más sutiles». La palabra clave es *descomponer*. También debemos, al llegar a este punto, volver la vista hacia los pensadores griegos, en especial Aristóteles, y la base de nuestra lógica. Existen categorías, clases y miembros de un conjunto.

Pero la categoría está por encima de todo. Así, tenemos la categoría global del delincuente y, después, tratamos de descomponerla. Seguramente hay diferencia entre un comerciante desaprensivo y un asesino reincidente. Pero no tanta, porque, si tenemos estos conceptos en nuestra mente, también tenemos, en el fondo de ella, la categoría global de «delincuente».

¿De qué otra manera habríamos podido hacerlo? En vez de categorías amplias que después descomponemos en otras más específicas, habríamos podido tener una rica diferenciación de formas. Entonces habríamos advertido uniformidades entre estas clases. No habríamos procedido a establecer amplias categorías con estas uniformidades (la base misma de nuestro sistema lógico griego), sino que las habríamos tratado sobre una base práctica («Toda esta gente tiene las piernas rotas, probablemente podemos aplicarles a todos moldes de escayola»).

Más adelante volveré a trata sobre los serios problemas que surgen de nuestro hábito de categorizar, que refuerza un mal hábito propio de los sistemas de patrones.

Con anterioridad he mencionado el peligro de la frase «es lo mismo que...» en la obra creativa. Este es otro ejemplo de captación, y se usa también para rechazar cualquier cosa nueva que nos disguste. Los críticos que no pueden comprender lo que están leyendo se valen de esta estrategia.

La misma palabra *creatividad* es un concepto-trampa en el idioma inglés. Lo abarca todo: desde hacer que ocurra algo (como «crear un ambiente») hasta la creatividad artística, la idea matemática y las pinturas infantiles realizadas con los dedos. Esta es una de las razones, entre muchas otras, de que hayamos trabajado tan poco sobre esta cuestión. Precisamente para escapar de este concepto-trampa inventé el término *pensamiento lateral*; para aplicarlo con especial interés al cambio de conceptos y percepciones en un sistema de patrones autoorganizador.

Necesitamos muchas —en realidad muchísimas— más palabras nuevas. Los indignados defensores del idioma lo llamarán jerga. Alegarán que el lenguaje existente es suficiente para describirlo todo y no advertirán tajantemente que descripción y percepción son dos cosas diferentes. La palabra *tren* está muy bien. El vocablo *ferrocarril* es absurdo.

Una de las cosas en las que he estado trabajando es un nuevo lenguaje para el pensamiento, que nos permita percibir una gama mucho más amplia de conceptos, conceptos que no pueden apreciarse en el lenguaje ordinario debido a los conceptos-trampa o porque resultarían contradictorios. En potencia, este lenguaje sería mucho más rico que el inglés (solamente para ciertos fines). El trabajo ya está hecho; ahora estoy buscando la mejor manera de introducirlo.

Con los nombres tratamos de comunicar lo que «es». Los adjetivos son muy diferentes y tienden a comunicar lo que siente el comunicador. Los adjetivos sirven para provocar las emociones del oyente, en consonancia con las del hablante. Los adjetivos son insidiosos y muy peligrosos, porque provocan ambientes emocionales que pueden ser totalmente injustificados. Cualquier adjetivo en una crítica es sospechoso de mala utilización. Un crítico, en una exposición de muebles, escribe sobre un «sillón cursi». Si el lector no puede ver el sillón real, solo puede aceptar aquel menosprecio.

Si tenemos unos patrones bastante toscos para los nombres, aún los tenemos más toscos para la evaluación y los adjetivos. Disponemos de amplias formas de juicio, tales como bueno/malo o cierto/equivocado, que han surgido con fines prácticos: para criar a un niño, para simplificar la educación... Sin un sistema de cierto/equivocado, todos los estudiantes podrían estar a merced de cualquier maestro maniático. La religión necesita una manera de indicar lo que está permitido y lo que no lo está, y prometer, en consecuencia, recompensa o castigo. Pronto abordaré el problema de discriminación de filo de navaja de dicotomías tales como cierto/equivocado. De momento, solo quiero insistir en la extraordinaria amplitud de estos patrones.

Podría decirse que la propia acción básica se limita a «hacer» o «no hacer», por lo que hay motivos sobrados para que los adjetivos conectados con ella sean igualmente básicos. Podría decirse que los equilibrios químicos del cerebro que determinan nuestras emociones básicas son también limitados, por lo que es adecuado invitarlos a participar de una manera sencilla. Todo esto supone aceptar la conspiración de una dicotomía (como encender o apagar un interruptor electrónico) y entrar en ella.

Podemos visualizar la fuente de un olor, o una situación en la que percibimos aquel olor, pero no el propio olor. Sin embargo, podemos reconocerlo y actuar respecto a él. Resulta imposible captar con la vista adjetivos como *agradable* u *horrible*, y no obstante reaccionamos emocionalmente ante ellos. Una vez más, son adjetivos amplios y no específicos. Uno de los problemas del centrado es que, cuando una experiencia en la periferia cae dentro del área de captación de un patrón y es «centrada» como un ejemplo puro de dicho patrón, todos los adjetivos y el equipaje emocional quedan ligados a aquella percepción. Supongamos que queremos darle a una mujer un empleo en el que se sienta feliz para que lo dé todo y rinda realmente. No tenemos una palabra específica para esta acción. La más apropiada podría ser «manipulación», que está cargada de connotaciones negativas (explotación, interés propio, tratar a las personas como objetos...). La argumentación consiste, principalmente, en llevar al adversario hacia un área de captación y empujarlo dentro de ella, con el fin de que pueda adherírsele toda la carga negativa del patrón. Así que, hasta cierto punto, deberíamos estar muy agradecidos a las amplias áreas de captación de los patrones; pero, más allá de dicho punto, esta amplitud se vuelve peligrosa y limitadora. Entonces, ¿son buenas o malas las áreas amplias de captación? La incapacidad de describir situaciones en las que algo resulta bueno hasta cierto punto, pero malo más allá de este, es un grave defecto de nuestro sistema lógico, del que trataré más adelante. En un sistema de tablero, las cualidades están firmemente atadas a las entidades.

DISCRIMINACIÓN DE FILO DE NAVAJA

Nos encontramos en la final de individuales de tenis de Wimbledon, en 1988: Boris Becker juega contra Stefan Edberg. Edberg está en la red. Becker envía un fuerte *drive* hacia él. Edberg se echa a un lado y deja pasar la pelota. Esta cae unos pocos centímetros más allá de la raya. ¿Cómo pudo Edberg saber que la pelota iba a salir fuera? Su velocidad era enorme, y solo cayó a pocos centímetros más allá de la raya. La respuesta es que la mente dispone de una gran habilidad para hacer discriminaciones de filo de navaja. Una vez más, esto nace simple y directamente de la naturaleza misma de la clase de sistema autoorganizador que he descrito.

Un antropólogo está fascinado por el hecho de que dos pueblos que están a menos de un kilómetro de distancia el uno del otro hablen dialectos tan distintos que casi son diferentes idiomas. Tiene que haber existido un estrecho contacto e intercambios entre los pueblos. Lo normal sería que hablaran un dialecto muy parecido. ¿Qué sucedió? La respuesta es sencilla. Hay dos valles fluviales en la zona y a lo largo de los dos ríos se han establecido poblados. De manera que el contacto y la comunicación se dio entre los poblados de cada cuenca que se trasladaban río arriba o río abajo sin salir del valle correspondiente.

Así, el dialecto que hablan los habitantes de un valle fluvial es diferente al que hablan los habitantes del otro. Gradualmente, los poblados se extendieron tierra adentro desde la orilla del río hasta que los círculos de expansión casi se superpusieron.

Los dos pueblos que están a menos de un kilómetro de distancia se hallan situados justo en el borde de cada círculo de expansión. En otras palabras, los pueblos estaban espalda contra espalda, mirando en diferentes direcciones.

Volvamos ahora a aquella cumbre del oeste de Suiza que está en la frontera de dos cuencas de captación: la del Rin y la del Danubio. En una dirección, tu saliva irá a parar al Rin; pero si escupes en la otra dirección, irá a parar al Danubio. Si imaginamos que las dos cuencas de captación se ensanchan, se generará un filo de navaja en el que las dos cuencas se pondrán en contacto, pero no podrán superponerse. En este filo de navaja, una ligerísima diferencia hará que algo vaya en una dirección o en otra.

Imaginemos un poste alto y delgado en equilibrio precario. El más ligero movimiento hará que caiga en cualquier sentido. Cuando descanse sobre el suelo tras la caída, la punta del poste estará muy lejos del sitio donde habría estado si el poste hubiese caído en la otra dirección.

Los sistemas autoorganizadores son inestables entre estados estables (patrones establecidos). Siempre terminarán en uno u otro patrón. El proceso genera un margen de discriminación muy fino en el caso de que las áreas de captación de las dos cuencas sean adyacentes.

Las dos sociedades del mundo más preocupadas por las clases son probablemente la británica y la rusa. En Gran Bretaña, las clases se basan en parte en el origen, pero también en una serie de señales muy complejas (acento, escolaridad, indumentaria, trabajo, autoconfianza, etc.). En la antigua Unión Soviética las clases se basaban en niveles de importancia. Al evaluar la clase de la persona que tiene delante, un hombre hará, consciente o inconscientemente, discriminaciones muy tajantes («No es de los nuestros», «No es importante»).

Esta propiedad de la mente es esencial para la supervivencia porque elimina la incertidumbre. El reconocimiento, la percepción y el juicio pueden ser muy rápidos. Como explicaré ahora, la mente pasa con celeridad del «tal vez» a una total certeza.

Esta discriminación de filo de navaja es muy empleada en las dicotomías que son tan importantes en nuestro tradicional sistema lógico de tablero. Con el fin de usar el poderoso principio de contradicción, hemos de tener categorías que se excluyan mutuamente. Como no son fáciles de encontrar, las creamos. Lo hacemos con la palabra *no*.

¿Puedes imaginar una «no naranja»? Casi seguro que no, pero puedes decirlo. Entonces sigues diciendo que algo no puede ser una naranja y una «no naranja» al mismo tiempo. Así, si tenemos democracia, todo lo demás será llamado «no democracia». Esta clase de pensamiento es incómodo para la mente, ya que no hay formas naturales de «no naranja».

Con las piezas de ajedrez, esto resulta mucho más sencillo. Si dices una «pieza no blanca», evidentemente te puedes imaginar una pieza negra. De este modo trata la mente de llenar el hueco del «no» con algo tangible. «No democracia» viene a significar «dictadura».

Una vez establecidas así las dicotomías, se ha perdido la batalla. Si tratas de criticar la democracia, tienes que estar preconizando la dictadura (y todo lo que esta conlleva). Sin embargo, hay muchos estados diferentes de la democracia y de la dictadura, algunos de los cuales podemos concebir y algunos de los cuales no podemos concebir aún.

Me propongo abordar, más adelante y con mucho más detalle, el tema de las dicotomías. El peligro está en que montamos este sistema artificial porque es útil en el contexto de la lógica, pero luego permitimos que se filtre en nuestra manera de mirar el mundo. Esto da lugar a todo tipo de discriminaciones entre «nosotros» y «ellos», y elimina cualquier posibilidad de crear nuevas percepciones que atraviesen esta línea divisoria.

En un juicio, si una persona es declarada no culpable, tiene que ser inocente. ¿Qué otro sistema podría haber? Muchos sistemas judiciales, como el de los tribunales ingleses, funcionan sobre esta base tan burda. Algunos sistemas permiten más categorías. En derecho escocés, existe el veredicto de «no probado», que no es en modo alguno lo mismo que «inocente». En el sistema de Estados Unidos, existe el *noli contendere*, donde el acusado no reconoce la culpa, pero no impugna la acusación. Podríamos incluso imaginar un sistema futuro en el que se dictasen veredictos de «grado primero de sumamente sospechoso» o «grado cuarto de un poco sospechoso». No defiendo que este sería un sistema mejor, pero al menos sería diferente.

Los científicos se dividen en los que agrupan y los que separan. Los primeros avanzan observando cómo cosas que habían parecido muy diferentes son en realidad de la misma clase o exhiben el mismo proceso subyacente. En cambio, los que separan avanzan observando cómo cosas que se habían tenido siempre por similares o pertenecientes a la misma clase son en realidad muy diferentes. Es decir, en ambos casos, todo depende de la observación, de la hipótesis, de lo que se elija como base para la discriminación de «filo de navaja» que opera en nuestra mente.

Es evidente que la captación amplia, el centrado y la discriminación de filo de navaja pueden significar que dos cosas que en realidad se parecían mucho son susceptibles de ser consideradas como muy diferentes. Y esto abre un proceso de cambio en la percepción.

Una voluntaria, que no cobra, invierte su tiempo y su dinero en ayudar a los indigentes de una ciudad. Sin duda es una actitud noble, maravillosa y cristiana. Veamos lo que ocurre cuando el proceso de cambio se pone en funcionamiento. La primera captación es el término *bienintencionada*, que es verdadero pero provoca cierta burla. La captación siguiente es *benefactora*; aquí la implicación es de autocomplacencia, de hacer el bien desde una suerte de posición de superioridad, de manera que el siguiente cambio sería hacia *irritante*. Así es como podemos dar al traste con cualquier cosa que se nos antoje, a través del proceso de cambio.

PRIORIDAD

En los días de la fiebre del oro, todo minero se apresuraba a reclamar sus derechos sobre la zona de explotación elegida. En las minas de ópalo de Australia, cada quien marca su concesión y trata de resistir la tentación de abrir un túnel bajo la concesión del vecino. Cuando alguien registra un pedazo de tierra, nadie puede ya reclamarlo. Él tiene derecho preferente. Si un río atraviesa una finca, el dueño no puede instalar un canal de drenaje que cruce el río.

Si existe ya un patrón establecido, no es posible establecer otro en la misma área, porque nuestra mente volvería siempre a la primera. El fenómeno de «lo mismo que...» es un ejemplo de esto. El resultado es que estamos sujetos a nuestros patrones, percepciones, conceptos y palabras.

El lenguaje es una enciclopedia de ignorancia. Palabras y conceptos se establecen en un período de relativa ignorancia —sea cual sea— en comparación con el siguiente. Una vez que las percepciones y los conceptos se *congelan* en el lenguaje, controlan y limitan nuestro pensamiento sobre cualquier tema, porque nos vemos forzados a emplear aquellos conceptos. Si intentásemos desarrollar conceptos nuevos, los demás no nos comprenderían (nos acusarían de usar una jerga) y, en todo caso, interpretarían las nuevas palabras en términos de las ya existentes («lo mismo que...»). Se trata del mismo fenómeno que vimos anteriormente según el cual si un investigador se documenta profusamente respecto a un nuevo objeto de estudio, se verá limitado por las percepciones ya existentes.

Necesitamos palabras nuevas para poder decir —y percibir— cosas que de momento no percibimos. La percepción requiere una armazón, como el examen científico de las pruebas necesita la armazón de una hipótesis. Pero también necesitamos palabras nuevas para referirnos a cosas nuevas para las que ahora empleamos conceptos inadecuados o llevan una pesada carga negativa. Existen muchos conceptos básicos que quizás necesitemos volver a conceptuar para poder progresar.

A veces es posible establecer un nuevo patrón, como una sub-discriminación dentro de un patrón ya existente, del mismo modo que dentro de la «creatividad» se estableció el concepto de pensamiento lateral. Los patrones pueden modificarse unas veces añadiéndoles algo y otras cambiando su significado. Pueden cambiarse alterando su carga emocional: el patrón puede permanecer, pero el efecto ya no es el mismo. Por ejemplo, el concepto de «antiguo» puede ser favorable o desfavorable. A veces se emplea en tono burlón, como algo que ha quedado atrás. A veces significa una vuelta a verdaderos valores, a la verdadera artesanía, a la cocina no preparada industrialmente.

Raras veces mueren los patrones por ser atacados, pues los ataques refuerzan su uso. Mueren por atrofia y negligencia. También pueden morir por una alteración en el contexto. Por ejemplo, el contexto de la píldora anticonceptiva cambió muchas percepciones sobre el comportamiento sexual. A veces es posible empezar un patrón totalmente diferente y extender después su área de captación hasta que pueda asumir alguna captación del patrón original que se quiere cambiar.

Permanece, no obstante, la dificultad fundamental. Se trata del establecimiento de un nuevo patrón en un territorio sobre el que tiene derecho preferente un patrón ya existente. Intenta mantener una conversación con un ejecutivo en la que pretendas modificar su concepto de beneficio.

INCONGRUENCIA

El niño, hasta cierta edad, quiere que los cuentos siempre se le narren exactamente de la misma manera. La más ligera variación por parte del padre provoca su protesta inmediata. Después alcanza una edad en la que quiere cuentos nuevos.

Uno de los elementos básicos de la lógica tradicional de tablero es el principio de contradicción. Esto es del todo artificial, pero valioso cuando se trata de sistemas estáticos o de sistemas de símbolos. Su relevancia para el mundo real es mucho menor, pues algo puede ser o no ser según cómo se mire y según las circunstancias del momento. A pesar de este carácter artificial, en el cerebro humano existe una fuerte tendencia natural a la contradicción.

En un famoso experimento (Bruner), se pedía a los sujetos que mirasen durante unos instantes una baraja de naipes. Entre las cartas había algunas incongruencias; por ejemplo, un ocho de corazones negro. Hubo quienes se sintieron mal físicamente al llegar a este punto.

A primera vista, parece haber una contradicción entre el concepto de incongruencia, en el que algo no es tal como se espera que sea, y el concepto de captación amplia, en el que todo lo que está más o menos al alcance es aceptado en un patrón. En realidad, no hay contradicción. La captación amplia existe antes de que entremos en el patrón. Toda una variedad de entradas se estabilizarán en definitiva como un patrón particular. Pero, en cuanto se haya entrado en el patrón o este se haya puesto en movimiento, cualquier pequeña desviación será advertida al instante. Es una especie de detección de anomalías.

Alguien te dice que estuvo de vacaciones en la costa este de Escocia y que disfrutó viendo cómo las truchas remontaban una cascada. Inmediatamente sentirás el impulso de decirle que no eran truchas, sino salmones. Esto es debido a que subir por los saltos de agua es un comportamiento característico del salmón. Por consiguiente, crees que se ha equivocado de patrón. También puede ser que tengas el conocimiento concreto de que la trucha no remonta los saltos de agua. En este caso hay también una incongruencia dentro del patrón de la trucha.

Existen, en efecto, varios tipos de incongruencia. Uno de ellos es: «Esto se adapta mejor a otro patrón». Un segundo tipo es: «No hay nada en mi experiencia que confirme lo que planteas». Un tercer tipo es: «Lo que sugieres contradice directamente mi experiencia». Y un cuarto tipo es: «Lo que sugieres es lógicamente imposible».

¿Cuál es la importancia del fenómeno de incongruencia? Que, una vez se acepten las categorías rígidas, los absolutos y las dicotomías de nuestra lógica de tablero, en nuestra percepción —a través del lenguaje o de otras maneras—, la vehemencia de nuestro sistema natural de incongruencia se aplica a esta percepción rígida con consecuencias que, en el peor de los casos, son desastrosas y, en el mejor, están lejos de ser flexibles.

Si nos relajásemos en lo tocante a las incongruencias y nos encogiésemos simplemente de hombros, o dijésemos: «¿Y qué?», o: «En realidad no importa si el patrón no está del todo bien», habría menos rigidez.

Tal vez se da un valor de supervivencia en el efecto de incongruencia. Si aceptas un patrón y lo sigues, puede que después, en según qué circunstancias, necesites un mecanismo para *desengancharte*. Si una fruta madura proclama: «Estoy en el momento perfecto para que me comas», pero resulta que su sabor es desacostumbradamente amargo, la incongruencia entre aspecto y sabor hará que te salgas del patrón y la rechaces. Por eso resulta tan difícil envenenar a las ratas.

Tal vez, en términos de sistema, la incongruencia tan solo sea una inestabilidad en la red nerviosa, cuando no puede ajustarse a un patrón establecido.

PREDISPOSICIÓN

La predisposición es sumamente importante y parte clave del comportamiento de la red nerviosa autoorganizadora que he descrito. Ya he tratado esta materia en mi descripción de aquella red, pero es lo bastante importante para repetirlo aquí, de una manera diferente.

Imaginemos una playa en la que hay varias jóvenes hermosas tomando el sol, adormiladas sobre sus toallas. Un grupo de simpáticos pulpos de brazos muy largos se arrastra sin ruido sobre la playa entre las bañistas. Los pulpos hacen delicadas cosquillas a algunas de ellas, pero no lo bastante fuertes para hacerlas reír. Aquellas a las que han hecho cosquillas están predispuestas a la risa, o más predispuestas que las otras. Una de ellas tiene la fortuna de recibir las cosquillas de dos pulpos a la vez, y estalla en ruidosas carcajadas.

En un modelo más exacto, las carcajadas les quitarían realmente a las otras bañistas las ganas de reír. Además, la bañista se convertiría a su vez en un pulpo que, una vez despierto, empezaría a hacer cosquillas a sus vecinos. Lo que aquí me interesa es la predisposición a la risa. Hay grados de predisposición, hasta que, de pronto, se alcanza un umbral y estallan las carcajadas.

Si llegas tarde a la actuación de un humorista, muchas veces no entenderás por qué se desternilla de risa la gente que te rodea. Lo que dice tiene cierta gracia, pero no demasiada. Lo que ocurre es que la predisposición a la risa de tus vecinos se había producido ya antes de que tú llegases al teatro.

En las redes nerviosas del cerebro encontramos excitación o actividad para estallar en carcajadas. Una unidad nerviosa recibe las cosquillas producidas por otras unidades. Se alcanza un umbral donde aquella unidad nerviosa cobra actividad. Se trata del efecto llamado «efecto de umbral» y es característico de las estructuras nerviosas. Es un típico efecto no lineal. Hay estímulos y más estímulos, pero no ocurre nada; hasta que, de pronto, el nervio se activa plenamente. El término *umbral* procede de una sencilla analogía. Hay una inundación en la calle, debida a intensas lluvias o a desagües defectuosos. El interior de tu casa está perfectamente seco. Se eleva el nivel del agua en la calle. Tu casa está todavía seca. Pero, en cuanto el nivel del agua sobrepasa su umbral, esta entra a raudales, y pronto tu casa está tan inundada como la calle.

Tanto en ordenadores como en otros artefactos electrónicos, estamos acostumbrados a ver máquinas análogas o sistemas digitales. Esta es la dicotomía que conocemos. En los sistemas análogos, la señal es proporcional al *input*, de la misma manera que una báscula indica el peso real de uno. En las máquinas digitales, la señal se trata como una serie de señales *on/off*. Es como si hubiese una serie de interruptores, cada uno de los cuales pudiese estar totalmente conectado o desconectado. El método digital es mucho más fácil de manejar, porque siempre podemos reproducir la señal exacta si repetimos la secuencia *on/off*. Es como si una fotografía estuviese compuesta de diminutas cuadrículas que solo pudiesen ser o del todo negras o del todo blancas. Si tuvieses las instrucciones concretas para colocar cada cuadrícula, podrías imitar siempre con exactitud la fotografía original.

Pero el sistema del cerebro no es digital ni analógico. Es analógico hasta cierto punto y después digital, para volver a ser analógico de nuevo y digital una vez más. Todo esto está montado contra un fondo de sustancias químicas que aportan gradaciones y efectos de campo. Es posible que la dicotomía analógico/digital haya hecho más difícil, para los ingenieros electrónicos, la comprensión del sistema del cerebro.

Aumentar la predisposición de algo (de una bañista para la risa o de una unidad nerviosa para hacerse activa) es sensibilizar ese algo para más *inputs*. Así, varios *inputs* en la mente sensibilizan varias áreas. De pronto, un área se pone en actividad. Esta área se fatiga y otra toma el relevo, dependiendo del *input* y también de la conexión con la primera área. De este modo, varios estados se siguen los unos a los otros en secuencia y, al fin, se asientan en un patrón (que puede representarse por un circuito de repetición o una estabilización temporal).

Es así como el cerebro enlaza las cosas y valora la probabilidad y las opciones. De este modo tiene lugar la captación por un patrón. Los *inputs* sensibilizadores crean toda un área de «quizás» en el cerebro. De pronto, este salta a la certidumbre y los sentimos como un destello de reconocimiento. Por tanto, el cerebro es un aparato de «quizás» que pasa a la certidumbre que necesitamos para la acción.

La poesía se basa directamente en este efecto sensibilizador. Cada palabra, imagen y metáfora estimulan parte del cerebro. El efecto total es un revoltijo de patrones o incluso mera emoción. En contraste con la prosa, que trata de comunicar un patrón cada vez, aquí hay una superposición de patrones. La prosa debe tener un sentido. La poesía, producir un efecto. La prosa es comunicación. La poesía, sensibilización. La poesía es un equipo de pulpos que hace cosquillas en la playa. La prosa, una cadena en la que cada persona solamente hace cosquillas a la siguiente. Esta diferenciación es demasiado rígida, porque hay veces en que la prosa busca también una superposición de múltiples imágenes. Podríamos decir que el arte moderno es poesía, en contraposición con la prosa del arte clásico, si no fuese porque, en el arte, siempre hay una superposición de imágenes, lo mismo que ocurre con los olores.

La poesía está más cerca de la lógica de la percepción, y la prosa, de la lógica de tablero. En poesía empezamos a desarrollar la operación de «movimiento», tan esencial en la creatividad del pensamiento lateral. El movimiento no tiene un sitio ni base lógica en la lógica de tablero.

Si comprendemos el proceso de sensibilización, podemos partir de él para crear nuevas formas gramaticales. Por ejemplo, sugiero aquí *estratal*, que tiene relación con estrato y significa simplemente una «estructura de capas». Un *estratal* consistiría en cuatro o cinco líneas paralelas sobre un tema. Cada línea es completa en sí misma y no pasa a la siguiente. Las líneas no tienen que llevar a una conclusión. El *estratal* no es una definición y no intenta abarcarlo todo. Puede contener declaraciones contradictorias. No ha de tener rima o métrica como la poesía. Guarda un poco de relación con el verso libre, pero no tiene pretensiones artísticas. Su fin es sensibilizar la mente, como hace la poesía.

Ejemplo de *estratal* sobre la lógica tradicional de tablero:
Sobre una mesa, cajas de lados altos; una vez dentro no hay forma de salir.
Confusión de percepciones dentro de la certidumbre y comodidad de la verdad.
Piezas examinadas asignadas a las cajas con una mesa despejada.
Superación de un sistema de creencias muy valioso.
¿Cómo decirle a un francés, en inglés, que debería hablar inglés?

Ejemplo de *estratal* sobre lógica de la percepción:
Un paisaje lluvioso que se organiza a sí mismo en ríos.
Una maqueta de goma del paisaje, con elementos
que se inflan y desinflan.
Certidumbre suficiente para la acción, aunque no la suficiente para una prisión.
Burdos conceptos existentes congelados en su emplazamiento.
Nuevas palabras y nuevos conceptos como herramientas para un nuevo pensamiento.

Si esto suena demasiado a mala poesía, es porque de ninguna manera debe considerarse como poesía. Un *estratal* es una forma de comunicación de percepciones. Los publicistas llevan años trabajando en esta dirección.

CONTEXTO

Imagínate que te encuentras al final de una cena en el Courtyard Restaurant del hotel Windsor Arms de Toronto. Sobre la mesa, delante de ti, hay una rica crema de chocolate hecha con *armagnac* (tal vez lo pidió tu acompañante). Veamos una serie de posibles reacciones:

- «Me encanta la crema de chocolate, así que me la voy a comer»: tal vez todavía tienes apetito o, aunque no mucho, tienes ganas de comerla.
- «No me cabe nada más»: has comido demasiado y no te queda apetito para la crema de chocolate.
- «Me gustaría comerla, pero estoy a dieta y debo resistir la tentación»: tienes ganas de comerla, pero existe una instrucción predominante.
- «Me encantaría comerla, pero he descubierto que el chocolate me produce migraña, como les ocurre a algunas personas»: un conocimiento previo influye en tu reacción ante la crema.
- «Desde que tuve ictericia, con solo ver el chocolate me siento mal»: un cambio en la química del cuerpo ha modificado tu reacción ante la crema de chocolate.

En todos estos casos, la crema y el escenario son exactamente los mismos, pero las reacciones son muy diferentes. Con esto llegamos a un punto clave. Si el cerebro es en verdad un sistema de patrones, y si estamos encerrados en patrones, la crema de chocolate debería disparar el mismo patrón, por lo que tendríamos que comportarnos siempre de la misma manera en relación con dicho patrón. Algo semejante ha sido siempre la principal objeción al concepto de mente como sistema de patrones.

El factor clave es el contexto. A diferentes contextos, patrones diferentes. Pero ¿qué significa *contexto* en términos de los circuitos nerviosos del cerebro? Aquí enlazamos con la predisposición o la sensibilización, descritas en el apartado anterior.

Tomemos el ejemplo de la ictericia, que a menudo anula el apetito. Hay alteraciones químicas que afectan al mecanismo del hambre, de modo que esta ya no sensibiliza otras áreas. O sea, que la crema de chocolate deja de ser atractiva. Lo mismo sucede si estamos sobrealimentados. Pero si tenemos hambre, el mecanismo del hambre sensibiliza otras áreas, de modo que el patrón «disfrutar de la crema» está muy activo. Podemos ir aún más lejos. Si no tenemos mucha hambre (pero no padecemos ictericia ni estamos llenos), la vista de la crema puede poner en marcha el mecanismo del hambre, que a su vez hace que resulte atractiva. Aquí vemos cómo puede la percepción cambiar una emoción (en el amplio sentido químico de la palabra) que entonces afectará a la percepción. Así, el cambio en el contexto puede ser originado por alteraciones químicas en el cerebro. Por esto a veces sentimos deseo sexual, y a veces, no; por esto la percepción puede cambiar, en ocasiones, dicho sentimiento.

La predisposición de elección entre los diferentes patrones del cerebro puede verse también alterada por otros *inputs* que están ahí al mismo tiempo, como son la autoinstrucción de una dieta y también el conocimiento de la conexión de la migraña.

Un sencillo ejemplo de autoinstrucción que cambia la percepción es un experimento que cualquiera puede hacer en un acto deportivo. Primero, miremos simplemente a la muchedumbre. Después, démonos la instrucción de distinguir a las personas que visten de rojo. Miremos ahora de nuevo a la multitud. De pronto, advertimos a todas las personas que visten de rojo. Probemos con el amarillo. La autoinstrucción ha alterado la predisposición de la mente a advertir el rojo o el amarillo. Volveré a este punto cuando consideremos el proceso de atención.

Llegamos aquí a un punto interesante y muy importante sobre el libre albedrío. En la práctica, importa poco si tenemos en realidad libre albedrío o nos hacemos simplemente la ilusión de tenerlo. A una mujer le imbuyo la sugestión poshipnótica de abrir un paraguas en mitad de un banquete, al oír una palabra concreta. Ella así lo hace e, inmediatamente, explica que ha actuado con total libertad, debido a una razón específica. Experimentos recientes sugieren que el cerebro empieza en verdad a realizar una acción incluso antes de que la persona haya decidido conscientemente realizarla. Esto hace que parezca que el libre albedrío no es más que una descripción de lo que, de todas formas, está sucediendo.

En cierto modo, se trata de una cuestión filosófica fundamental, porque muchos aspectos de nuestra civilización se basan en el concepto de libre albedrío. La religión, el premio, el castigo, las leyes, todo se asienta sobre esta base.

Imaginemos que la situación con que nos enfrentamos estimula el patrón «yo» (que es como cualquier otro). Este patrón, que incluye nuestra experiencia pasada y nuestro conocimiento de la ley, de los preceptos religiosos, etc. provoca una emoción que a su vez altera nuestra manera de ver las cosas y nos permite tomar una decisión que parece contraria a las inclinaciones normales.

Así, el factor «yo» está tomando realmente la decisión. Llamamos a esto libre albedrío. Los sistemas de patrones no excluyen el libre albedrío. Pero las discusiones sobre el libre albedrío sin tener en cuenta el comportamiento de aquellos sistemas son inútiles. Dicho en pocas palabras, el «yo» es un factor de contexto.

La predisposición de cualquier patrón a dispararse, a activarse o a convertirse en un patrón estabilizado viene determinada por un número de factores que, juntos, forman el siguiente contexto:

- Otros *inputs* que están allí al mismo tiempo o se disparan. Como la autoinstrucción y otros factores externos (por ejemplo, una nota que diga: «Esta crema está contaminada»).
- La historia inmediata, incluyendo lo que acaba de ocurrir, y que afectará a la predisposición a través de la fatiga de los circuitos y su recuperación.
- El medio general o toda la situación, que afectarán al contexto, aunque este no se haya advertido a nivel consciente.
- Las emociones, que probablemente actúan por medio de un efecto químico, pero que pueden tener también conexiones nerviosas directas.
- El medio químico, que puede ser local —dentro del cerebro—, o parte de una estructura química general del cuerpo.
- La posibilidad de conexión de los diferentes patrones, que se basa en la asociación histórica y que determinará la predisposición a »ser el siguiente» (aunque no se trata tanto de un contexto como parte del patrón potencial disponible).
- La historia remota o conocimiento almacenado, que determinará la posibilidad de conexión mencionada.

Podemos ver, pues, que hay muchos factores que determinan el contexto. De esta manera, un sistema de patrones puede dar una respuesta muy rica. Se parece más a un avión que a un tren, que no puede salirse de las vías. El rumbo del avión en línea será determinado por el contexto de espacio aéreo disponible, condiciones meteorológicas, circunstancias en los aeropuertos, etc. En el pasado, se había sostenido siempre que los sistemas de patrones son demasiado restringidos y rígidos para describir la riqueza de la experiencia humana. Esto era así porque los filósofos, sin ningún conocimiento de sistema, solo podían basar su comprensión de los sistemas de patrones en la palabra *patrón*. Ahora, si los filósofos insisten en el significado limitado de patrón, tendremos que inventar un término nuevo para estos sistemas de patrones autoorganizadores. Vemos una vez más las restricciones del lenguaje y de la lógica de tablero.

Hay una anécdota (probablemente falsa, como la mayoría de las buenas anécdotas) que dice que en los primeros días de traducción de idiomas por medio de ordenador se solicitó a uno de ellos que tradujese al ruso la frase: «El espíritu[1] está dispuesto, pero la carne es débil». El ordenador imprimió sin vacilar: «El vodka es agradable, pero la carne es inferior». El problema de la traducción por ordenador ha sido siempre el del contexto, en el sentido literal de la palabra. El contexto sensibiliza partes concretas del cerebro, lo que provoca que preferentemente se activen determinados patrones. El cerebro, por tanto, utiliza el contexto de manera fácil y automática, gracias al fenómeno de sensibilización.

Una vez más quiero recalcar que los fenómenos que he descrito en este libro (tales como el contexto) surgen directa, simple e inevitablemente del funcionamiento natural del sistema nervioso, no son producto de una programación especial del cerebro.

A partir de una buena comprensión del contexto se pueden desarrollar interesantes aplicaciones prácticas. Algunos artistas y narradores las emplean implícitamente. Existe una técnica de pensamiento muy sencilla, directamente basada en el fenómeno del contexto, que

---

1. N. del T.: *spirit* significa en inglés tanto espíritu como alcohol.

me gustaría exponer aquí. Se trata del sistema de los «seis sombreros para pensar». Grandes corporaciones, incluida la más valiosa del mundo (en términos bursátiles), es decir, la Nippon Telephone and Telegraph (NTT) de Japón (con trescientos cincuenta mil empleados), utilizan eficazmente este sistema.

Establecemos seis contextos artificiales para pensar y los caracterizamos como seis sombreros que pueden ponerse o quitarse, hablando de manera metafórica.

El sombrero blanco nos sirve para atender a los datos puros y neutrales. El sombrero rojo permite el *input* de la intuición y el sentimiento sin necesidad de justificación. El sombrero negro de la negación lógica significa precaución e indica por qué algo no puede hacerse. El sombrero amarillo de lo positivo lógico se centra en los beneficios y la viabilidad. Para el pensamiento creativo, tenemos el sombrero verde, que pide nuevas ideas y más alternativas. Por último, está el sombrero azul para el control del proceso, que no tiene en cuenta el tema sino lo que se piensa acerca del tema (metacognición).

El sistema de los seis sombreros funciona de manera muy parecida a la autoinstrucción consistente en distinguir a las personas que vistan de rojo, amarillo, etc., entre la muchedumbre que asiste a un acto deportivo (¿recuerdas?, lo puse como ejemplo anteriormente en esta misma sección). El ritual de los sombreros establece el contexto. Los sombreros ofrecen, en efecto, una forma artificial de emoción.

Existen indicios que indican que la química del cerebro es distinta según estemos pensando positiva o negativamente. Siendo así, surge la necesidad de algo similar al sistema de los seis sombreros, porque, si tratamos de emplear todos los tipos de pensamiento al mismo tiempo, nunca obtendremos la química del cerebro óptima para cada tipo. Si existe realmente este cambio químico, los sombreros pueden servir de intermediarios para segregar las sustancias químicas adecuadas.

Pero lo más importante es que este sencillo sistema resulta sumamente eficaz en la práctica, y su empleo se está extendiendo con gran rapidez a organizaciones que están cansadas de la naturaleza improductiva de la argumentación.

De la consideración del contexto, surge una cuestión muy importante. La lógica tradicional de tablero, con sus absolutos, anula el contexto: una cosa es una cosa y solo una cosa; un delincuente es un delincuente y solo un delincuente. Tanto si el robo se ha cometido por una desesperada necesidad de alimentar a una familia como si se ha cometido por capricho, o como una manera fácil de ganarse la vida, el resultado final es que su autor es un simple delincuente. En la práctica se permite cierta flexibilidad, en términos de circunstancias atenuantes y en las sentencias, pero esto va en realidad en contra del sistema. Esta falta de consideración de las circunstancias es un defecto capital de la lógica tradicional de tablero. Como remedio, sugeriré y explicaré más tarde un nuevo tipo de lógica, llamada «hódica», que sustituye el absoluto de «es» por la fluidez de «hacia». En este nuevo tipo de lógica del agua, lo único que podemos decir es: A fluye hacia B en la circunstancia C.

CIRCULARIDAD

Se dice que en pleno *boom* de Houston como capital de negocios, las *suites* de los ejecutivos importantes se trasladaron desde el ático hasta la planta baja. Esto se debió a que el jefe de bomberos insistió en realizar numerosos simulacros de incendio que obligaban a los ejecutivos a evacuar los edificios sin emplear los ascensores.

Una amiga mía, excelente periodista, subirá, si es necesario, veinte pisos andando para asistir a una fiesta en Nueva York porque tiene fobia a los ascensores. No tiene miedo de que el ascensor se rompa y se estrelle contra el suelo, sino de quedar atrapada. Cuando mira un ascensor, solo ve un cubículo en el que puede quedarse encerrada. Las probabilidades de quedar atrapada de este modo son sin duda alguna menos que las de atragantarse con un pedazo de carne, pero la percepción no tiene en cuenta las estadísticas. Hay una circularidad en las fobias, porque si uno evita siempre la situación que teme, nunca podrá acumular la experiencia suficiente para comprender que su temor es infundado. Si no hablamos jamás con un colega desagradable, no podremos descubrir que es encantador en el fondo.

Un agricultor (cuya nacionalidad voy a omitir) le dijo a otro: «Mira el rastro que dejan esos aviones allí arriba en el cielo. Están tratando de hacer que llueva. Te lo demostraré. Nunca los ves en días nublados, ¿verdad?». Se da en esta anécdota una bonita circularidad; una vez más, la percepción es elemento clave.

Supongamos que tenemos una hipótesis según la cual la personalidad de un individuo viene determinada en definitiva por el amor que dicho individuo siente hacia su madre. Si una persona ya de adulta muestra amor por su madre, nuestra opinión se confirma. Si la odia, lo explicamos diciendo que el odio es en realidad otra forma del amor. Si la persona muestra indiferencia para con ella, la interpretamos como amor deliberadamente reprimido. Con esta hipótesis, sistema de creencias o manera de observar el mundo, podemos encontrar que todos los casos que observamos confirman lo que creemos. Si esta sugerencia de creencia parece tener semejanza con las hipótesis freudianas, es solamente efecto del fenómeno «lo mismo que...» que he mencionado ya muchas veces.

Toda hipótesis científica monta un andamio para la percepción que nos permite buscar datos con los que reforzar dichas hipótesis.

En todos estos casos vemos que se produce un tipo amplio de circularidad. El principio básico es que hay percepciones que nos permiten ver el mundo de una manera que reforzará dichas percepciones.

Estas percepciones son una forma de «predisposición para percibir» y actúan a través de la sensibilidad y los mecanismos de contexto, de manera que es más probable que veamos una cosa antes que cualquier otra, como cuando se prepara la mente para distinguir a las personas que visten de rojo en un acto deportivo. Volveré sobre esta materia cuando considere el fenómeno de la atención.

Una ejecutiva no es ascendida en un banco al puesto que cree que merece. Sostiene que se debe a discriminación de sexo. Como lo ve de esta manera, así será para ella. La verdadera razón puede ser que no sea tan competente como la persona que ha obtenido el cargo. Está claro que hay veces en que cualquiera de estas explicaciones puede ser la verdadera. Pero, en todo caso, una feminista tendría motivos para percibirlo como una discriminación de sexo y, de este modo, la creencia quedaría reforzada para siempre.

En Gran Bretaña, un indio contrajo una dolencia cutánea que consiste en que la piel pierde todo su pigmento (vitíligo). En efecto, se volvió «blanco». Esto le permitió experimentar en una fase de su vida una condición racial y en otra fase otra condición bien distinta. Su conclusión fue que (en la zona donde él vivía) la gente estaba tan predispuesta a ver discriminación racial que lo que interpretaban como racismo en el comportamiento de un dependiente de tienda a menudo no era más que la rudeza habitual indiscriminada del individuo en cuestión.

El lenguaje y la percepción son una forma básica de circularidad. La experiencia nos provee de lenguaje, que es un sistema de referencia para la experiencia. En particular, el lenguaje nos permite traer de forma deliberada a la mente experiencias no disponibles en el momento. Pero, desde que tenemos un lenguaje, solo podemos ver el mundo según es definido, envuelto y embalado por aquel. Se trata de un peligro que ya he mencionado —el peligro de los burdos conceptos del lenguaje— y sobre el que volveré más adelante.

La circularidad es una función muy básica de todo sistema de patrones autoorganizador. Antes he aportado una sencilla ilustración de cómo tal sistema se establece en un patrón de repetición. Es posible que lo que consideramos un pensamiento sea en realidad una circularidad de este tipo, o tal vez una estabilidad temporal en el flujo de actividad de un área activa a la siguiente (sobre la base de que el área siguiente esté tan «mal predispuesta» que la actividad permanezca más tiempo en el área presente).

Los conceptos pueden estar directamente basados en circularidades capaces de incluir en su circuito la palabra real de lenguaje que empleamos para el concepto. En este sentido, los conceptos son, en realidad, «minicreencias».

Al subir en la escala, llegamos a las macrocircularidades descritas en esta sección. Con ellas, la experiencia provoca una percepción que controla lo que vemos delante de nosotros. Vimos aquel fenómeno en el caso de la crema de chocolate. No estamos específicamente hambrientos, pero la vista del chocolate hace que sintamos hambre, y entonces consideramos la crema apetecible.

Esta circularidad es importante porque puede ser el origen de fobias, de paranoia y de sistemas de creencias en general. La paranoia es una dolencia mental fascinante. La mayoría de las enfermedades mentales implican una crisis en cuanto a significado y coordinación. La paranoia va en sentido contrario. Parece ser que hay en ella un exceso de significación. Todo lo que sucede puede ser encajado por el paciente, con magnífica lógica, en un cuadro completo, con el propio paciente en el punto central. Una vez colocado en su sitio este estado mental o sistema de creencias, cualquier experiencia puede interpretarse bajo esta luz y emplearse para reforzar la creencia. Suena el teléfono y es un número equivocado: evidentemente, alguien está comprobando dónde está la persona en aquel momento. Hay un coche aparcado al otro lado de la calle durante todo el día: alguien nos espía. El número de matrícula del coche puede parecer que poseyera un significado especial. Un titular del periódico envía un mensaje amenazador.

Está claro que los sistemas de creencias circulares son tarea fácil para el cerebro y que, por ende, la creencia es *mercancía barata*. La gente está dispuesta a creerlo casi todo. La creencia es una forma de verdad perceptual, pero puede estar muy alejada de la realidad. Esto no quiere decir que no pueda haber sistemas de creencias verdaderos. Todos los lectores que saben que sus sistemas de creencias son verdaderos de darán cuenta de que mis observaciones no son aplicables a ellos, sino solo a los falsos sistemas de creencias. Las creencias son sistemas que se retroalimentan. El maravilloso desarrollo del lenguaje nos permite formar circularidades complejas introduciendo en ellas, como eslabones, ideas abstractas que no forman parte de la experiencia cotidiana.

Durante siglos, una de las discusiones filosóficas más celebradas (por aquellos que se atacaban recíprocamente) fue la sostenida entre los que sentían que las cosas existen por sí mismas, independientemente de cómo las percibamos, y los que creían que las cosas existen solamente como nosotros las observamos. Creo que a los de un grupo los llamaban nominalistas y a los del otro, idealistas; pero no estoy seguro de cuál es cuál, aunque sospecho que los «observadores» eran los nominalistas. Como suele ocurrir con la mayoría de las discusiones filosóficas, ambos bandos tenían razón. La experiencia forma percepciones, y las percepciones (a través de un nombre o lenguaje) nos permiten ver las cosas de una manera particular. Cuando miramos el cielo nocturno, ¿vemos un punto de luz o una estrella?

Con el objeto de reforzar los sistemas de creencias se han empleado toda clase de herramientas auxiliares. Por ejemplo, si creas una clase de malas personas, enemigos o no creyentes, eso te convierte automáticamente en «buena» persona. En todo sistema de creencias el ritual actúa como elemento de refuerzo. De hecho, los sistemas de creencias más firmes suelen tener gran parafernalia ritual. El ritual sirve también para desalentar si hay intención de abandono, porque se debe hacer un esfuerzo consciente para «no» llevarlo a cabo, y también hay un punto de culpabilidad. Las banderas y los símbolos nacionales son parte de todo este aparato de creencia y categorización. Toda categoría es en sí misma un sistema de creencias. Al dividir en «nosotros» y «ellos», reforzamos ese sistema. Al mismo tiempo que establecemos categoría, buscamos puntos cada vez más exactos de discriminación de filo de navaja.

Más adelante comentaré la valiosísima contribución de los sistemas de creencias al establecer una estructura para la evaluación y la intención. Al mismo tiempo, los sistemas de creencias, en sus formas más rígidas, han sido la causa de muchas contiendas. Lo que he querido mostrar en esta sección es que la circularidad es un fenómeno muy natural y fácil en los sistemas de patrones autoorganizadores, y que lo que llamamos verdad depende a menudo de esta circularidad.

DAR SENTIDO

En Moscú me dijeron que la Estrella Roja del Ejército Rojo se debía realmente al interés de Trotski por la cábala y se basaba en el pentagrama, uno de sus símbolos más significativos. El estado mayor de las Fuerzas Armadas de Estados Unidos tiene su sede en un edificio en forma pentagonal, al que suele denominarse simplemente el Pentágono. Es posible que haya algún significado en el empleo, por parte de dos organismos militares opuestos, del mismo símbolo «penta». Tal vez lo tenga o tal vez no, pero la mente siente una necesidad imperiosa de darles sentido a las cosas, y una gran capacidad para hacerlo.

Cuando se le presenta algo, la mente trata de darle sentido. En realidad, no trata de hacer nada: lo que ocurre es que los diversos *inputs* del sistema autoorganizador crean un estado de actividad que, finalmente, se fija como un estado estable. Ese estado es el sentido.

Si en el escenario que estamos contemplando hay algo que reconocemos, podemos prescindir del resto y seguir solamente aquel patrón. Este es un aspecto de la atención que abordaré más adelante. Pero si no hay nada tan evidente, o si queremos darle sentido a la totalidad, tratamos de juntar las piezas.

En términos de circuito nervioso, el proceso es de asociación. Los filósofos y los psicólogos han hablado largo y tendido de la asociación, casi siempre con buen sentido. En términos técnicos, y a un micronivel, significa que si dos áreas de la red nerviosa son activadas conjuntamente, la capacidad de conexión de estas redes en el futuro será más alta que si se hubiese hecho de otra manera. Ya predije esto en *The Mechanism of the Mind*; ahora se ha demostrado que es un hecho fisiológico. Este aumento en la capacidad de conexión se debe a una enzima específica que se desarrolla en los puntos de contacto para facilitar la transmisión a lo largo de dicha ruta.

Así pues, tres cosas pueden ocurrir con los *inputs* en el cerebro. Una captación amplia conduce a la aparición de un patrón particular. O bien alguna parte de la situación atrae la atención (y conduce a un patrón), quedando el resto ignorado. O bien toda la escena es observada en conjunto para darle sentido. A medida que envejecemos, se van fijando patrones, de manera que disminuye el aprendizaje y la necesidad de dar sentido.

Tal vez el ejemplo más simple de dar sentido sea la causa y el efecto. Si algo va siempre seguido de algo, nos sentimos inclinados a afirmar que lo primero ha causado lo segundo. Este tipo de asociación es natural. El filósofo Kant tenía probablemente razón al suponer que el cerebro tiene un número limitado de maneras de relacionar las cosas. Causa y efecto dan una secuencia en el tiempo que puede ser captada y repetida en la secuencia de tiempo en la que el patrón fluye en el cerebro. Al cabo de un tiempo, esta percepción natural de asociación a lo largo dicho de dicho período queda firmemente establecida como concepto, de manera que, siempre que ocurre algo, tratamos de encontrar la causa.

Cuando ejercía como médico, muchos de mis pacientes de cáncer trataban de encontrar algún acontecimiento que, a su entender, pudiera haberlo originado. Tal vez una depresión o un período de preocupaciones... Ahora parece ser que puede haber algo de cierto en la idea de que los estados mentales debilitan el sistema inmunitario.

El fenómeno causa y efecto consiste en una agrupación a través del tiempo. Cuando agrupamos en un determinado instante, obtenemos objetos, situaciones, experiencias y conceptos reconocibles. La repetición de la misma agrupación nos permitirá aislar estas experiencias repetidas de las que tan solo se dieron una vez. Si al mismo tiempo aprendemos un lenguaje, las experiencias descritas por dicho lenguaje serán las favorecidas. Si tomamos un alucinógeno, como LSD, podemos (a través de la desorganización de los caminos neuronales) deshacer el conjunto, de manera que veamos lo que nos rodea no como objetos conocidos sino como formas o colores o cualquier otra cosa. Es posible que resulte ser una experiencia interesante, como manera de abordar verdades más profundas. ¿Qué es más verdadero, un piano afinado o un piano desafinado? A esta analogía podría replicarse: ¿qué es mejor, un piano que toque una nueva tonada o uno que toque una tonada antigua?

Imagínate que tienes cierto número de piezas de plástico sobre una mesa y te piden que las juntes de la mejor manera posible para sugerir una cara humana o un puente. Lo harás con cierto éxito. Si no te dan instrucciones concretas, y solo te piden que unas las piezas para formar alguna imagen, las moverás de un lado a otro durante un rato hasta que te sugieran una imagen, que entonces tratarás de completar. Si esto no te satisface o eres creativo por naturaleza, probarás una y otra vez. Es posible que desparrames las piezas al azar y después trates de ver lo que has obtenido y te convenzas de que aquello es realmente una imagen (eso representa los pies; eso, la cabeza, etc.). Pero la mayoría de las veces moverás las piezas hasta que estas te sugieran una posible imagen, que procederás después a perfeccionar.

Las piezas no tienen que ser necesariamente concretas. Puedes tener una serie de conceptos abstractos que estás tratando de representar con una imagen. Colocarás las piezas de diferentes maneras y obtendrás imágenes diferentes. Si hay huecos obvios, los llenarás con un concepto recién construido. Esta clase de juego es, más o menos, lo que han estado practicando los filósofos durante siglos con el fin de construir una imagen del mundo. Es lo que hacen todos los individuos día tras día, a un nivel menos elevado.

En un período de la historia, Talleyrand (en Francia) y Metternich (en Austria) fueron dos astutos adversarios en los juegos diplomáticos y las luchas por el poder que acaparaban la atención de Europa en aquellos tiempos. Cuando el príncipe Metternich supo que Talleyrand había muerto, se le oyó murmurar: «Me pregunto qué se habrá propuesto con esto». Todo tiene el significado que nosotros le atribuimos.

Las personas que van a consultar a los clarividentes o a hacerse decir la buenaventura descubren con frecuencia que pueden integrar en sus vidas lo que les han dicho, de manera que las predicciones parecen verdaderas.

Es cuestión de prestar atención a algunas cosas y hacer caso omiso de otras, de otorgar una gran importancia a algo que de otra manera habría sido ignorado, de hacer uno mismo que se cumplan las profecías (si te dicen que vas a encontrarte con un importante desconocido moreno, le darás al primer desconocido moreno que encuentres una importancia tal que puede conducir a que sea de verdad importante). Esto no demuestra que los clarividentes sean charlatanes, sino, simplemente, que la mente tiene una capacidad maravillosa para darles sentido a las cosas.

El sistema de patrones autoorganizador tiende de forma natural a alcanzar estados estables que son el origen de su capacidad de darles sentido a las cosas.

ATENCIÓN

El arte es una coreografía de la atención.

Te encuentras frente a un magnífico edificio. En principio lo percibes como un todo, pero enseguida desvías la atención hacia las columnas, el emplazamiento de las ventanas, el arquitrabe; después, hacia alguna parte de la estructura; luego, hacia el detalle de alguna voluta... Es la danza de la atención.

La atención es tal vez el aspecto más fascinante del funcionamiento de la percepción. Al plantarse delante del edificio, uno siente que puede dirigir la atención hacia la parte que prefiera. Puede elegir mirar la puerta principal, la esquina superior izquierda, las proporciones del conjunto... Esta capacidad de elección refuerza la noción de «yo» y el libre albedrío.

Hay, pues, un flujo de atención y un foco de atención. Consideraré primero el foco. Entra en una habitación y, mirando fijamente al frente, repite para tus adentros: «Silla, silla, silla». Si no te resistes de manera consciente, la silla que hay en la estancia (si es que hay una) atraerá tu atención, incluso aunque no la estés mirando. Se trata de un proceso similar al que veíamos de la autoinstrucción para encontrar la ropa de color rojo entre el público de un evento deportivo. La instrucción sensibiliza ciertos circuitos y, así, se activan los patrones correspondientes, y enfocamos la atención.

Las instrucciones para enfocar la atención pueden ser todavía más sencillas. Un explorador regresa de una tierra lejana e informa sobre un volcán activo y sobre una extraña ave que no vuela. ¿Qué más había? El organismo patrocinador exige algo más por el dinero que ha pagado. Por consiguiente, envían al explorador de vuelta, pero esta vez con algunas instrucciones concretas: «Mire hacia el norte y anote lo que vea; después hacia el este y hacia el sur y hacia el oeste». Estas simples pautas le ayudan a enfocar su atención y regresa con un informe mucho más profesional.

Es el método que empleamos para enseñar a pensar en las escuelas con el programa CoRT. En la sección diseñada para mejorar la amplitud de percepción, ofrecemos varias herramientas que ayudan a enfocar la atención. Por ejemplo, el PMI (plus, minus, interesting): se emplea para que el pensador pueda evaluar una sugerencia, en vez de limitarse a adoptar una opinión inicial emocional, y emplear el pensamiento solo para defender dicha opinión. Está también el C & S (consecuencia y secuela), para valorar una acción enfocando la atención en las consecuencias que dicha acción tendrá. Y el OPV, para prestar atención a las otras personas implicadas y sus opiniones. Estas herramientas se ponen a prueba aplicándolas a temas diversos, para evaluar la efectividad de su empleo y poder aplicarla en situaciones de la vida real.

Una persona se detiene frente a un cuadro, se dice: «Me gusta» o «No me gusta». Después de estudiar un curso de apreciación del arte, la misma persona dispondrá de una serie de herramientas que le ayudarán a dirigir el foco de su atención: lo observa y en la composición, se fija en la elección de los colores, se fija en el empleo de las luces y las sombras, se fija en las pinceladas, se fija en el tratamiento de las telas, se fija en el fondo, se fija en los personajes que están en segundo término... Al cabo de un tiempo, esta exploración, más rica gracias a la atención, se convierte en automática. Además, ahora se advertirán detalles que pueden indicar a qué período pertenece la pintura, o que caracterizan a un pintor en especial, o un período particular de un determinado pintor (el último período de Picasso, el primero de Warhol...).

No podemos ver nada, a menos que estemos preparados para verlo. Por eso la ciencia avanza a trompicones, según cambian los paradigmas y nos permiten ver las cosas de modo diferente. (Más adelante volveré sobre este punto.) Por este motivo el análisis de datos no puede nunca producir todas las ideas presentes en dichos datos. Por esto el análisis es una herramienta limitada, no la herramienta completa que siempre hemos creído que era. (También trataré este punto más adelante.) El libro de James Gleick sobre el caos muestra cómo los pioneros en este campo volvieron atrás para observar datos antiguos con nuevas percepciones y poder ver así cosas nuevas.

Volvamos ahora a la sensibilización de la red nerviosa y a la predisposición a activarse. Comparemos el enfoque de la atención, a partir de una autoinstrucción específica (mira la esquina superior de la derecha), con el flujo de la atención. Si contemplamos una escena con la mente sensibilizada por el hambre, la comida atraerá inmediatamente nuestra atención.

Si contemplamos una escena con la mente sensibilizada para captar ciertos patrones, sin duda los advertiremos. Si contemplamos una escena con la mente sensibilizada para captar el menor atisbo de insulto o de discriminación, lo advertiremos inmediatamente (aunque no sea intencionado). A veces empleamos la palabra *advertir* cuando la atención parece fluir hacia un área particular o cuando captamos algo. En realidad, hay muy poca diferencia entre foco de atención y flujo de atención. Las directrices sensibilizan nuestra mente de manera que la atención fluya hacia un área determinada. En el ejemplo del evento deportivo, la autoinstrucción sensibiliza la mente para que advierta el rojo; y por eso nuestra atención fluye hacia la ropa roja. Hay una circunstancia clave, que todavía no he mencionado, que refuerza todo esto. Es la naturaleza «unitaria» de la atención. El hecho de tener una sola área de estabilización forma parte de la naturaleza del sistema de patrones autoorganizador (al menos del que he descrito). Si hay dos áreas de competencia en un momento determinado, la mayor se expandirá y la menor desaparecerá, aunque la diferencia sea mínima. Esto surge directamente del entramado del sistema y no es una condición impuesta. Conduce a un área de atención cada vez; lo que no excluye la posibilidad de que dentro de nuestros cráneos haya cerebros paralelos y funcionalmente diferentes.

RELEVANCIA Y SIGNIFICADO

La señal de un lavabo en un aeropuerto puede tener significado, pero no relevancia si uno no necesita utilizarlo. Si precisas ir al lavabo, el símbolo tiene significado y relevancia. Si estuvieses en Japón o en Grecia y no supieses leer el rótulo, este tendría relevancia, pero no significado. Y no sabrías nunca lo relevante que era.

Si coleccionas escarabajos, iconos bizantinos o incunables, cualquier espécimen o ejemplar que encuentres tendrá gran relevancia.

Puede tratarse de uno que no tienes en tu colección o, aunque ya lo tengas, quizás quieras comparar el nuevo con el que ya posees.

Imagina que estás visitando un país y oyes una animada conversación sobre deporte: sobre béisbol en Estados Unidos o sobre críquet en Inglaterra. Seguramente, algunos de los términos empleados no tendrán ningún sentido para ti. Por ejemplo, *offspin bowling* o *silly midoon*, en críquet, o *loaded base*, en béisbol. Los patrones de reconocimiento no están en tu cerebro. Si alguien te explica los términos, lo más probable es que los olvides enseguida. La mayoría de las conversaciones sobre deporte tendrán significado en el sentido convencional, aunque muy poca relevancia. A un inglés puede importarle un comino lo que están haciendo los St. Louis Cardinals en el campeonato del mundo, y a un estadounidense puede tenerle sin cuidado si Gower va a ser capitán de Inglaterra en el primer partido de liga.

Para que haya significado tiene que haber un patrón. Para que sea relevante, este patrón debe tener alguna importancia. ¿Qué entendemos por importancia? La relevancia es evidente si hay alguna necesidad (la vejiga llena, hambre, excitación sexual...). Todos estos factores tendrán un *input*, sea químico o neurológico, que sensibilizará algunas partes de la red nerviosa más que otras. Pero ¿y si el asunto es más cerebral, como coleccionar iconos o escarabajos?

Podemos resolver la cuestión diciendo que incluso estos temas se convierten en emocionales. Pero se puede dar una respuesta más interesante. La clave está en la propia palabra *interés*. ¿Qué hace que algo sea interesante? La respuesta a esta pregunta es sumamente valiosa. Si realizas películas, creas programas de televisión o publicas libros, necesitas saber lo que los espectadores o los lectores encontrarán interesante.

Creo que debemos empezar analizando la mecánica del interés. ¿Qué hace que una cosa sea muy interesante y otra lo sea menos? ¿Por qué son tan interesantes los concursos televisivos (tan valorados por los programadores porque además su producción no encierra ninguna dificultad)? ¿Por qué ha tenido el billar ruso tanto éxito en la BBC-2, en Inglaterra, si muy pocos espectadores comprendían el juego y eran todavía menos los que lo habían jugado?

Si hay una rica red de patrones alrededor de cualquier tema, este se hace interesante. Cualquier tema puede volverse interesante de este modo. El problema es construir dicha red, pues si no tenemos algún interés inicial para hacerlo, nunca lo haremos. Se presupone que esa es una de las finalidades de la educación: construir una masa crítica de interés, por ejemplo en literatura, de manera que dicho interés se mantenga por sí solo en lo sucesivo. Tal vez tu padre haya estado muy interesado en la fotografía o en la apicultura; si es así, los patrones de fondo se van construyendo, poco a poco, en casa. Existe un período crítico o umbral de inversión. Hasta que se alcanza ese punto, puede requerirse esfuerzo (aunque no siempre); pero después, la inversión produce un «interés».

Todo esto puede argumentarse a la inversa. Si te gusta cierta estrella del pop, tu interés puede conducirte a adquirir un conocimiento muy detallado sobre su vida. Cuantos más detalles obtengas, más se sostendrá por sí solo el interés.

Ambos mecanismos funcionan. El resultado es el mismo: una riqueza de patrones tal que el que fue excitado al inicio no se desvanece con el equivalente neurológico del «¿y ahora qué?».

Hay un segundo tipo de interés con una mecánica diferente. El que nace cuando quieres saber lo que va a pasar a continuación. En el billar ruso, ves las bolas de colores sobre el bonito fondo verde. Ves el gesto grave del jugador (que ha sido presentado por el comentarista como todo un personaje). Es evidente lo que el jugador trata de conseguir: meter la bola adecuada en la tronera. Y es también obvio que tendrás que esperar tan solo unos segundos para saber si lo consigue. De modo que, esperas esos segundos. Y después, los siguientes. Y los siguientes. La mecánica de los concursos de televisión es parecida. La base es el dinero del premio y el interés humano de los participantes en directo, que han sido cuidadosamente preparados para el espectáculo. En Estados Unidos no puede participar cualquiera en estos concursos. Hay en ellos un claro halo de suspense: ¿se contestarán las preguntas? También en este caso te toca esperar algunos segundos. Y los esperas. La mente necesita despejar la incertidumbre del «ganará o no ganará».

Cuando la solución de un tema queda suspendida en el tiempo, como ocurre en las teleseries, el espectador no va a esperar eternamente. Así que para que la cosa marche y el interés no decaiga, conviene encadenar muchos incidentes minuto a minuto (lo más sencillo es recurrir a temáticas violentas) o hacer que los personajes enganchen y despierten un interés creciente; series emblemáticas como *Dallas* o *Dinastía* son un claro ejemplo. Creo que muy pronto seremos capaces de desentrañar de una manera definitiva la mecánica neurológica del interés. Aquí me he limitado a mencionar dos tipos de interés: el interés de red rica y los lazos de expectación.

DOMINIO DEL CERO

La invención del cero en matemáticas tuvo enorme importancia. Con anterioridad, la multiplicación y la división, en las matemáticas griegas y romanas, eran terriblemente complicadas. El cero fue un concepto ingenioso y difícil porque era una posición sin valor.

Necesitamos un equivalente del cero en el pensamiento humano, pero carecemos de él. No podemos concebir lo que todavía no podemos concebir. Esto parece bastante obvio. No nos es posible ver lo que hay que ver, si no podemos verlo ahora. En la práctica, encontramos esto muy difícil de creer y todavía más difícil de lograr.

Imagínate que alguien te dice que solo hay dos alternativas. Ocasionalmente, cuando nos enfrentamos a sistemas cerrados particulares o a un sistema construido, esto es verdad. Casi siempre, significa: «Tan solo se me ocurren dos alternativas; por consiguiente, no puede haber más».

Supongamos que fuésemos a emplear la palabra *po* como portadora de valor cero. Podríamos decir que hay tres alternativas: estas dos y *po*. La palabra *po* cubriría todas las alternativas todavía no concebidas. Las dimensiones de este espacio *po* indicarían nuestro sentido de la potencial riqueza de alternativas que no hubiésemos concebido aún.

En la práctica, encontraríamos esto terriblemente irritante e irrealizable. Todo abogado defensor podría decir al jurado: «No piensen solo en las pruebas que he presentado, sino también en el espacio *po*. ¿De verdad pueden condenar al acusado en estas circunstancias?». El sistema sería inviable. Preferimos nuestros absolutos y certidumbres.

Cuando observamos cualquier situación, la mecánica de la atención y las amplias zonas de captación de patrones hacen que nos deslicemos rápidamente hacia algún patrón establecido. Perdemos ingenuidad y frescura. Nos volvemos incapaces de unir cosas de nuevas maneras. Nos resulta imposible advertir cosas que no hemos advertido antes.

Si queremos escapar de las garras de los patrones, podemos acudir a la meditación, al budismo zen o a las drogas alucinógenas (que no son las mismas que las drogas anímicas o las relacionadas con el placer). Generalmente, como ya he mencionado, buscamos lo que «es», o lo que consideramos una realidad más profunda, debido a que muchos sistemas de creencias ponen la verdad por debajo de los aspectos superficiales (¿por qué? Tal vez la superficie sea lo único verdadero).

Aquí no me refiero a esta realidad más profunda: hablo más bien de neutralidad. Por esto lo llamo dominio del cero. Aceptamos la información o las percepciones, pero nos negamos a descender a los patrones acostumbrados.

La naturaleza pautada del sistema autoorganizador no puede permitir esta suspensión de la actividad. No podemos ordenar a los patrones que se paralicen en el tiempo y dejen de actuar. Podemos alterarlos de manera que ya no tengan el sentido acostumbrado; este es con frecuencia el camino que siguen las drogas. Podemos tratar de adiestrar la mente para que preste una atención más y más profunda al punto en sí, de manera que no se deslice y caiga en el «significado». Es el método que siguen varias modalidades de entrenamiento oriental. La misma retención de la atención se emplea en los sistemas «mantra», donde la atención al mantra impide que se descienda a los patrones usuales.

Lo que yo me propongo es algo más sencillo, más práctico y más fácil de aprender: el empleo de la palabra *po* para indicar que algo tiene que mantenerse fuera de los patrones y del juicio.

Imagina que alguien te dice que tu contable te ha estafado. Escuchas y dices «*po*». Esto significa: «He comprendido lo que me has dicho, pero no voy a pasar enseguida a un patrón emocional o de reacción». En la práctica, esto sería simplemente una pausa.

En el Hungerford Guidance Centre, David Lane empezó a impartir lecciones de pensamiento CoRT a jóvenes violentos que habían sido expulsados de las escuelas ordinarias. Me dijo que el grado de violencia había descendido de modo espectacular. Parece que los jóvenes eran impulsivos y saltaban de inmediato a tópicos de acción (patrones rápidamente alcanzables). La posesión de algunas estructuras de pensamiento introdujo un elemento pausa. Y el elemento pausa permitió una percepción más rica, con resultado muy diferente al anterior.

Podemos volver ahora a la relevancia y el significado comentados en el apartado anterior. Como te indiqué, algo puede tener significado pero no relevancia, como una conversación sobre un deporte que no nos interesa. El valor cero de *po* está encaminado a aceptar el significado pero bloquear la relevancia. Es como si uno escuchase algo y comprendiese lo que se dice, pero no tuviese relevancia directa para él. Así, en el ejemplo del contable, sería como si uno estuviese leyendo algo sobre una estafa en un periódico.

Necesitamos *po* como dominio del cero para no pasar con demasiada rapidez al patrón más obvio, para que la atención tome más datos antes de definir su área de fijación, para que podamos «re-crear» frescura e ingenuidad en áreas que conocemos bien, para implementar ideas deliberadamente provocativas.

Como señal, *po* es mucho más fuerte que «*quizás*» o que el *mu* japonés. *Po* no indica «no lo sé», sino más bien «no quiero saberlo aún».

En anteriores consideraciones sobre el comportamiento de sistemas de patrones autoorganizadores, he enfocado el comportamiento natural de tales sistemas. He tratado de mostrar cómo conducirían a nuestra percepción y nuestro pensamiento a comportarse de ciertas maneras. La mayoría de estas maneras es sumamente beneficiosa; la vida resultaría imposible sin ellas. A veces, el comportamiento del sistema que tiene un alto valor de supervivencia puede tener un efecto negativo cuando la mera supervivencia deja de ser el problema. En este apartado sobre *po* y el valor cero estoy señalando una deficiencia natural en un sistema de patrones y sugiriendo una manera práctica con la que podemos tratar de superar esa deficiencia.

Para aquellos a los que les gusta operar según el sistema «lo mismo que...» (ver algo nuevo solo en términos de lo que ya existe), podríamos equiparar uno de los usos de *po* con «escúchame antes de sacar una conclusión».

NUESTROS HÁBITOS
DE PENSAMIENTO TRADICIONAL

En la sección anterior he tratado de mostrar cómo afectaría el comportamiento natural, normal e indefectible del sistema de patrones autoorganizador a nuestro pensamiento perceptual. Este comportamiento, en todos los aspectos descritos, surge directamente de la naturaleza del sistema. No es que el sistema haya sido «programado» para comportarse de esta manera. Es que el sistema sería incapaz de comportarse de modo diferente.

No afirmaría que todos los modelos neurológicos autoorganizadores se comportan exactamente igual. Sin embargo, los principios que he expuesto son muy amplios y se aplican a una gran variedad de sistemas y no solo a un modelo particular.

Se ha podido ver con claridad que el comportamiento del sistema guarda íntima relación con la actividad acostumbrada de la mente (humor, atención, perspicacia, reconocimiento, etc.).

He tratado de mostrar que el comportamiento del sistema da origen a ciertos efectos perceptuales. No he empezado por el otro extremo, que es la manera tradicional de abordar el tema. No me he propuesto analizar y explicar cuestiones tales como el humor y la perspicacia.

He trabajado en un sentido ascendente; partiendo del comportamiento intrínseco del modelo, he tratado de descubrir conductas que se parecen a lo que nosotros llamamos humor, perspicacia, atención, etc. Esta es la finalidad de los modelos en ciencia. Establecemos modelos para trabajar a partir de ellos y, después, vamos viendo la relevancia de lo que descubrimos.

Me he centrado en varios aspectos del comportamiento de un sistema de patrones autoorganizador, tales como la asimetría, la captación y la predisposición, y he proseguido exponiendo cómo estos dieron origen a cierto comportamiento mental (esencialmente en el área de la percepción). En la mayoría de los casos he relacionado este comportamiento mental con nuestra experiencia común de la percepción: he comentado el valor de hábitos de percepción particulares y cómo dichos hábitos podían resultar limitadores o perjudiciales.

En la sección siguiente quiero empezar por el extremo opuesto, por nuestros hábitos, tradiciones y cultura de pensamiento, y ver después cómo comparar todo esto con lo que hemos aprendido del comportamiento de los sistemas de patrón autoorganizadores. ¿Cómo de valiosos, limitadores y peligrosos son nuestros hábitos de pensamiento? ¿Son inevitables, o son el resultado de un determinado enfoque cultural? ¿Les fueron impuestos a nuestras mentes como una especie de disciplina mental o surgen naturalmente del comportamiento de la mente en combinación con el desarrollo del lenguaje?

¿Los filósofos griegos, que determinaron en buena parte el pensamiento de la civilización occidental, hicieron un buen trabajo? ¿Lo hicieron durante un tiempo, pero hemos superado ya el sistema y deberíamos darnos cuenta de sus limitaciones? ¿Observaron los filósofos griegos, con Aristóteles a la cabeza, el comportamiento natural de la mente y se propusieron perfeccionarlo con instrumentos y hábitos de pensamiento (como trato yo también de hacer ahora)? ¿O construyeron una especie de sistema de creencias que consideraron necesario para gobernar a la sociedad y progresar? ¿Por qué nuestro pensamiento parece tener mucho más éxito cuando trata de cuestiones técnicas que cuando trata de asuntos humanos?

En este libro ya he indicado muchas de las cuestiones que abordaré en la sección siguiente. Trataré de atar todos los cabos con el fin de exponer claramente los defectos y las carencias de nuestra cultura del pensamiento.

No voy a caer en ninguno de los errores de la lógica que, precisamente, criticaré más adelante. No pretendo afirmar que todo el pensamiento tradicional funciona tal como lo describo. Basta con decir que «en general», «la mayoría» o tal vez «una cantidad significativa» de dicho pensamiento así lo hace. Si dijera que «todo» el pensamiento tradicional funciona así, nada ganaría con ello, y abriría la puerta a réplicas que se apoyarían en afirmar que hay una rama particular de la lógica donde las cosas se hacen en realidad de un modo diferente.

Trataré de ser justo con nuestras actuales tradiciones de pensamiento, porque creo que tienen un gran valor y porque cualquier punto de vista polarizado (en contraste con la explotación genuina) es precisamente uno de los hábitos tradicionales que me propongo atacar. En todo caso, una mejora de nuestro sistema de pensamiento va a requerir tiempo. En las etapas de transición, necesitaremos modificar algunas actitudes y solventar algunas carencias.

El problema fundamental es decidir quiénes son aquellos cuyos hábitos de pensamiento nos proponemos cambiar. ¿Se ha escrito este libro para unos cuantos filósofos, psicólogos y teóricos de sistemas? ¿Se ha escrito para la élite pensante, sobre la base de que los efectos (si los tiene) se difundirán poco a poco por medio de la educación? ¿O se ha escrito para gente corriente que se pregunta cómo emplear aquel recurso último de pensamiento humano para hacer que el mundo sea un lugar mejor? Este tercer grupo es el que me interesa: porque el pensamiento es cosa de todos; porque, en las democracias, nos conviene que todos los demás piensen mejor; porque el proceso de difusión a través de la educación es lento e ineficaz, y porque este grupo compra más libros y eso motiva al editor y a las librerías para sacar la obra al mercado, punto fundamental si queremos que se cumplan los otros objetivos.

He aquí la lista de los diferentes aspectos de nuestra cultura de pensamiento que examinaré en las páginas que siguen:

- LENGUAJE: maravilloso como sistema de comunicación, pero pobre como sistema de pensamiento, sin embargo el lenguaje domina nuestro pensamiento.

- PENSAMIENTO E INTELIGENCIA: las personas sumamente inteligentes no son necesariamente buenas pensadoras. Pensar es un arte; no la inteligencia en acción.

- PENSAMIENTO CRÍTICO: muy sobrevalorado en nuestra cultura de pensamiento. Es fácil y gratificante, pero poco productivo.

- CURVA DE LAFFER: un error importante, nacido de la lógica de tablero. Si algo es bueno, más cantidad de ese algo debe de ser sin duda mejor.

- SOLUCIÓN DE PROBLEMAS: parte de la mentalidad inmovilista, según la cual el sistema es perfecto y solo hay que solucionar los problemas, corregir los errores. Sin embargo, el progreso requiere un cambio en el sistema, un pensamiento diferente.

- ANÁLISIS: parte central y valiosa de nuestro sistema de pensamiento; pero no puede generar ideas ya que asume que todas las situaciones están cerradas.

- DESCRIPCIÓN: describe percepciones y además puede establecerlas a través de la denominación; pero no tiene más validez que cualquier percepción.

- NATURAL: el enfoque de que la naturaleza y los sentimientos profundos son lo que realmente importa y deberían determinar nuestras decisiones, más que el pensamiento.

- MATEMÁTICAS: firme certidumbre de un sistema estructurado, poderoso dentro de su limitada área de aplicación. Una de dos: las seductoras dicotomías que necesitamos y creamos con el fin de operar el principio lógico de contradicción.

- ABSOLUTOS: la necesidad de la verdad y sus múltiples propósitos. El problema está en que los absolutos deben ser independientes de las circunstancias.

- ARGUMENTACIÓN Y ENFRENTAMIENTO: la exploración motivada como tema. Existen métodos mejores de exploración. El enfrentamiento no es generativo.

- CREENCIA: dar sentido a las cosas. El sistema circular en el que la creencia da lugar a las percepciones que la refuerzan.
- CIENCIA: una metodología para poner a prueba las creencias. Impulsada sobre todo por el lenguaje de «causa y efecto». Débil en el ámbito perceptual.
- CREATIVIDAD: sumamente descuidada, porque parece producirse de manera espontánea a partir de la inspiración y no hemos comprendido que se puede dirigir.
- HISTORIA: casi una obsesión, derivada tal vez del período en que todo progreso futuro solo podía obtenerse mirando hacia atrás.
- LÓGICA: empleamos poco la lógica explícita en nuestro pensamiento cotidiano, debido a que ya la hemos introducido en nuestros hábitos de lenguaje.
- ARTE: refleja percepciones ya existentes y puede cambiarlas, pero no estimula las habilidades perceptuales.

LENGUAJE

Como ejercicio, pido a veces a los jóvenes que escriban las consecuencias que prevén en caso de que se pudiese enseñar a hablar a los perros. Prevén que los perros podrían trabajar y que serían esclavizados por sus dueños para que lo hicieran por ellos. Prevén cotilleos sobre sus dueños e indiscreción, movimientos de derechos perrunos (incluido el derecho al voto). Uno previó incluso que un can iba a un restaurante para perros y pedía una bolsa para llevarse las sobras a casa y dárselas a las personas.

Según los jóvenes, la capacidad de hablar convertiría a los perros prácticamente en personas. Se da por hecho que el hablar sin pensar sería algo similar al parloteo de un loro; pero al formular la pregunta me refería a algo más, y ellos lo captaron.

Existen las matemáticas, hay ordenadores y disponemos de imágenes, pero la mayor parte de nuestro pensamiento se expresa con el lenguaje. No creo que este sea esencial para pensar, aunque puede serlo para un pensamiento extenso. Pero, en sociedad, la comunicación del pensamiento se realiza a través del lenguaje. Culturalmente, el lenguaje ha llegado a dominar nuestro pensamiento, y esto es un defecto grave. El lenguaje es un sistema de comunicación, no de pensamiento. Pensamiento y comunicación son dos cosas muy distintas, y corremos un grave peligro cuando las confundimos. Creo que fue Wittgenstein quien dijo que la función de los filósofos ha sido siempre proteger la verdad contra el lenguaje.

El lenguaje es un sistema maravilloso para describir, pero esto no significa que sea un buen sistema para pensar o incluso para percibir. Cuando nos encontramos con una bella vidriera de colores en una iglesia medieval francesa, ¿miramos la ventana o miramos a través de la ventana el prado que hay al otro lado? La mayoría de la gente miraría la ventana y no a través de ella. Uno de los problemas básicos del lenguaje es la división existente entre los que tratan las palabras como ventanas a través de las cuales miramos el mundo y los que las tratan como símbolos importantes y definidos por sí mismos.

Todos los pensadores han envidiado los sistemas limpiamente construidos de las matemáticas. Sostengamos una bola de acero medio metro por encima de una mesa. Soltemos la bola. ¿Cuánto tardará esta en chocar contra la mesa? El matemático declara: digamos que x representa la altura de la bola sobre la mesa; y, la aceleración de la gravedad, y v, la velocidad inicial. Así, v es igual a cero, ya que la bola está en descanso; x, igual a medio metro, ya que es lo que nos han dicho; e y, igual a una aceleración de 9,8 metros por segundo (sabemos que esta es la aceleración de la gravedad). Colocamos todos estos valores en una fórmula conocida y obtenemos la respuesta. ¿Por qué no puede ser así el lenguaje?

Los filósofos han ansiado siempre tratar el lenguaje como un firme sistema simbólico, donde cada palabra tiene construido un significado inmutable que no permite desviación alguna. Con frecuencia creyeron que lo habían conseguido. A menudo han actuado como si el lenguaje fuese un tipo de sistema de tablero, donde el operador se sienta delante de un tablero y juega con las piezas de formas y colores inmutables que hay sobre él.

Pero, si el juego del lenguaje filosófico ha de tener algún valor más allá de la propia satisfacción (suficiente para muchos eruditos), tiene que haber un punto en el que el mundo sea traducido en símbolos y un punto en el que los resultados sean traducidos de nuevo al mundo real.

En este punto de traducción es donde el lenguaje choca con la variabilidad de la percepción y la complejidad interactiva del mundo. A los entusiastas de los ordenadores les encantaría poner una G por gente, una D por dinero y una F por felicidad humana, y proceder entonces a elaborar la fórmula definitiva de esta felicidad. Los economistas han tratado de hacer lo mismo empleando varios procedimientos.

La palabra *arriba* está basada en la experiencia, pero podríamos también definirla como si fuera inmutable: arriba es arriba y siempre lo será. Sin embargo, si nos metemos en una nave espacial con gravedad cero y cuerpos que flotan en todas posiciones, «arriba» ya no tiene su significado acostumbrado. ¿Qué es «arriba»? Solucionamos este problema con una definición sencilla: «arriba» es solamente aplicable cuando estamos sobre la Tierra, en cuyo caso significa apartado del centro de la Tierra (o en sentido contrario a la fuerza de la gravedad). Entonces, ¿podemos emplear esta palabra si nos referimos a un gráfico en posición horizontal sobre nuestra mesa (como cuando decimos «la línea va hacia arriba»)? Podemos hacerlo por analogía.

Las definiciones dependen de otras definiciones y de marcos de referencia. Muy a menudo consideramos definitivas circunstancias que no lo son. Por ejemplo, antes de los vuelos espaciales dábamos por hecho que el concepto «arriba» iba a emplearse siempre en un sistema sujeto a la fuerza de gravedad.

Más adelante volveremos al problema de los absolutos, la verdad y la certidumbre en nuestros hábitos de pensamiento. De momento, bastará con señalar que los intentos de tratar el lenguaje como un sistema construido rígido no se han abierto, aunque todavía basemos la mayor parte de nuestra conducta en la creencia de que sí hemos tenido éxito en este asunto.

Como medio de descripción, no hay duda de la enorme utilidad del lenguaje. Uno de los problemas de la descripción es que las palabras envuelven el mundo de cierta manera y a partir de ese momento nos inclinamos a ver el mundo de esa determinada manera, como he comentado largamente en anteriores apartados sobre captación, circularidad, predisposición, atención, etc. Esta envoltura y denominación son muy valiosas, ya que sin ellas no habríamos podido advertir nada en absoluto.

Las dificultades surgen cuando las palabras son demasiado generales o pobres, o cuando nos faltan. No se trata de un problema de descripción, sino de percepción. La descripción puede siempre descomponer una palabra de significado amplio en partes más concretas o emplear un adjetivo calificativo. Por ejemplo *delincuente* puede matizarse como ratero, estafador, asesino, etc. Sin embargo, como tenemos el término de amplia categoría *delincuente*, todos tenderán a ser considerados de manera parecida. Los percibimos como iguales, aunque somos capaces de describirlos como diferentes.

Me gustaría una palabra para expresar la siguiente idea: «Esta cuestión puede ser considerada de dos maneras casi opuestas y de idéntica validez, a menos que existan circunstancias particulares». Dado que podemos escribir esta idea, es evidente que el lenguaje es perfectamente capaz de describirla. Pero describiéndola de esta manera compleja y engorrosa, no obtenemos un concepto para un uso general. Preferiría inventar una palabra nueva: *janoide* (del dios Jano, que miraba en ambas direcciones a la vez). Así podría decir, en el curso de una conversación: «Este punto es un *janoide*», e implicar toda la idea. En algunos casos particulares, esta palabra (*janoide*) podría acercarse al concepto «doble filo», pero el significado no es el mismo. Podría decir que el derribo del avión de línea comercial iraní por parte del crucero lanzamisiles estadounidense *Vincennes*, en 1988, fue un *janoide*: una tragedia terrible, desde una perspectiva, y una acción beneficiosa, desde otra bien distinta, porque el hecho de sentir la compasión internacional hacia Irán que el incidente despertó pudo contribuir a que aquel país aceptase la resolución de las Naciones Unidas para un alto el fuego.

Me gustaría tener una palabra mucho mejor para expresar «la manera en que advertimos las cosas». De momento he empleado el vocablo *percepción*, pero en realidad no es lo suficientemente buena, porque implica percepción visual. Inventé el término *pensamiento lateral*, porque creatividad es una palabra muy general y me pareció inconveniente tener que repetir una y otra vez «el tipo de pensamiento requerido para atravesar los patrones en un sistema de patrones autoorganizador».

Cierto que surgen nuevas palabras cuando su necesidad se hace evidente. Por ejemplo, la expresión *gazump* está bien consolidada en el mercado de la propiedad inmobiliaria del Reino Unido (comprometerse con un comprador y después cambiar de idea y vender a otro a un precio más alto). *Astronauta* y *software* son otros claros ejemplos.

La mayoría de las nuevas palabras que surgen se deben a situaciones nuevas, por lo que su necesidad es obvia. Con situaciones antiguas, la necesidad nunca surgirá de la misma manera, porque nos contentamos con mirar las cosas al modo tradicional. Por eso, a veces, es necesario que la palabra nueva aparezca primero —antes que la necesidad— para que podamos ver las cosas de diferente manera. Aunque fue creado deliberadamente, el término *pensamiento lateral* se emplea actualmente con toda naturalidad.

Pero los que aún no se han dado cuenta de que descripción no es lo mismo que percepción se oponen con saña a las palabras nuevas que necesitamos para pensar con mayor eficacia. No ven la necesidad de nuevos vocablos, o alegan que la función ya tiene su expresión correspondiente (fenómeno de «lo mismo que...») o que el asunto puede describirse de forma adecuada por medio de un circunloquio. En la práctica, todas las palabras nuevas son agrupadas bajo el término despectivo de *jerga*, que deliberadamente lleva una clara carga negativa.

¿Qué decir del empleo del lenguaje para la persuasión, para la discusión o para demostrar una idea? Creo, por razones que daré más adelante, que a este respecto el lenguaje es muy sospechoso. Y lo pienso, a pesar de que soy un escritor que emplea el lenguaje precisamente para estos fines. En el mejor de los casos, el lenguaje puede provocar la perspicacia del lector.

Empleamos continuamente el lenguaje con fines políticos y como guía general de nuestro pensamiento, por eso es importante tener en cuenta las deficiencias de la percepción. Para pensar utilizamos el lenguaje, mientras que, en el arte, el objetivo es directamente perceptual. Más adelante volveré sobre esto.

Un error que cometemos frecuentemente es confundir fluidez con sustancia. Creemos que algo es verdad por el mero hecho de que está bien dicho. Algo que se expresa con torpeza parece tan incorrecto en su sustancia como en su expresión. Así, la fluidez de estilo se disfraza de integridad de pensamiento. Otro error en el que incurrimos es debido a la parcialidad de la atención que he mencionado antes. Por muy honestos que tratemos de ser, no podemos serlo con cada detalle, cada cualidad. La verdad parcial puede ser tan deshonesta como la mentira absoluta, aunque no lo parezca. No hay que olvidar el problema de las palabras «cargadas». Aquí el valor no está separado, como con el adjetivo, sino que es parte de la palabra. De este modo, cualquiera que haya sido responsable de una muerte puede ser llamado asesino, recibiendo toda la carga asociada a dicho término.

Resulta muy fácil ponerle adjetivos a cualquier cosa. Particularmente peligrosos son los que no se apoyan en los hechos, sino que expresan cierta displicencia: *jactancioso*, *presunto*, *presuntuoso*, *dominador*, *patético*, *irrelevante*, *simple*, *confuso*, *desorientado*... Cuanto más obvios son los adjetivos de aprobación o de disgusto, menos problemáticos resultan, porque expresan con claridad una emoción, no una línea de pensamiento. En general, basta con contar los adjetivos para valorar el nivel de pensamiento de cualquier escrito o discurso.

El problema de la captación y la ambigüedad es serio, lo mismo que el problema «una de dos» de las dicotomías. Todo el que critica algún aspecto de la democracia tiene que ser fascista; todo el que pone en tela de juicio los hábitos capitalistas más abusivos tiene que ser marxista; todo el que predica más gastos para el bienestar social es un liberal subversivo. Un ejemplo muy sencillo de ambigüedad es el término *académico*. Cualquiera que tenga algo serio que decir o que sepa sumar más de tres cifras es considerado más que un simple escritor y, por consiguiente, se le honra juzgándolo de académico. Sin embargo, esta palabra no es ningún honor, pues puede significar poco práctico, anticuado, con la cabeza en las nubes, utópico, que vive en su torre de marfil, etc.

El juego básico es muy fácil, muy transparente y, claramente, eficaz. Todos los hábitos de percepción que he anotado en la sección anterior pueden ser manipulados para presentar como argumento lógico lo que no es más que una percepción desde un punto de vista muy particular.

Hay quienes ya se han rendido y aceptan que la percepción domina de tal modo la lógica en el uso del lenguaje que nunca debiéramos jactarnos de honradez, o imparcialidad, sino ponernos con franqueza a un lado u otro y dejar que los demás restauren el equilibrio.

En el mejor de los casos tendríamos que aceptar que el pensamiento expresado por el medio descriptivo del lenguaje tiene que ver más con la percepción que con las certidumbres de la lógica. La percepción casi siempre es fruto de un punto de vista particular, no de una amplia exploración perceptual. La cuestión es si el escritor tiene un enfoque más amplio pero desea expresar un enfoque estrecho y parcial, o si no puede ver más que la visión estrecha, que es la manera en que suele comportarse la percepción.

PENSAMIENTO E INTELIGENCIA

Uno de los problemas para diseñar un ordenador pensante, inteligente de verdad, que fuese más allá de una supercalculadora, es que probablemente no creeríamos sus conclusiones y decisiones. Ese ordenador debería ser lo bastante listo para darse cuenta de que los que lo rodean no lo son tanto y, por consiguiente, necesitan que se les expongan con claridad todos los pasos que han conducido a la conclusión.

En nuestra cultura de pensamiento, siempre hemos considerado la inteligencia de manera muy parecida a como he tratado aquí la agudeza de ese nuevo ordenador pensante. La inteligencia ha sido siempre suficiente. Se trata de una falacia tan desafortunada que ha tenido dos consecuencias desastrosas en la educación. La primera, que creemos que, para los muy inteligentes, no es necesario hacer nada respecto a su pensamiento. La segunda, que creemos que, en cuanto a los que son menos inteligentes, nada se puede hacer. Por consiguiente, hasta hace muy poco, no nos hemos molestado en enseñar a pensar.

Por desgracia, muchas personas con un alto grado de inteligencia resultan ser pobres pensadores. Caen en la trampa de la inteligencia, que tiene muchos aspectos. Por ejemplo, un individuo sumamente inteligente puede tener una opinión sobre un tema y defenderla (a través de la elección de premisas y percepciones) con gran habilidad. Pero cuanto más capaz es alguien de defender una opinión, menos inclinado está a explorar en profundidad el tema. Así, la persona muy inteligente puede quedar atrapada por la inteligencia, junto con nuestro acostumbrado sentido de la lógica según el cual no se puede tener más razón que la razón, respecto a un punto de vista. Cuanto menos inteligente es una persona, menos segura está de tener razón y, por consiguiente, de mayor libertad dispone para explorar el tema y otros puntos de vista.

La persona muy inteligente suele desarrollarse con un sentimiento de superioridad intelectual y necesita que se considere que es lista y que siempre tiene razón. Semejante persona está menos dispuesta a arriesgar ideas creativas y constructivas, porque tales ideas pueden necesitar tiempo para que se demuestre su valor o sean aceptadas. La gente muy inteligente se siente a menudo atraída por la recompensa rápida de la negatividad. Si se atacan las ideas o el pensamiento de otro, puede haber un triunfo inmediato, junto con un útil sentimiento de superioridad. En términos intelectuales (como veremos más adelante), el ataque es fácil, porque el atacante siempre puede elegir el marco de referencia.

La mente inteligente trabaja con rapidez, a veces con demasiada rapidez. La persona sumamente inteligente puede pasar directamente de las primerísimas señales a una conclusión, que no será tan buena como la alcanzada por una mente más lenta, que se ve obligada a considerar más señales antes de sacar una conclusión. Este es otro ejemplo de la necesidad de dominio del cero (*po*) mencionado en la sección anterior.

Si tienes mucho dinero, puedes comprar un veloz Lamborghini o un Ferrari. Si tienes buenos genes, puede que seas inteligente. Pero el mero hecho de tener un rápido deportivo no te convierte en un buen piloto. Puedes tener un coche muy potente y conducirlo mal; otra persona puede tener un coche más modesto y conducirlo bien. Los caballos y la mecánica del coche le dan su potencial. Pero es la destreza del conductor lo que permite aprovechar aquel potencial. De la misma manera, la inteligencia es el potencial de la mente, y el modo en que se pone en funcionamiento es la destreza en el pensar. Puede haber mentes poderosas mal empleadas y mentes más humildes bien conducidas.

Probablemente llegará un día en que seremos capaces de medir la inteligencia por medio de una sencilla prueba química (por ejemplo, la inyección de una sustancia química seguida de una exploración del cerebro). La inteligencia podría estar actuando en varios puntos de la red nerviosa. Tal vez se obtiene una mayor velocidad de exploración porque una zona de actividad se «cansa» pronto, de manera que la actividad pasa a la zona siguiente antes de lo acostumbrado. Probablemente la reacción negativa (aspecto inhibitorio del modelo) es más fuerte, de modo que las zonas de actividad están más nítidamente definidas. Hay muchos puntos en que la eficacia funcional del modelo podría mejorarse. Tal vez la enzima que determina la capacidad de conexión sea más eficaz, de modo que las asociaciones se hagan más fácilmente. En este punto no tengo la intención de hacer ninguna elección.

En el pasado se les ha dado total credibilidad y valor a las pruebas tradicionales de coeficiente intelectual, porque siempre nos ha gustado la seguridad de la medición, aunque la sustancia de lo que estamos midiendo sea cuestionable. En conjunto, los test de CI expresan razonablemente bien el aprovechamiento en las escuelas, por la sencilla razón de que el pensamiento escolar es muy parecido al que se exige en los test de CI (reactivo y analítico). Estos test son, sin embargo, pobres indicadores del éxito en la vida, para el que se requiere una clase diferente de pensamiento. Desde luego, hay algunas profesiones donde las puertas de entrada son una extensión del sistema escolar; en ellas, el test de CI haría una buena labor de predicción. Howard Gardener, en Harvard, y otros han empezado a poner en tela de juicio la noción de una sola inteligencia y escriben acerca de inteligencia musical, inteligencia deportiva o inteligencia artística, entre otras, con el fin de recalcar las diferentes áreas de talento.

A menudo he definido el pensamiento como el arte operativo con que actúa la inteligencia sobre la experiencia. Necesitamos desarrollar la capacidad pensante para hacer pleno uso del potencial ofrecido por la experiencia. Por eso me he involucrado tanto en la enseñanza directa del pensamiento en las escuelas. En la experiencia práctica hemos encontrado que estudiantes bien dotados (grados máximos de inteligencia) necesitan desarrollar las técnicas de pensamiento tanto como los demás, e incluso más hasta cierto punto, con el fin de dominar la arrogancia natural de su reconocida inteligencia.

Jóvenes de gran inteligencia suelen preferir el pensamiento «reactivo». Son buenos en resolver rompecabezas cuando tienen todas las piezas. Parecen mucho menos afortunados en el pensamiento «proactivo», en el que tienen que reunir y valorar los factores que hay que considerar para llegar a una conclusión, y mucho menos satisfechos con la perspectiva, el equilibrio y la factibilidad de las soluciones.

Evidentemente, podemos decir que la palabra *inteligencia* significa todo lo que es bueno y maravilloso en el pensar. Por consiguiente, y por definición, todo lo demás no puede llamarse inteligencia. Esta es una definición retrospectiva de un resultado y, por tanto, inútil por completo para describir un proceso. Este uso particular de la palabra *inteligente* es bastante más adecuado como adjetivo que describe un pensamiento excelente. Por consiguiente, la cuestión es: ¿por qué la posesión de inteligencia tiene a veces como resultado un comportamiento poco inteligente?

El empleo más sensato de la palabra *inteligencia* es como un proceso de habilidad y rapidez mental y como la capacidad de actuar bien en los test de inteligencia. Se trata de un proceso, no de una descripción de un resultado.

Podría ser que el equilibrio químico que contribuye a la inteligencia (enzimas, neurotransmisores, etc.) condujera también a la cautela y la timidez y a tipos de personalidad que inhiben la aplicación con éxito de aquella inteligencia. Tal vez la excelencia de la inteligencia tenga más que ver con el pensamiento reactivo y la solución de rompecabezas que con un pensamiento proactivo, donde deben intervenir factores como la conjetura y la elección de prioridades. Acaso la inteligencia sola, sin habilidades específicas de pensamiento, no sea suficiente. Quizás la propia excelencia de la inteligencia sea en sí misma contraproducente. Un hombre alto puede tener ventajas a veces (para mirar por encima de las cabezas en una aglomeración) pero desventajas en otras ocasiones (para cavar una zanja). Cuanto más afilado sea un cuchillo, más útil será para su objetivo, pero también más peligroso. Puede ser, pues, que la mera excelencia de la inteligencia nos permita jugar muy bien el juego de la percepción. Como este juego es muy defectuoso, jugarlo bien dará un mal resultado.

El comportamiento natural de la percepción es formar patrones fuertes, reconocerlos con rapidez y emplearlos sin desviación. Como he recalcado repetidas veces, este proceso tiene un valor inicial de supervivencia, pero después reduce el mundo de una manera demasiado limitada y rígida. El cerebro, que, en virtud de su química, puede jugar magníficamente a este juego, terminará con una percepción pobre (en términos de amplitud, exploración y maneras de ver). He pretendido mostrar que la percepción es muy diferente de la lógica de tablero. No he querido decir que sea un sistema maravilloso. Ni mucho menos. Por ejemplo, no existe la verdad de la percepción. Pero si comprendemos la percepción, podemos advertir sus carencias y limitaciones y concebir también herramientas que nos permitan ir más allá del sistema.

En la escuela, los niños más inteligentes aprenden a jugar al juego del conformista: cómo aprobar en los exámenes, cómo agradar al maestro, cómo hacer solamente el trabajo requerido. La creatividad suele dejarse a los rebeldes, que no saben jugar como es debido o no quieren hacerlo (porque no destacarían en el juego). Pero si podemos comprender el juego de la creatividad (con pensamiento lateral), captaremos tal vez la extraña paradoja de que los conformistas pueden llegar a ser más creativos que los rebeldes, debido a que serán mejores en el nuevo juego. Debemos romper con la idea tradicional de que la inteligencia es suficiente.

PENSAMIENTO CRÍTICO

Cualquiera que cometa errores de lógica en su pensamiento es considerado un mal pensador. Los errores de percepción se advierten raras veces, y si se advierten, son mucho más tolerados. Por consiguiente, si nos esforzamos en eliminar estos errores de lógica, ¿tendremos a un buen pensador? Esa ha sido siempre una de nuestras creencias culturales básicas, una preocupación implícita fundamental de la educación y, más recientemente, una preocupación explícita.

Un mal conductor de automóvil comete errores al conducir. Si eliminamos estos errores, tendremos con seguridad un conductor excelente. Por desgracia, no es así. La manera más sencilla de eliminar todos los defectos de conducción es guardar el coche en el garaje. Por la simple eliminación de los defectos en el pensamiento no se obtienen sus aspectos generativo, constructivo y creativo. Desde luego, vale la pena eliminar los defectos, pero esto es solo parte del proceso; probablemente, no más que una tercera parte, incluso menos. Sin embargo, siempre hemos tenido en alta estima el pensamiento crítico, al que hemos considerado a veces como la cima más alta. Esta valoración tan positiva del pensamiento crítico se basa en numerosas presunciones discutibles.

Una sería el método de diálogo socrático descrito por Platón. Por diversas razones que tienen su origen en el Renacimiento, hemos venerado este modelo bastante ineficaz. (Explicaré mi elección del término *ineficaz* cuando trate de la argumentación en un apartado posterior de este libro). Los teólogos medievales tuvieron que darle un valor muy alto al pensamiento crítico, porque debían hacer frente a la creatividad cada vez más sutil de los herejes (como los donatistas, que pretendían atar a san Agustín con nudos dialécticos). La Iglesia, que había preservado la civilización a lo largo de la Edad Oscura, marcaba el tono de las escuelas, de las universidades y de la cultura en general.

El pensamiento crítico parece una clase superior de pensamiento, porque se diría que el crítico va realmente más allá del ámbito de lo que está siendo criticado, con el fin de criticarlo. Esta suposición raras veces es verdad; lo más habitual es que el crítico se agarre a aquello que comprende, por poco que sea, y se limite a abordar ese aspecto.

El pensamiento crítico parece un éxito total: hay un objetivo, una línea de pensamiento y un logro. Como en la mayoría de los pensamientos creativos y constructivos, el logro no es completo hasta que la idea se ha puesto en práctica y se ha demostrado que funciona.

Por último, existe la suposición subyacente de que obtendremos ideas cada vez mejores criticando las que ya existen o se nos ofrecen. Seguramente, si se señalan las faltas de una idea, una modificación puede corregir estas faltas, dando por resultado una idea mejor.

Esta última suposición se basa en la presunción de que se obtendrán mejores ideas en un proceso evolutivo. Se trata de una suposición seria porque constituye la base de todo lo que hacemos para buscar mejores ideas en la sociedad e incluso en la ciencia. Por razones que explicaré más adelante, creo que esta suposición es del todo falsa. Pero si tenemos este modelo evolutivo, vemos con claridad que el pensamiento crítico ejerce las presiones evolutivas que determinarán (sobre una base darwinista clásica) qué ideas merecen sobrevivir y cuáles tienen que morir. Sin embargo, es evidente que la crítica solo puede dirigirse desde el paradigma existente, de tal manera que cada vez hay una mayor resistencia frente a los cambios de paradigma.

También valoramos el pensamiento crítico porque creemos que es un tipo difícil de pensamiento, ya que pone al pensador por delante de los que simplemente aceptan lo que se les ofrece o se dejan persuadir con demasiada facilidad. En realidad es un tipo de pensamiento muy fácil. Está claro que hay una gama de pensamiento crítico que va desde descubrir los fallos en un complicado tratado de matemáticas hasta censurar un cuadro en una exposición de artistas aficionados locales. La mayor parte de la actividad tiende a quedarse en el extremo más simple.

El pensamiento crítico resulta fácil porque el crítico puede enfocar cualquier aspecto que le guste y prescindir de todo lo demás. Ciertas materias pueden sacarse totalmente de contexto. El crítico puede montar su propio marco arbitrario de referencia y juzgar sobre esa base. Un buen crítico puede censurar un plato en un restaurante, por ser demasiado vulgar y soso en relación con su precio (porque ha elegido un marco de referencia más refinado). Pero si se trata de un plato realmente sofisticado, puede también censurarlo por pretencioso, o por no ofrecer el sabor adecuado. Esta clase de crítica es muy fácil.

Si eliminásemos el concepto de coherencia de entre las virtudes que se esperan de un político, muchas críticas cesarían de la noche a la mañana. Esto es debido a que la mayoría de las críticas se basan en que un político no es coherente con sus propias ideas, o con lo que dijo hace dos años, o con la idea de su partido, o con sus promesas electorales. El político podría replicar, con razón, que ha cambiado de idea, o que las nuevas circunstancias han exigido un cambio de opinión. Esto no gusta a los comentaristas, porque elimina uno de los marcos principales de la crítica. Estos comentaristas alegarían que el político ha sido elegido sobre cierta base y debe ajustarse a ella. En algunos casos resulta indudablemente cierto, pero en otros muchos cambiar de opinión constituye una señal del comportamiento político inteligente por el que vota la mayoría de la gente.

Coherencia es la palabra clave del pensamiento crítico. ¿Es algo internamente coherente, línea favorita de crítica para cualquiera que no conozca el tema? ¿Es coherente con la tendencia general o con la ciencia según la conocemos? ¿Es coherente con principios que sabemos que son verdaderos o absolutos (o necesitamos tratarlos como tales)? ¿Es coherente con mi experiencia y con mis percepciones? ¿Es coherente con la manera en que quiero yo considerar la materia? En definitiva: ¿es coherente con mi patrón de percepción?

Así, el proceso del juicio puede ser completo, pero la base en que se apoya el juicio es una percepción sostenida general o personalmente. Los sistemas construidos constituyen una excepción, tal como he sugerido con mucha anterioridad. Qué es un sistema estructurado y qué afirmamos que es un sistema estructurado es otra cuestión.

A veces se sostiene que el pensamiento crítico opera a dos niveles. El primero es la valoración de lo que se ofrece en términos de su fiabilidad o «grado de verdad»: «Mi abuela tenía una amiga en Egipto cuyo criado murió de una picadura infectada de mosquito; por consiguiente, todas las picaduras de insecto son peligrosas». La conclusión que se ofrece es solo mínimamente sostenible. El segundo nivel de pensamiento crítico es el que ataca la naturaleza de la idea, más que su base o la fuente de la que procede. Este es el que más me ha interesado en este apartado, pues el primer nivel es simplemente la aplicación de la prudencia a una percepción apresurada.

¿Cómo vamos a criticar algo que está fuera del alcance de la crítica por su exactitud? ¿Cómo vamos a cambiar algo que no podemos criticar? He aquí un fallo importante del sistema. ¿Cómo vamos a superar la complacencia? Dentro del marco que hemos aceptado, dentro de los límites de nuestra imaginación, dentro del sistema cerrado de nuestro análisis, parece que lo que ahora tenemos no puede ser defectuoso. Por consiguiente, ¿cómo empezamos a cambiarlo por algo mejor?

Si mejorar algo consiste en la corrección de sus defectos, nada podemos mejorar si no podemos ver defectos. Y con frecuencia no podemos percibirlos, a menos que seamos capaces de captar a priori la posibilidad de algo mejor. La búsqueda de los japoneses de la calidad en la fabricación es interminable porque, por muy bueno que sea algo, siempre existe la posibilidad de mejorarlo. Pero el hábito occidental de pensamiento crítico significa que, primero, tenemos que encontrar faltas para, después, tratar de corregirlas; por lo que algo que no tenga faltas es imposible de mejorar.

Podemos ver, pues, que el pensamiento crítico, como elemento importante de nuestra tradicional forma de pensar, tiene limitaciones muy graves e incluso cuando está trabajando bien debe depender, en definitiva, de percepciones que nosotros preferimos tratar como absolutas.

CURVA DE LAFFER

Los impuestos son para recaudar dinero; por consiguiente, más impuestos aumentarán la recaudación de dinero. La eficacia en la industria es buena; de ese modo, cuanta más eficacia, mejor. La ley es buena; así, cuantas más leyes, mejor.

La curva de Laffer es probablemente el más sencillo y claro ejemplo de las deficiencias de la lógica tradicional de tablero. Recibe su nombre de un economista que sostenía que se llega a un punto traspasado el más allá cual el aumento de los impuestos reducirá los ingresos obtenidos. Más allá de dicho punto, la motivación para el trabajo se reduce y la gente emplea mucho tiempo y mucho ingenio buscando la manera de ocultar rentas imponibles. Más allá de dicho punto, los negocios tienen más en cuenta los impuestos que las razones comerciales productivas. En los últimos años, muchos países (incluidos Estados Unidos durante el gobierno de Reagan y Gran Bretaña durante el gobierno de Thatcher) han reducido impuestos. Y parece que su rendimiento ha aumentado, aunque es difícil separar esto de otros factores que se dan al mismo tiempo. Así, hasta el punto máximo, más impuestos recaudan más dinero, pero más allá de este punto, más impuestos producen menores ingresos. Este proceso, reflejado en un gráfico, nos da la curva de Laffer, cuyo aspecto es el del pico de una montaña.

La eficacia en la industria es necesaria con fines competitivos. El productor eficaz es el que produce a bajo coste. El productor eficaz dispone de más beneficios para reinvertir y tiene contentos a los accionistas. Todo exceso de lucro tiene que ser exprimido en una operación. Cada fracción de capital debe producir un buen beneficio. Toda fábrica ha de estar en pleno funcionamiento.

Los métodos de negocio son cada vez mejores. Hace unos años, se necesitaban cincuenta mil nuevos vagones de ferrocarril anuales en Estados Unidos. Ahora la cifra ha bajado a doce mil. Esto no se debe a que haya menos tráfico ferroviario, sino a que cada vagón ahora está diez meses en uso, en lugar de solo dos. El seguimiento por ordenador ha hecho este milagro. Ciertamente, este nivel de eficacia es algo maravilloso, y cuanta más mejor.

Pero esto es verdad... hasta cierto punto. Más allá de este punto, más eficacia significa fragilidad y pérdida de flexibilidad.

La eficacia se puede adaptar a las condiciones presentes, pero si estas cambian, ya no existe ningún lucro, ya no hay ningún colchón, ya no hay ningún margen. Y entonces la organización eficaz puede derrumbarse repentinamente. Te liberas de todas las secciones que no rinden un beneficio suficiente (sube el precio de las acciones), pero surge un competidor importante en el campo que te queda, y de pronto te encuentras en apuros.

En los negocios, la nueva palabra es *flexibilidad*. En vez de ir adquiriendo más eficacia en la producción de bicicletas, una fábrica debe ser flexible. Si las bicicletas se venden, fabricará bicicletas; si se venden artículos sanitarios, cambiará y fabricará artículos sanitarios. En una central que genere electricidad, se instalarán varias fuentes de energía. Si el petróleo se encarece, se pasará al carbón; si el gas es barato, se pasará al gas.

La ley es necesaria para que una sociedad funcione. Sin embargo, se puede llegar a una situación absurda si los tocólogos tienen que dejar de atender partos porque los costes abusivos de responsabilidad y del seguro contra errores profesionales encarecen demasiado el negocio. En Estados Unidos, donde las consideraciones legales constituyen una importante preocupación en los negocios, se ha llegado al colmo de tal absurdo. La disputa Texaco/Penzoil es un ejemplo de ello. Una vez los responsables de una importante compañía europea me dijeron que dos de sus divisiones compartían abogado. En Estados Unidos una división equivalente tenía cincuenta abogados a tiempo completo. Los abogados tienen que ganarse la vida, y si puedes sacar más provecho de un pleito que de la producción industrial, las reglas del juego están muy claras. Más adelante volveré sobre este punto bajo el concepto de «lo lúdico» (el juego por el juego).

En la lógica de tablero, las diferentes piezas están delante de uno. Una pieza azul es una pieza azul y no se convierte súbitamente en roja. La categorización es permanente. Algo está o no está en un grupo de categoría. No hay ningún mecanismo para que algo salte de pronto de un grupo de categoría para integrarse en otro. El sistema lógico sería imposible si no hubiese esta permanencia. Si tuviésemos que depender de la circunstancia en cada punto, ya no tendríamos lógica clásica, sino la clase de «lógica del agua» que he mencionado y que describiré más adelante.

La mayoría de los filósofos tradicionales se han percatado de este importante defecto del sistema de categorías. La dificultad reside en que el punto de cambio (la cima en la curva de Laffer) no se define fácilmente en términos concretos. No poner sal en la comida es malo, un poco de sal es bueno, mucha sal es malo, pero los límites precisos pueden variar de un individuo a otro. Los filósofos han tratado de superar este problema de una manera bastante remisa: han propugnado la moderación en todo y la excelencia del punto medio. Pero esto es un consejo paternal, no lógico.

Resulta bastante obvio que no comer nada es malo, comer algo es bueno y comer demasiado vuelve a ser malo. El problema de obesidad que sufre Estados Unidos es una prueba evidente. Ser alto es bueno, pero ser muy alto no es mejor…, a menos que uno quiera ser jugador de baloncesto. Tales cuestiones no son muy difíciles de decidir sobre una base de suficiencia o de mantenerse dentro de un ámbito normal. Algunos gastos de defensa son buenos, pero ¿en qué punto se vuelven malos o se convierten en un derroche de recursos?

El objetivo principal de la lógica de tablero era librarnos de tener que tomar estas difíciles decisiones. Se presuponía que solo tendríamos que identificar una materia como perteneciente a alguna categoría, y la decisión correría ya de nuestra cuenta.

La verdad es buena, la justicia es buena, la ecología es buena, las relaciones familiares son buenas, la comunidad es buena. ¿Podríamos concebir un punto en el que demasiado de alguna de estas cosas la convirtiese en mala? Probablemente no. Y si pudiésemos percibir este punto, nunca lo admitiríamos, porque los adversarios tendrían demasiado fácil alegar que dicho punto ya ha sido alcanzado. Fijamos etiquetas permanentes de valor, precisamente porque no queremos tomar multitud de decisiones difíciles.

En estos casos, la etiqueta de valor es parte de nuestro patrón perceptual. Uno puede tomar una pieza de madera de forma extraña y preguntarse: «¿Me sirve esto de algo?». Pero en cuanto las palabras *justicia*, *ecología*, *eficacia* o *ley* entran en una discusión, uno sabe automáticamente que son buenas.

Muchísimos problemas de nuestra sociedad surgen de nuestra incapacidad de ver que la curva de Laffer (yo prefiero llamarla la «curva de la sal») es aplicable a muchas cosas. El conocimiento es bueno, luego más conocimiento tiene que ser mejor. Como hemos visto, esto no es necesariamente así, porque puede sofocar la originalidad en investigación. La crítica es buena, luego más crítica tiene que ser mejor. Aquí llegamos a un punto en que el negativismo inmoderado se convierte en una finalidad en sí mismo. La democracia es buena. ¿Puede ser mala demasiada democracia?

No estoy escribiendo sobre excesos absurdos, porque es fácil mostrar que el exceso de cualquier cosa será probablemente dañino, sino sobre aquellas situaciones en las que el cambio de valor se produce dentro de un ámbito normal, como poner sal en la comida.

SOLUCIONAR PROBLEMAS

Un simple dicho estuvo a punto de destruir, él solito, la industria básica estadounidense: «Si no está roto, no lo arregles». ¿Por qué un dicho tan sencillo —y aparentemente sensato— tuvo un efecto tan desastroso? La máxima de la industria estadounidense era: «Sigamos haciendo lo que hacemos, y si algo va mal [se rompe], arreglémoslo y prosigamos. Para eso estamos». Esta es la mentalidad de mantenimiento del negocio que, durante muchos años, fue dominante y suficiente.

Entonces empezó a surgir la competencia: de Japón, de los otros tigres del Pacífico, de Alemania Federal... Ahora bien, los competidores sabían que no podían competir haciendo los mismos productos. Por esto tenían que tratar de mejorarlos. Esto significaba tratar de hacerlas mejor y no solamente de solucionar problemas y continuar como antes. Por consiguiente, buscaron puntos que no fuesen problemas: ¿podríamos mejorar este diseño?, ¿podríamos hacer más barato este artículo?, ¿cómo podemos hacer que inspire más confianza?

«Si no está roto, no lo arregles» es exactamente lo contrario de la competencia. El dicho presume un mundo estático donde lo que uno está haciendo ahora será siempre suficiente. Es lo contrario del progreso en cualquier campo. Esta lección ha quedado clara en la industria, pero los campos de la educación, de la política, de la economía o de las relaciones internacionales aún deben aprenderla. Nuestra mentalidad tiende a «solucionar problemas». Presumimos que lo que estamos haciendo es bueno y que si hay una desviación de esta norma, debemos repararla, como reparamos un neumático pinchado. En la psicología y la educación estadounidenses existe el hábito desastroso de considerar todo pensamiento como «solución de un problema». Los educadores hablan ahora de introducir la solución de problemas en las escuelas, porque les resulta demasiado embarazoso hablar de introducir técnicas de pensamiento (ya que se supone que en eso ha consistido siempre la educación).

No hay duda de que la solución de problemas es una parte importante del pensamiento aplicado y que podemos emplear el término como una palabra de significado amplio, para incluir todo pensamiento intencionado: queremos ir a alguna parte, ¿cómo llegaremos hasta allí?; resolvamos el problema. Pero, como ocurre con todas las palabras amplias (dificultad de captación), muy pronto restringimos nuestra visión al puro ejemplo de un problema: algo está mal; arreglémoslo. Esto excluye el pensamiento de oportunidad; el pensamiento de iniciativa, de empresa, de mejoramiento, y todos los tipos de pensamiento dedicados a lo que no está mal.

La solución de problemas y el pensamiento crítico forman parte del mismo ambiente cultural: enderecemos lo que está torcido, descubramos los errores. No nos damos cuenta de que son procedimientos de mantenimiento. Estos dan por supuesto que tenemos un sistema perfecto o, si no lo es, un sistema que avanzará en aquella dirección gracias a la evolución continuada. Lo único que tienen que hacer los pensadores es conseguir que el vehículo no se salga de la carretera y reparar las averías. La noción de progreso a través de cambios en la percepción, de cambios de paradigmas y de creaciones deliberadas no entra en juego.

Cuando tratamos de resolver problemas, empleamos un método muy tradicional. Analizamos la situación y buscamos la manera de eliminar la causa del problema. Eliminando la causa, a menudo resolveremos el problema: si se tiene un clavo en el zapato, se quita el clavo; si un crédito con interés demasiado bajo aumenta la inflación, se elevan los tipos de interés; si el agua contaminada produce cólera, se cambia de agua o se hierve aquella; si un determinado anillo provoca filtraciones en un cohete, se diseña uno nuevo y se elimina aquel. Pero no todos los problemas pueden resolverse eliminando la causa. Uno puede no encontrarla, puede encontrarla pero ser incapaz de eliminarla (un terremoto o una sequía); o puede haber una complejidad de causas imposibles de eliminar (violencia sectaria).

«Eliminar la causa» no es más que una de las máximas para resolver problemas. Pero gran parte de nuestro esfuerzo se queda atrapado en este enfoque tan simple producto de los antecedentes culturales en cuanto a lógica e incluso del concepto de pecado. La primitiva noción de causa y efecto significa que todo problema debe tener una causa; luego hay que eliminar la causa.

¿Qué otros enfoques puede haber? Uno es el diseño. En él decimos: «La situación es esta. ¿Cómo podemos seguir adelante?». Si se quiere construir una nueva ciudad en un terreno pantanoso, podemos decir: «Eliminemos la causa de la ciénaga». Pero si queremos construir una nueva ciudad en el desierto, no podemos eliminar toda la arena, así que decimos: «Esto es un desierto. Diseñemos casas que puedan mantenerse sobre la arena».

Otro enfoque que se superpone al diseño es alterar el sistema. En un sistema interactivo, complejo, podemos alterar las conexiones o las relaciones cortando algunas, introduciendo otras o alterando los parámetros de la relación. Con frecuencia, si se cambian las reglas del juego, la naturaleza y la ambición humanas harán funcionar bien el nuevo sistema. Cuando las compañías de seguros estadounidenses quisieron reducir la escalada de los costes hospitalarios introdujeron los *Diagnosis Related Groupings*, que garantizaban un pago fijo a los hospitales por cada agrupación de diagnósticos. Los hospitales se encontraron con que ganaban más dinero dando pronto de alta a los pacientes que reteniéndolos más tiempo (la posibilidad de una causa por negligencia supone cierta protección contra el alta prematura del paciente).

Pero nuestras tradiciones de pensamiento han preferido siempre el análisis antes que el diseño. Seguramente, si analizamos mejor algo, encontraremos la causa y podremos eliminarla. Esta expresión no es incorrecta, pero sí de aplicación limitada.

Sin embargo, seguimos enseñando solo el análisis y no el diseño. Esto es así porque el análisis parece requerir únicamente lógica (lo cual es una falacia, ya que, en realidad, necesita también una percepción creativa), mientras que el diseño requiere creatividad, y a esta no sabemos cómo manejarla.

Llegados a este punto, algunos filósofos tradicionales podrían refugiarse en un juego de palabras: «Todo debe tener una causa. Un problema debe tener una causa. Si el problema ha sido solucionado, por definición, la causa ha sido eliminada. Cómo se haya eliminado importa poco; la cuestión es que se haya suprimido». Esta clase de visión retrospectiva descriptiva ha frenado el desarrollo intelectual. La situación es exactamente la misma que vimos en el empleo de la palabra *inteligencia*: «Todo comportamiento bueno, eficaz y valioso es un comportamiento inteligente; por consiguiente, una persona inteligente no puede ser capaz de tener un pensamiento ineficiente. Si una persona es un pensador mediocre, no es, por definición, inteligente». O con la lógica: «No puede haber ningún defecto en la lógica, porque la lógica, por definición, está libre de defectos; si no lo estuviese, no sería verdadera lógica». Esta clase de argumentaciones se repite una y otra vez, y es un mero juego de palabras descriptivo.

Probablemente, hay múltiples causas para el comportamiento tradicional de los *hooligans* británicos en los partidos de fútbol. Entre estas causas tal vez estén la debilitación de los lazos y la disciplina familiares, la presión de la moda y del entorno, el aburrimiento, una cultura popular de libre expresión, la alienación social, la agresividad juvenil por falta de salidas, la violencia en televisión, etc. Se puede tratar de eliminar todas estas causas o intentar diseñar las medidas que pueden ir tomándose paso a paso.

Así pues, las tradiciones de solución de problemas y eliminación de causas son válidas para su objeto, pero únicamente son una parte del pensamiento requerido. Como tantas cosas de nuestro pensamiento tradicional están muy bien hasta cierto punto, pero son inadecuadas más allá de este. Sin embargo, nos sentimos muy satisfechos con la «excelencia» de lo que tenemos.

Cada varón norteamericano se afeita el labio superior todos los días, a menos que se deje el bigote o que sea de ascendencia india americana. ¿Cuántas veces se para a considerar el que emplea una navaja tradicional si, en vez de mover la navaja, no sería más fácil mantener esta quieta y mover la cabeza? En realidad, es bastante mejor. Pero nadie lo prueba, porque no hay un problema que arreglar. El progreso no solo consiste en arreglar problemas.

ANÁLISIS

Se cuenta una anécdota sobre el dueño de un supermercado de Nueva Jersey que se dio cuenta de que sus pérdidas (por hurto) ascendían a un desconcertante 20%. Montó un programa minucioso de investigación. Todas las cifras fueron se examinaron con meticulosidad. Se observó con atención a cada empleado de caja para comprobar si todas las compras se registraban con exactitud. Se mezclaron detectives con los compradores para vigilar si se producía algún hurto importante. Nada pudo descubrirse. El sistema funcionaba sin el menor fraude. No obstante, continuaban las pérdidas. Un día, el dueño visitó el supermercado. Tuvo la desagradable impresión de que había algo que no funcionaba. Pero no podía ver qué era; solo tenía un presentimiento que le inquietaba. De pronto, dio en el clavo. Él había instalado solamente cuatro cajas en la salida, y había cinco. El personal se había confabulado e instalado una quinta caja, de cuyos ingresos se apoderaban. Así pues, el sistema funcionaba a la perfección en todos sus puntos, pero... no era el mismo sistema.

Al análisis le gusta trabajar con sistemas cerrados. ¿Cuántos sistemas están en verdad cerrados? ¿Dónde trazamos la línea? Es fácil decir, retrospectivamente, que en el análisis del fraude en el supermercado se debía comprobar el número de cajas; todo es fácil a toro pasado.

En uno de mis primeros libros planteé problemas mecánicos relacionados con la construcción de un puente con cuchillos equilibrados sobre botellas puestas en pie. En un problema decía que podían emplearse cuatro cuchillos. En realidad, la solución requería el empleo de solo tres cuchillos. Por consiguiente, recibí cartas muy indignadas, quejándose de que, si solo eran necesarios tres cuchillos, no tenía que haber hablado de cuatro. Esta es una reflexión propia de análisis de sistema cerrado y de libros de texto escolares: emplea toda la información que te dan.

Este análisis de sistema cerrado es como la aptitud para resolver rompecabezas de los estudiantes dotados. Si todas las piezas están allí, los resolverán muy bien.

En nuestra tradición de análisis nos comportamos de manera muy parecida. Trazamos la línea de forma que encierre lo que es relevante: qué parte del mundo vamos a incluir en nuestro sistema. Entonces analizamos los factores y las interrelaciones.

En el pasado, la gente que hacía cola ante los mostradores de diversos servicios (bancos, oficinas de correos, oficinas de líneas aéreas...) se quedaba atascada si tenía la mala suerte de estar detrás de alguien que necesitara discutir un asunto muy complicado. Por tanto, se introdujo el nuevo concepto de cola única. Se hacía una sola cola. Cuando alguien llegaba a la cabeza, se dirigía a cualquiera de los mostradores que estuviesen libres. Esto supuso una gran mejora (al menos psicológicamente), porque nadie se quedaba parado detrás de alguien que empleaba mucho tiempo. Ahora bien, hay varios procedimientos de estudio de operaciones muy elaborados para analizar las matemáticas de las colas, que sugieren la estrategia óptima para su funcionamiento, en términos cantidad de puestos de atención necesarios, etc.; pero ¿de dónde vendrán las próximas ideas?

Imaginemos una ventanilla especial (punto de servicio) sobre la cual hay un rótulo que dice: «Cinco dólares por servicio». Cualquiera de la cola que creyese que su tiempo vale cinco dólares iría a aquella ventanilla. Es una opción de lo toma o lo deja: ahora se puede poner precio a la impaciencia. Si la eligen demasiadas personas, se eleva el precio a diez dólares o más. Ahora bien, no es probable que esta idea proceda de un análisis del mecanismo de funcionamiento de las colas.

Así pues, el primer problema del análisis sería: ¿tenemos realmente un sistema cerrado? Y el segundo: ¿dónde trazamos la línea para tener un sistema cerrado? Evidentemente, las respuestas a estas preguntas dependen mucho de la percepción. Podemos incluir cosas que percibamos como pertinentes, pero primero necesitamos dicha percepción.

El análisis constituye un instrumento tradicional y poderoso de pensamiento por muchas razones válidas. Podemos ser incapaces de reconocer un conjunto complejo; por tanto, lo dividimos en formas reconocibles para saber lo que hemos de hacer. Con el fin de comprender el sistema implicado, analizamos algo de las partes y sus relaciones. Esta es la esencia misma de las matemáticas aplicadas. Si tratamos de comprender un fenómeno, analizamos la situación para obtener la explicación.

Una objeción habitual a este proceso tradicional de análisis es que, en un sistema complejo, cuando se tienen las partes ya no se tiene el todo. Y el todo no puede reconstituirse con las partes. Por ejemplo, en medicina se tiene la impresión de que la actitud mental del paciente puede afectar a su recuperación, pero esto no se reflejará en las bacterias observadas al microscopio o en una medición de niveles de anticuerpos. Incluso en matemáticas hay un movimiento hacia maneras más «holísticas» de considerar las cosas. ¿Depende la meteorología de una serie de mediciones detalladas o de una visión de conjunto de patrones y procesos? Es muy probable que nuestro enfoque analítico y atómico de la economía haya frenado el progreso en este campo.

Quiero pasar ahora a lo que creo que es un defecto todavía más grave del análisis. Hemos crecido con la idea tradicional de que, si se quiere saber lo que pasa y se quieren tener ideas nuevas, hay que analizar los datos disponibles o recopilar más datos por medio de experimentos o estudios. Esta es la base misma de la ciencia y de la investigación de mercado. Los ordenadores nos han permitido recopilar y clasificar datos de una manera bastante eficaz. Así hemos podido proseguir esta tradición de análisis de datos con efectividad mucho mayor. Creemos, o creen muchos, que el análisis de datos es suficiente y que forma la base del comportamiento racional. Por desgracia, hay un error grave en esta idea.

El error es que nunca podemos analizar realmente los datos. En el mejor de los casos, podemos verificar una hipótesis que sostenemos o ver si cualquiera de nuestro limitado repertorio de relaciones puede encontrarse en los datos. Dicho en pocas palabras, hemos de tener primero el marco de percepción. La mayoría de las veces empleamos marcos de percepción muy simplistas: correlación, causa y efecto, discurrir del tiempo, tiempos de decadencia, etc.

En mis primeros años en la investigación médica, realicé algunos estudios sobre la circulación pulmonar. En un modelo de corriente normal, se observa la bajada de presión entre dos puntos y, entonces, se mide la corriente. Esto dará una medida de resistencia. Sobre esta base, parecía que las cifras nunca cuadraban. Así que apliqué un modelo de cascada. En una cascada, la altura de la caída no tendrá efecto alguno en el flujo antes de esta.

Al desarrollar la nueva área de investigación del caos, los matemáticos han vuelto a los datos antiguos y aplicado el nuevo modelo conceptual. De este modo, el análisis de datos confirmará o rebatirá una hipótesis y nos permitirá elegir entre modelos conocidos de relaciones, pero no generará nuevos conceptos. Solo muy recientemente se están ensayando en economía nuevos tipos de relaciones (no lineal, umbral, cascada, etc.). Si el simple análisis de datos hubiese podido dar estas nuevas ideas, se habrían hecho visibles hace mucho tiempo y habrían reemplazado a los primitivos enlaces con los que han estado trabajando los economistas. Volveré sobre este punto cuando comente el método científico. Es un punto importante que depende directamente de la organización de la percepción: solo podemos ver aquello que estamos preparados para ver.

Así como los ordenadores adquieren cada vez más y más capacidad para analizar datos por nosotros, del mismo modo deberíamos ir desarrollando modelos conceptuales para que los ponga a prueba el ordenador. Ahora podemos hacer experimentos con el ordenador. Los primeros datos mostraron que las personas que usaban cinturón de seguridad tenían muchas menos probabilidades de morir en accidentes de carretera. Esto parece demostrar que el hecho de llevar el cinturón aumenta las probabilidades de supervivencia. Análisis posteriores mostraron que la relación (aunque válida) no era tan sencilla. Los conductores prudentes se ponían el cinturón de seguridad y conducían con cuidado; por esto los accidentes eran leves. Los conductores imprudentes no se ponían el cinturón de seguridad y sufrían también accidentes más graves. Los accidentes más graves tenían mayor probabilidad de causar la muerte. Con todo, hay que pensar en esta posibilidad con el fin de evitar muertes.

¿Por qué no podemos analizar simplemente los datos con todas las combinaciones posibles? ¿Combinaciones de qué? Aunque pudiésemos aislar los factores, estos serían ya presunciones perceptuales. Incluso para estos factores aislados, el número de organizaciones posibles sería colosal, porque las matemáticas de las combinaciones dan cifras muy elevadas. Hay 362.880 maneras de poner los números del 1 al 9 en una serie de nueve multiplicaciones (9x8x7...). Una visión retrospectiva hará, desde luego, que esto parezca obvio. En cuanto tenemos la solución, lo único que necesitamos decir es: «Si se hubiese buscado esto o aquello...»; «Si se hubiese expuesto el problema de esta manera...»; «Si se hubiese medido la variable adecuada...».

Como he escrito en numerosas ocasiones a lo largo de este libro, tal justificación retrospectiva significa poco (toda idea creativa valiosa será siempre lógica, vista retrospectivamente). Esta visión retrospectiva es válida en un modelo de tablero, pero carece de sentido en un sistema de patrones. En cuanto se sabe qué camino conduce a la solución, es fácil escogerlo.

Una de las importantes contribuciones griegas al pensamiento fue el concepto de «¿por qué?». Antes de la introducción de este concepto, los pensadores solían quedarse bastante satisfechos diciendo «esto es así» y punto. El concepto de «¿por qué?» conduce a la rica actividad mental del análisis y busca una explicación. Después sigue otro paso: si podemos comprender las cosas y descubrir sus cimientos, tal vez seamos capaces de cambiarlas. Por consiguiente, resulta fácil entender que este pensamiento clásico sea todavía respetado. Conduce al método científico, a pesar de que los propios griegos preferían pensar en términos de sistemas de tablero y de sistemas construidos, más que experimentados.

El concepto de «¿por qué?» resulta básico en nuestra tradición intelectual, y he preferido considerarlo en esta sección sobre el análisis porque muchos de nuestros análisis tienen por objeto contestar dicha pregunta: ¿por qué se eleva la inflación?, ¿por qué estuvo tanto tiempo dormido el virus del sida?, ¿por qué hubo una fluctuación del 5% en los votos?, ¿por qué hay un déficit comercial?

Ya he mencionado la contribución perceptual y conceptual a la búsqueda analítica de explicación: necesitamos prestar tanta atención a nuestro repertorio de percepciones como a los datos. Ahora quiero mirar en la dirección contraria. La explicación mira hacia atrás y el diseño hacia delante.

Hemos estado obsesionados por el análisis y hemos prestado muy poca atención al diseño. Es verdad que hemos diseñado templos, tejidos, muebles y cohetes espaciales, pero el diseño ha sido siempre considerado como una especie de actividad artesanal, en comparación con la excelencia intelectual del análisis. Esto es en parte resultado de nuestra búsqueda de la verdad, que (tal vez equivocadamente) creemos que es más probable que venga del análisis que del diseño. Quizás sea este otro aspecto de la influencia del razonamiento teológico en nuestra educación. Sobre todo es resultado de nuestra errónea creencia de que si el análisis descubre los componentes y sistemas, el diseño es tan fácil como unir estos elementos para lograr algún propósito.

El concepto tradicional es que el conocimiento lo es todo, por lo que, teniendo el conocimiento, elementos tales como la acción y el diseño son operaciones intelectuales poco importantes. Así, la educación y las universidades se preocupan del aspecto conocimiento. La habilidad de hacer que ocurran cosas se relega a las escuelas técnicas y de negocios, que se consideran de mucho menor valor intelectual. Aunque fuera verdad (yo no estoy de acuerdo) que diseñar una carretilla o un sistema de radar es intelectualmente más fácil que el análisis de la evolución política del siglo XIX, el proceso real del diseño es mucho más difícil y tan importante como el análisis.

Las dos creencias que han obstaculizado nuestra comprensión de la importancia del diseño son la de que un análisis de datos nos da todas las ideas que necesitamos (lo cual no es verdad en un sistema de percepciones autoorganizador) y la de que la evolución nos proporciona todo el progreso que necesitamos (tampoco es cierto en un sistema autoorganizador).

El opuesto de *¿por qué?* es *po*. Con *po* miramos hacia delante, a lo que podría ser, a lo que podría venir como resultado de cambiar percepciones y diseñar nuevos conceptos. Lo que podría ser se basa solo en parte en lo que es. Incluso tal vez tenga que ser un escape de lo que es, de las percepciones y paradigmas existentes.

Aristóteles dijo que todo conocimiento nuevo procede del conocimiento existente. Puede haber algo de verdad en esto si aceptamos que no podemos ver el nuevo conocimiento, salvo a través de percepciones existentes. Pero sería igualmente cierto decir que muchos conocimientos viejos impiden los nuevos. Esto se debe a que para ver las cosas de un modo diferente debemos desmontar las percepciones existentes.

DESCRIPCIÓN

Hay un chiste sobre un hombre que se encuentra en el ascensor de un hotel con una joven muy atractiva. Le pregunta si se iría a la cama con él por diez mil dólares. Ella responde que sí. Él piensa un rato y después pregunta:

—¿Y por cincuenta?

—¿Qué se imagina que soy? —responde indignada la mujer.

—Eso ya lo hemos establecido —dice el hombre—. Ahora solo estamos tratando del precio». El hombre había establecido la categoría descriptiva, y que era la de furcia. La mujer creía que había una gran diferencia entre una furcia barata y una oportunista.

Un vaso cae de una bandeja y se hace añicos en el suelo. Comprendemos que esto se debe a la gravedad. La palabra descriptiva *gravedad* no es más que una manera conveniente de decir: cuando se sueltan cosas sin ningún apoyo, caen al suelo. Muchas personas que explican satisfechas fenómenos tales como la gravedad no conocen las leyes de gravedad newtonianas o las modificaciones de Einstein. La mayoría no sabe siquiera que la aceleración de la gravedad es de 9,8 metros por segundo. Incluso los físicos más adelantados ignoran todavía si hay ondas de gravedad o partículas de gravitón. Así, la descripción es algo que no llega a la explicación completa, aunque satisface una conveniencia útil.

Durante largo tiempo, la ciencia no fue más que clasificación (incluso en matemáticas); y hoy en día hay todavía muchas áreas donde esto ocurre. Antes de que nos apresuremos a condenar esta situación por primitiva, necesitamos ver qué efecto tiene sobre la percepción y la acción. Las buenas discriminaciones nos permiten ver las cosas de un modo diferente. Antes de que los análisis médicos se perfeccionasen tanto, los doctores podían distinguir entre la ictericia hemolítica (destrucción de los glóbulos rojos de la sangre) y la ictericia obstructiva (obstrucción del conducto biliar) porque en la primera tanto la orina como las deyecciones eran pálidas. La cirugía resultaba útil en la segunda, pero inútil en la primera. Así pues, la discriminación conducía a la acción adecuada.

En varios pasajes de este libro he hecho un llamamiento en favor de una discriminación mucho más exhaustiva en la percepción, porque si no la mejoramos permaneceremos limitados dentro de patrones muy amplios e inespecíficos. Quizás haya quien se pregunte cuál es la diferencia entre discriminación exhaustiva y el sistema clásico de categorías. A veces se confunden y a veces hay una enorme diferencia.

En el ejemplo de la ictericia, si el médico hubiese dicho: «Ambos casos entran en la categoría general de ictericia y la operación es el tratamiento que hay que dar a la ictericia», se habría realizado una intervención quirúrgica en muchos pacientes de ictericia hemolítica y no les habría servido de nada (aparte de ser peligrosa). Decir que los pacientes de ambas modalidades, obstructiva y hemolítica, pertenecen a la categoría de ictericia, sobre la base del aspecto físico de la piel y los ojos amarillos, no tiene ningún valor en esta situación. También es verdad que ambos tipos de ictericia pueden mostrar ciertos rasgos y efectos secundarios parecidos, por lo que es útil conocer estos atributos compartidos. Pero los atributos compartidos pueden ser tratados como tales, no como constituyentes de una categoría. Esa es la diferencia clave.

Los antiguos remedios populares, algunos de los cuales tienen validez, se fundaron en el ensayo y error. Para hacerlos eficaces, tenía que haber discriminación: «Esta raíz producirá efecto en tales casos, pero no en estos otros».

Desde luego, una discriminación demasiado estricta puede impedir que veamos similitudes subyacentes, con lo que llegamos a las actitudes agrupadoras y desintegradoras que he mencionado antes (las agrupadoras ven las similitudes; las desintegradoras ven las diferencias).

Así, cuando tenemos que librarnos de la tosquedad de una equiparación amplia, necesitamos unos hábitos más ricos de denominación. Pero cuando tenemos que establecer uniformidades subyacentes, quizás necesitemos replegarnos sobre el nombre. Si tuviésemos que dar nombres diferentes al vaso que tenemos en la mano, al vaso que está cayendo en el aire y al vaso que se estrella contra el suelo, difícilmente nos percataríamos de que todos forman parte del mismo proceso. Los físicos sospechan que este es el problema que tienen con la física de partículas.

El salmón de un año que vuelve a su río es llamado *grilse* en inglés. Los ingleses no lo comerán, porque creen que es diferente del salmón. Los franceses lo comen, porque saben que tan solo es el nombre del salmón joven.

Denominar es la forma más simple de descripción. ¿Qué sucede cuando pasamos al nivel siguiente, en que empleamos la descripción (generalmente el lenguaje, pero no siempre) para elaborar modelos del mundo? Gran parte de nuestro esfuerzo y tradición intelectuales se hallan en este nivel. También buena parte de nuestra cultura de pensamiento se basa en el lenguaje y la descripción, que necesitamos para conocer los límites del sistema. Ya he considerado el lenguaje como tal en una sección anterior.

Unos describen un bastón como compuesto de dos partes diferenciadas: la empuñadura curva y el resto. Otros lo describen dividiéndolo en tres partes: la empuñadura, la contera y el palo entre ambos. Hay gran flexibilidad en la descripción, basada en la tradición, los patrones de percepción disponibles, las bases para el análisis o la historia (si el bastón ha sido confeccionado con piezas diferentes, estas podrían constituir la base para la descripción).

Descripción es percepción expresada por medio del vocabulario de que se dispone y según las reglas de la gramática. La descripción tiene todas las virtudes y todos los defectos de la percepción, incluida la imposibilidad de verdad. La sencilla declaración: «Vi una manzana roja en el plato» debería ser realmente: «Bajo aquellas circunstancias y en aquel momento, tuve una experiencia cuya descripción más satisfactoria es que vi una manzana roja en el plato». Podía haber sido un holograma, una ilusión o una imitación de manzana.

Por el hecho de tratar la descripción como un modelo real de la situación, tropezamos con dificultades. Una descripción con lenguaje no es un modelo y solamente puede dar origen a otras descripciones. Un verdadero modelo debería abarcar otros procesos (matemático, químico, neurológico...), gracias al comportamiento de los cuales podemos hacer predicciones. En un modelo de descripción no hay energía generadora, no hay sorpresas.

Las descripciones pueden despertar la perspicacia, como pueden hacerlo las palabras al azar o la poesía mostrando las posibilidades de nuevas percepciones y dejando que estas adquieran valor por el uso. Pueden cambiar de valor por influjo de la autoridad, las modas, las tendencias o la propaganda emocional directa (empleo de adjetivos, percepción parcial y todos los otros mecanismos).

En realidad, no pueden dar explicaciones o verdad, pero sí establecer un tipo de creencia de verdad, sugiriendo las adecuadas percepciones circulares (por ejemplo, la falta de interés por la conservación de la naturaleza será a la larga desastrosa, por lo que dicha conservación es algo bueno, y por lo tanto, quien no lo cree así está motivado por el egoísmo o la codicia, así que...).

Desde luego, no hay nada que detenga las descripciones más fantasiosas y extravagantes. Uno puede optar por describir un bastón como algo que se compone específicamente de cien segmentos, con treinta en el puño, cincuenta en el medio y el resto en el extremo inferior. Se puede optar por describir el sol como si viajara por el cielo en un carro tirado por cuatro caballos. Se puede optar por describir una vaca como encarnación de una deidad. Se puede optar por describir cualquier actividad estadounidense en ultramar como imperialismo. La frontera entre percepción, descripción y creencia es del todo inexistente.

La descripción no es difícil y, como resultado, la civilización está constantemente confusa por farsas de descripción que presentan la coherencia como si garantizara la verdad.

La descripción es muy valiosa siempre que la consideremos como percepción, más que como la lógica de un sistema estructurado. Si la consideramos como percepción, tiene sus mismas arbitrariedades, falibilidad y dependencia de las circunstancias.

¿Cuándo una descripción es mejor que otra? ¿Cuando aporta diversión, valor espiritual o un resultado práctico? Si una descripción tiene mayor valor espiritual que otra, aceptémosla a este nivel, pero no nos creamos con derecho a imponer dichos valores a otros que no han hecho la misma elección. Si tiene un valor práctico, procuremos construir algo a partir de ese valor.

Para que una descripción se convierta en una creencia o una hipótesis, hay otros factores que comentaré en próximos apartados.

El problema principal de la descripción es nuestro afán de tratarla como verdad y no simplemente como percepción.

Como ya he mencionado en otro capítulo, el hecho de que podamos describir algo de una manera particular no significa que podamos verlo de esa manera. Parece que aquí indico exactamente lo opuesto. La cuestión es que la descripción no tiene más validez que la percepción, ya que se funda en múltiples percepciones. Cuando vemos algo, empleamos las percepciones sencillas, disponibles directamente, no la complicada descripción que podemos construir más tarde. Yo puedo describir una rueda como «pieza mecánica en forma de disco que gira alrededor de un eje»; pero cuando veo una rueda, veo una rueda, no esta descripción.

NATURAL

Si tienes un espíritu bello, libéralo por favor en poesía, canto y compasión. Si tienes un espíritu feo, mantenlo encerrado.

Es parte de nuestra cultura de pensamiento que lo natural y libre es bueno y que lo antinatural y constreñido es malo. La oposición natural/antinatural es una de nuestras claras dicotomías. Más adelante describiré las dicotomías como un aspecto fundamental de nuestros hábitos de pensamiento.

La naturaleza es buena; por consiguiente, lo natural es bueno y lo antinatural es malo. Sin embargo, la naturaleza puede ser muy cruel en algunos aspectos y totalmente egoísta.

Imaginemos que aplicamos pintura a una superficie. La pintura es artificial; en consecuencia, si quitamos la pintura, aparece debajo la superficie real. Quitar la pintura para descubrir la superficie real de madera que hay debajo de ella se puso de moda durante algunos años.

La simulación, lo artificial y los convencionalismos pueden llegar a ser excesivos y sofocantes; por tanto, librémonos de todo lo que no sea natural. Las canciones pop reflejan esta cultura: sé libre y deja que todo fluya. A partir de ahí Freud ha sido un *filón* geológico en psicoterapia. Cava hondo, busca debajo de la basura superficial y encontrarás a la persona real, a la verdadera persona.

Supongamos que esto es completamente erróneo. Supongamos que la superficie es la verdadera persona y que al cavar hondo encontramos la basura básica y nada interesante. Si derruimos una casa, tendremos un vulgar montón de ladrillos. Supongamos que cada persona es un empresario de su propia presentación ante el mundo. Supongamos que construimos fuera de nuestra experiencia, que nuestra personalidad química es el valor real y que, si la quitamos, revelaremos solamente el andamiaje del decorado.

Los confucianos no se preocupaban de manera particular de la noción occidental del alma. Si uno orientaba su comportamiento hacia los otros y trabajaba bien, la sociedad le permitiría cuidar su propia alma; en todo caso, era probable que el pensamiento recto siguiese a la acción recta.

Tal vez deberíamos enseñar a la gente mejores técnicas empresariales y tratar de sacar el mejor partido posible de las malas producciones, en vez de *cavar* tan hondo.

Los comentarios anteriores quieren mostrar, provocativamente, lo que sucede cuando desafiamos una suposición natural.

Nuestra capacidad matemática natural no nos habría llevado a parte alguna sin el desarrollo de la notación y de los métodos. El hombre natural puede ser egoísta, agresivo o sanguinario, o puede ser amable y pacífico. La naturaleza suministra ambos modelos y la experiencia humana puede apoyar a cualquiera de ellos.

Los buenos modales son un lubricante inventado por la civilización para la interacción entre personas, cuando no se puede confiar en la calidez emocional y la solidaridad espiritual. Sería estupendo si todos nos tratásemos como amorosos hermanos, pero cargando el acento en amorosos, porque muchos hermanos luchan entre sí y se odian. Por lo tanto, este sentimiento es como decir: todo estaría bien si todo estuviera bien.

Esta búsqueda de lo natural, que está de moda, es maravillosa en algunas áreas, como la alimentación y la naturaleza, pero peligrosa como percepción universal.

Los jóvenes han encontrado que la lógica vale poco, porque se puede argüir igualmente bien en cualquier sentido, una vez que se hayan elegido los valores y las percepciones. También ven que sus mayores, en apariencia lógicos, se comportan de manera poco atractiva. Saben que la lógica no puede dominar las emociones. Por tanto, se apartan de la lógica y prefieren los sentimientos y emociones puros y duros. ¿Serán estos los únicos guías reales y verdaderos para la acción?

El error está en no distinguir entre lógica y percepción, error fomentado por la educación, que jamás estableció esta diferencia.

Toda emoción se funda en la percepción. Odias a alguien, porque ese alguien responde a un estereotipo o porque has percibido que actúa de modo desagradable. Un cambio en la percepción puede significar un cambio en las emociones. Una vez, un joven internado en un reformatorio se colocó detrás de un celador dispuesto a golpearle en la cabeza con un martillo, porque lo odiaba. Entonces, recordó sus lecciones de pensamiento CoRT (en particular la lección sobre las consecuencias), se encogió de hombros, dejó el martillo y se alejó. Su percepción del hombre no había cambiado, pero sí la percepción de su acción.

Dos alumnos se pelean en el patio de recreo. Un mediador sugiere un sencillo ejercicio de percepción: que cada cual considere el punto de vista del otro (llamado OPV en las lecciones CoRT). Seguro que la disputa se acaba.

La lógica fija las cosas en estereotipos y categorías. Las percepciones son variables, dependen de las circunstancias y pueden cambiarse.

MATEMÁTICAS

Todos los pensadores han admirado y envidiado siempre el poder y la pureza de las matemáticas. Como sistema construido, tienen sus propias verdades reales. Son lo que más se acerca a la lógica de tablero y, sin embargo, se requiere muchísima habilidad perceptiva en las interacciones de un matemático con un rango de posibilidades y direcciones.

Cuando consideramos el poder inmenso de las matemáticas en el campo técnico (energía nuclear, vuelo a velocidad mayor que la del sonido, microscopio electrónico, viajes a la Luna...), es importante destacar el escaso efecto que han tenido las matemáticas sobre el comportamiento humano. En un sentido indirecto, los cambios tecnológicos, tales como los ordenadores y las armas nucleares, han surtido un gran efecto; pero en el sentido directo, los únicos efectos pueden ser los métodos estadísticos que dan validez a estudios sociológicos y a encuestas de opinión, o al sencillo recuento de votos en unas elecciones. Tal vez resulte exagerado, pero la diferencia es bastante clara.

El alcance de las matemáticas es limitado, no en un sentido absoluto, porque habrá técnicas diseñadas que continuamente ampliarán este alcance. Hasta el reciente desarrollo de la teoría del caos, los matemáticos tan solo podían trabajar con sistemas lineales y, en unos pocos casos especiales, con sistemas no lineales. El trabajo del caos ha ampliado ligeramente el alcance no lineal. Los ordenadores y los procesos interactivos lo ampliarán todavía más. La oportunidad ofrecida por los ordenadores para hacer experimentos matemáticos (establecer algo, procesarlo, observar los resultados) es un importante progreso matemático, aunque los matemáticos más puros desdeñaron al principio los ordenadores.

En cierta ocasión en que me pidieron que pronunciase una conferencia en la Mathematical Society de la Universidad de Cambridge (para la cual me aseguraron que se había registrado la mayor asistencia de público de todos los tiempos), hablé con algunos estudiantes que estaban aprendiendo ciertos aspectos muy especializados de las matemáticas, y uno de ellos me dijo que tal vez solamente seis personas en todo el mundo entenderían aquello en lo que estaban trabajando.

Una vez ha comenzado el juego de las matemáticas, es posible jugarlo en todas direcciones, algunas de ellas realmente muy especializadas. La especialización también significa compartimentación, con una imposibilidad cada vez mayor de ser capaces de examinar todos los campos. Este es un error de la energía de las matemáticas.

Una vez me acusaron de ser un matemático no encumbrado por las matemáticas. Hay algo de verdad en esto, ya que estoy interesado en las relaciones recíprocas en un sistema y un comportamiento complejos en un tipo particular de espacio que se define en términos del comportamiento de las redes nerviosas. Así como Euclides observó el comportamiento de las líneas en el espacio bidimensional, así observo yo el comportamiento de la actividad en el espacio de patrones autoorganizador. Del mismo modo que un físico teórico realiza un modelo de concepto que debe ajustarse a la realidad y también ofrecer resultados prácticos, yo intento ajustar nuestro conocimiento neurológico y diseñar resultados prácticos.

Fuera de las estadísticas, no es tan cómodo aplicar las matemáticas en áreas confusas, ambigüedades, sistemas interactivos complejos e inestabilidades; aunque se están haciendo progresos en estos sectores.

Una de las limitaciones clave de las matemáticas no se debe a las matemáticas mismas, sino a su traducción. ¿Cómo traducir conceptos tales como justicia y felicidad a símbolos o formas adecuados a un tratamiento matemático? ¿Cómo definir relaciones cambiantes con la precisión requerida? No es que se necesite una precisión absoluta, porque las matemáticas pueden enfrentarse a envolturas de probabilidad, pero en este punto es necesario que haya algún consenso.

Tal vez tendremos, en definitiva, que librarnos de nuestro lenguaje ordinario, fundado como está en la variabilidad de la percepción, con el fin de enfrentarnos a aspectos fundamentales. En vez de emplear palabras como *felicidad*, mediremos el nivel en la sangre de ciertas sustancias químicas. ¿Seríamos también capaces de medir las decisiones basándonos en determinadas sustancias químicas? Aunque pudiésemos hacer todo esto, resulta atemorizante la complejidad interactiva de todo el sistema.

Una vez le contaron al gran matemático francés René Descartes (que dio nombre a las coordenadas cartesianas) la historia de que Arquímedes había incendiado los barcos de guerra de los invasores romanos concentrando sobre ellos los rayos del sol. Como era matemático, Descartes calculó que aquella maniobra habría requerido un espejo cóncavo de diámetro muy grande.

Sabiendo que esto estaba claramente fuera del alcance de la técnica de aquellos tiempos, concluyó que la historia debía de ser un mito más, creíble por los que no eran matemáticos. Unos cincuenta años más tarde, un colega francés realizó el experimento y demostró que aquello se habría podido lograr, empleando los escudos griegos de la época, que eran piezas planas de metal. La cuestión residía en que el espejo podía hacerse con piezas planas separadas y no tenía por qué ser continuo; cada soldado habría empleado simplemente su escudo para reflejar los rayos sobre el mismo punto. Así pues, las matemáticas de Descartes eran correctas, pero no los supuestos de los que había partido.

En 1941, un matemático llamado Campbell quiso demostrar que para que un cohete llegase a la Luna tendría que pesar aproximadamente un millón de toneladas al ser lanzado. El cálculo era correcto, pero la tecnología de los combustibles para cohetes y el concepto de andamiaje hicieron posible que los cohetes con destino a la Luna pesaran mucho menos.

Durante muchos años, varias personas afirmaron haber demostrado que un vuelo impulsado por la fuerza humana era imposible, porque el cuerpo humano no podía producir la energía suficiente para elevar un aeroplano lo bastante fuerte como para soportar el peso del hombre. A pesar de todo, mi amigo Paul McCready lo hizo y ganó el Premio Kramer. Después, otros demostraron aquella posibilidad. Lo que había cambiado era algunos conceptos básicos del vuelo y el hecho de disponer de materiales más resistentes y más ligeros.

Estos tres ejemplos demuestran que las matemáticas pueden ser sólidas, pero no serlo los supuestos, conceptos y conocimientos de los que se parte.

A los economistas les encanta construir modelos complejos, con múltiples enlaces, para simular la actividad económica. Se cree que estos modelos econométricos sirven, por ejemplo, para predecir lo que ocurrirá si se elevan un 1% los tipos de interés. Lo malo está en que los modelos únicamente pueden tener en cuenta nuestras presuposiciones y percepciones actuales. En el pasado, una elevación de los tipos de interés pudo haber disuadido a la gente de pedir préstamos hipotecarios.

Actualmente, con el aumento de los conocimientos financieros por parte de la población y con la información disponible en prensa respecto a inversión, un incremento de los tipos de interés puede indicar miedo a la inflación y, en tales circunstancias, la gente puede tener aún más deseos de invertir su dinero en casas a prueba de inflación. De esta manera, el antiguo modelo, producto de la costumbre, pierde todo su valor.

Hoy en día, alrededor de un 70% del comportamiento económico es psicológico y perceptivo y solo un 30%, aproximadamente, matemático y racional.

Por tanto, sin impugnar la excelencia de las matemáticas, tenemos que reconocer que su efecto directo sobre los asuntos humanos ha sido escaso, debido a que el área de las matemáticas es limitada y a la gran dificultad de traducir fielmente los asuntos humanos en formas adecuadas para el manejo matemático.

Una de dos

- Bien/mal.
- Verdadero/falso.
- Culpable/inocente.
- Nosotros/ellos.
- Amigo/enemigo.
- Con principios/sin principios.
- Tiranía/libertad.
- Democracia/dictadura.
- Justicia/injusticia.
- Natural/antinatural.
- Civilizado/bárbaro.
- Capitalista/marxista.

En la lista anterior de dicotomías podemos ver buena parte del origen del poder de nuestro pensamiento ordinario. Con ellas alcanzamos la gran satisfacción y el ingenio de la lógica de tablero. Con ellas, la lógica tradicional se acerca más al sistema estructurado que yo deseo. Hay cosas que existen en la experiencia y para las que tenemos la percepción y el lenguaje. Pero su opuesto no es más que una construcción deliberada y tan solo significa lo contrario.

Por desgracia, como sugerí anteriormente en este libro, la mente no puede captar con facilidad un opuesto abstracto, pero la experiencia lo localiza con rapidez. De modo que la pieza no blanca del ajedrez se reconoce al instante como la pieza negra del ajedrez.

En realidad, el principio de contradicción tan solo puede aplicarse si las dos categorías propuestas son cierta y mutuamente exclusivas. En la práctica, esto es muy difícil de encontrar; por eso construimos deliberadamente estas categorías exclusivas, que son nuestras estimadas dicotomías. Sin ellas, el principio de contradicción y la certidumbre de nuestra lógica quedan muy debilitados.

Supongamos que alguien nos tiende un trozo de papel con una fina cuadrícula, como en los cuadernos de ejercicios de los colegios, y nos dice que está pensando en uno solo de los pequeños cuadrados.

Quiere que descubramos de qué cuadrado se trata haciendo preguntas a las que solo responderá sí o no. Para ello, dividimos la hoja por la mitad con una raya, llamamos A a una mitad y B a la otra y preguntamos: «¿Está el cuadrado deseado en A?». Si la respuesta es no, el cuadrado tiene que estar en B, pues no hay ninguna otra parte en la que pueda estar. Por consiguiente, nos olvidamos de A, dividimos B por la mitad y designamos con letras cada una de las partes, como antes. Seguimos haciendo la pregunta y al fin descubrimos el cuadrado elegido. La cuestión, en esta simple estrategia, es que, en todo momento, la casilla deseada debe estar en A o en no A (que es B). No hay otro sitio, ni puede la casilla estar en A y en B al mismo tiempo.

En nuestro diseño de dicotomías nos dirigimos precisamente a la sencillez y la certidumbre de esta lógica. Si algo no es verdadero, casi seguro que tiene que ser falso. Si algo no es falso, casi seguro que tiene que ser verdadero. Esta polarización es tan aguda que no permite término medio. Sin embargo, algo puede ser en parte verdadero y en parte falso.

La percepción parcial («económica con la verdad»), tan apreciada por la percepción y por la prensa, hace que algo, sin duda verdadero en sí mismo, aparezca como falso, al dar una impresión equivocada. ¿Qué decir de la ilusión? Podemos sostener que una cosa es verdad, mientras que otros pueden ver que es falsa.

Si alguien no es culpable, tiene que ser inocente; así funciona nuestro sistema legal. Como he mencionado con anterioridad, los tribunales escoceses permiten también el veredicto de no probado, que indica con gran sensatez que la sospecha no se ha desvanecido, pero que, simplemente, no ha podido demostrarse.

La rígida polarización de nuestro hábito de dicotomía da fijeza y rigidez a nuestra percepción del mundo. Si alguien no es de los nuestros, es de los suyos. Esto no permite la neutralidad ni los simpatizantes con ambos bandos. Incluso Jesucristo cayó en esta clase de polarización: «Quien no está conmigo está contra mí».

Si la dicotomía es democracia/dictadura, cualquier crítica a la democracia significa un incipiente amor a la dictadura, lo cual es una tontería. Tomemos la dicotomía con principios/sin principios. El término *sin principios* acarrea gran cantidad de calificativos terribles (taimado, de no fiar, oportunista, corrupto...). Así que una mente a la que le guste construir sobre las virtudes del pragmatismo sería mal considerada (según esta dicotomía), pues el pragmatismo puede considerarse también como lo contrario a «tener principios» y, por consiguiente, debe equipararse a todo lo malo de los «sin principios».

Los principales ejecutivos de la industria japonesa del automóvil se reúnen diariamente para almorzar en un club determinado. Discuten problemas comunes a toda la industria automovilística. Pero, en cuanto ha terminado el almuerzo y salen del club, vuelven a ser enemigos acérrimos dispuestos a arruinar los negocios de los demás por medio del *marketing*, la innovación técnica, la política de precios, etc. Para el japonés, que no tiene la tradición de la lógica occidental, no hay ninguna contradicción entre «amigo» y «enemigo». Le resulta fácil concebir a alguien como amigo enemigo o enemigo amigo. ¿Por qué no?

La misma actitud se aplica más o menos a nuestra dicotomía bien/mal. En Japón, algo puede estar bien y mal al mismo tiempo. Algo puede ser bueno en sí mismo, pero malo dadas las circunstancias. En vez de bien/mal, existe el concepto de «adecuado». ¿Esto es adecuado teniendo en cuenta las circunstancias, incluyendo modales, cultura, pragmatismo, etc.? El nivel de adecuación puede ir desde totalmente inadecuado hasta absolutamente adecuado.

En la violencia sectaria resulta fácil considerar al bando de los adversarios como brutos o criminales, y al otro bando como mártires o héroes. A nuestra mente le parece imposible concebir una categoría de «criminal/héroe». Sin embargo, cualquiera puede ver que estos individuos no son criminales corrientes y que considerarlos como tales es prolongar la polarización. En la práctica, a menudo creamos un concepto fijándonos en lo contrario de alguna otra cosa. En realidad, no tenemos un concepto firme de libertad, pero sí un concepto sólido y concreto de tiranía (arrestos, controles, arbitrariedad, licencias, etc.). Por consiguiente, definimos la libertad como lo opuesto a la tiranía. Esto es verdad, pero, por desgracia, no nos dice mucho acerca de la libertad. ¿Qué son las responsabilidades? ¿Qué es la licencia? Si yo defino *amargo* como opuesto a *dulce*, no aprendo mucho sobre las cualidades reales de lo amargo, sino que simplemente llamo amargo a todo lo que no es dulce.

Así, las dicotomías imponen una polarización aguda (discriminación de filo de navaja) del mundo y no permiten términos medios o gradaciones. Las propiedades de captación y centrado de los patrones provocan que cosas que en realidad son solo ligeramente diferentes estén muy separadas debido a las polarizaciones. Se hace imposible cruzar la frontera sin ser visto de inmediato como perteneciente al bando enemigo. No resulta difícil ver cómo esta tradición de pensamiento ha conducido a persecuciones, guerras, conflictos, etc. Cuando añadimos todo esto a nuestras creencias en dialéctica, argumentación y choque evolutivo, terminamos con un sistema de pensamiento que casi está diseñado para crear problemas.

Como a la mente le resulta difícil sostener opuestos en un sentido abstracto, pronto ponemos la etiqueta de opuesto a cualquier otra experiencia: un no amigo se convierte en enemigo, con todas las consecuencias negativas que esto conlleva.

El hábito de la dicotomía ha sido esencial en nuestra lógica tradicional de tablero (con el fin de operar el principio de contradicción) e impone una rígida falsedad de percepción en la búsqueda de una certidumbre construida.

ABSOLUTOS

Evidentemente, necesitamos y ansiamos los absolutos, la certidumbre y la verdad. La verdad de la que tenemos una necesidad emocional, la verdad que precisamos como finalidad de un esfuerzo, la verdad práctica imprescindible para regir la sociedad, la verdad tan necesaria para ejercitar la lógica, la verdad que nos hace falta para definir un universo.

El guerrero islámico que se lanza impávido al combate necesita sentir, con absoluta certeza, que la muerte en el campo de batalla significa la entrada instantánea en el paraíso. Los mártires cristianos tenían la misma certidumbre. Las personas que ponen sus vidas al servicio de

Dios y de la religión necesitan la fe en lo que están haciendo. La recompensa en el cielo no es la única razón: el estilo de vida se hace satisfactorio en sí mismo (valores, misión, logro...). La religión da significado y sentido a la vida y proporciona instantáneamente valores y marcos de decisión. Ofrece un metasistema estable cuando los caprichos cotidianos de la vida terrenal solo generan confusión. Es el concepto más poderoso para escapar de los valores con gratificación a corto plazo y lograr un beneficio a largo plazo.

Hay veces en que los absolutos de la religión chocan con el pragmatismo de las necesidades. La posición de la Iglesia católica en el control de la natalidad es un ejemplo de ello. Muchas católicas emplean métodos anticonceptivos, y las encuestas demuestran que, en el Tercer Mundo, la mayoría de las mujeres querría limitar su maternidad. En ciertas zonas, el mundo puede estar encaminado a una superpoblación. No obstante, la Iglesia sostiene el principio absoluto de que todo método destinado específicamente a frustrar la consecuencia natural del acto sexual está prohibido. La Iglesia sabe a la perfección las dificultades que crea esto a sus miembros, pero los principios absolutos no pueden adaptarse. Esta incapacidad de adaptar los principios a la práctica es para muchos una confirmación de que la Iglesia se funda en la verdad, no en la conveniencia.

Como indiqué con anterioridad, el sistema de creencias es una poderosa fuente de verdad y de absolutos. La mente tiene una clara tendencia a adoptar creencias, y la vehemencia con que son sostenidas es un reflejo del comportamiento circular de la mente más que de la verdad de aquellas. Sin embargo, la probabilidad de que muchas sean falsas no puede excluir jamás la posibilidad de una creencia verdadera. Demostrar que cientos de cuadros atribuidos a Dalí son falsos no demuestra que Dalí no haya pintado nunca.

El problema práctico surge principalmente cuando se intenta imponer un sistema de creencias particular a los que tienen un sistema diferente. Es esta naturaleza agresiva de la verdad lo que ha causado tantos conflictos en la historia. ¿Hasta qué punto es necesario, para convencerse uno mismo, demostrar a los otros que se posee la verdad?

La verdad como destino es un motivador muy poderoso. Nunca podemos afirmar que hemos alcanzado la verdad, aunque viajemos en esa dirección. Es la motivación primordial, después de la ciencia y las matemáticas. Tenemos la brújula que nos orienta y viajamos en esa dirección, de la misma manera que un barco puede poner rumbo al norte, aunque no llegue nunca al polo. En cierta manera, la verdad como destino parece lo contrario de la certidumbre establecida y práctica de las creencias religiosas. Sin embargo, la mayoría de las religiones hacen hincapié en el viaje hacia la iluminación (budismo, hinduismo...) o la automejora (catolicismo, protestantismo, islam...). Así, las verdades establecidas son directrices para este viaje.

La verdad es un motivador poderoso y, en teoría, impide la complacencia y la arrogancia. No obstante, cualquiera que se dedique a la ciencia sabe muy bien que quien presume de estar ligeramente más adelantado en este viaje muestra un considerable desdén por los que presuntamente se hallan más atrás.

Necesitamos la noción de los absolutos y de la verdad con el fin de regir la sociedad de una manera práctica. Aunque nos asalten algunas dudas acerca de tales absolutos, queremos creer en ellos, porque prevemos que una sociedad sin este sentido de lo absoluto podría ser un caos. Por ejemplo, queremos leyes basadas en principios absolutos y que se sostengan como absolutas. De no ser así, ¿quién iba a decidir a cada momento? Tenemos miedo de que, sin absolutos, se tomen las decisiones sobre una base de poder o sobre la base de la codicia o de intereses sectoriales (todo esto ocurre, desde luego, en las democracias, pero necesita más tiempo). Nuestra creencia en la justicia se funda en absolutos subyacentes y en la traducción de estos absolutos en leyes que pueden mejorarse siguiendo el debido proceso.

Aunque creemos en los absolutos, los manejamos de una manera más pragmática. Decimos que la gente debe ser libre para elegir lo que quiera (aunque alguien «superior» lo considere dañino), pero trazamos un límite para las drogas. El índice total de muertes a causa de las drogas (muertes directas) en Estados Unidos es de unas diez mil al año. Las defunciones por enfermedades derivadas del consumo del tabaco se dice que son unas trescientas veinte mil. Pero, sobre una base histórica y pragmática, es difícil aplicar remedios más contundentes.

La discrepancia entre la creencia en los absolutos y la capacidad de ponerlos en práctica es común a todos los sistemas absolutos: no todos los creyentes son santos en sus comportamientos.

Nuestro tradicional sistema lógico de tablero solo puede funcionar con absolutos y certidumbres que proclamamos haber encontrado, o establecemos para estructurar. Establecemos categorías, con exclusiones e inclusiones rotundas. Necesitamos emplear palabras como *todo* y *nada* con el fin de lograr progresos lógicos. El sistema se hundiría de pura debilidad si comenzáramos a decir «algunos», «de una manera general» o «quizás». Nos encontraríamos moviéndonos de la certidumbre a las suposiciones. Por esto hemos adoptado el curso normal de la percepción, con toda su falibilidad, conformada según los estrechos marcos del lenguaje. Hemos desarrollado el principio de identidad, «es», y el principio de contradicción y las dicotomías creadas. Si la visión resultante del mundo es un tanto forzada, tenemos al menos el juicio y la certidumbre que necesitamos para la acción.

La geometría de Euclides siempre ha sido un sistema riguroso de razonamiento deductivo. Partiendo de unos pocos axiomas básicos, podemos construir un comportamiento complejo de líneas y superficies. Pero la geometría, como ya indiqué, euclidiana se aplica solamente a una superficie plana. Por ejemplo, las líneas paralelas en una esfera se encuentran (las líneas de longitud en un globo terráqueo se encuentran en los polos) y los ángulos de un triángulo suman más de ciento ochenta grados (cada dos líneas de longitud inciden en el ecuador a noventa grados cada una y se encuentran para completar el triángulo en el polo). Por tanto, la lógica de Euclides depende de una definición absoluta del «universo» en el que actúa el sistema. De esta definición del universo se desprenden los axiomas absolutos que, en sí mismos, no pueden ser demostrados en el sistema (contribución de Godel).

En este sentido, necesitamos también absolutos para definir el universo del pensamiento y el comportamiento humanos. Por ejemplo, nuestro concepto de libre albedrío es uno de estos absolutos, pues sin él se vendrían abajo los sistemas de religión y de ley, así como nuestros sistemas de elección y de gobierno. En las últimas décadas, se ha ido afianzando un movimiento que trata de definir el universo en términos de derechos y valores humanos absolutos que penetre en todos los sistemas de conducta y creencias. Para definir el universo en este sentido, los absolutos son del todo necesarios. Si prescindimos de ellos, el universo cambia.

Por último, llegamos a la noción de los absolutos platónicos, que la civilización ha encontrado convenientes para justificar la arrogancia de parte de su comportamiento. Platón afirma que hay ideas absolutas y que cuando vemos objetos particulares, estos no son más que reflejos de aquellas.

En términos neurológicos, la experiencia construirá ciertos patrones generales que serán empleados para poder percibir objetos que compartan dichos patrones. El principio básico es que la percepción determinará la percepción futura. Probablemente hay cierta cantidad de comportamiento intrínseco en la mente (como «causa y efecto» y la noción de imperativo categórico de Kant) que viene determinada por el comportamiento neurológico; pero el resto procede de la experiencia. El atractivo obvio de creer en los absolutos platónicos es que podemos tratar el lenguaje como un sistema estructurado. Cuando el lenguaje no refleja la realidad, sencillamente le damos la vuelta al problema y decimos que la realidad es un pobre reflejo de los absolutos y que, por consiguiente, la estamos viendo mal. Esto es lo que debería ser la realidad; veámosla pues de esta manera.

Si uno no puede hacerlo, habrá fracasado. Pero la realidad es como debía ser; ha quedado intacta.

¿Cómo son estos empleos diversos de los absolutos y las verdades con lo que estamos empezando a conocer como el comportamiento de la percepción? Los sistemas de creencias circulares de la percepción muestran con qué facilidad se establecen las creencias, lo difícil que es alterarlas (ciertamente no a través de la lógica) y lo complicado que puede ser distinguir lo verdadero de lo falso (ya que esta no es una dimensión relevante en la percepción).

Con respecto a la verdad como destino, necesitamos saber que nuestros pasos visibles hacia ella no son siempre necesariamente hacia delante. Puede que tengamos que dar marcha atrás ante algunas certezas, con el fin de cambiar el paradigma antes de seguir avanzando.

Con respecto a la necesidad pragmática de absolutos para regir la sociedad, podemos asumirla y tratar, por medio del diseño, de conseguir estos a través de mejores caminos.

Sería otro paso adelante para alejarnos del derecho divino de los reyes.

En lo que atañe a los absolutos que creemos necesitar para regir nuestro sistema lógico tradicional de tablero, debemos considerar todos los puntos que he tratado a lo largo de este libro sobre esta misma materia. En particular, debemos desconfiar de las falsas dicotomías.

En cuanto a los absolutos necesarios para definir cualquier universo, debemos tener cuidado de no elegir la inmovilización del universo que ahora conocemos de tal forma que evitemos los cambios futuros. Si revestimos de hormigón nuestro paradigma actual, nos veremos obligados a trabajar tan solo, y para siempre, dentro de este paradigma (universo).

Y por lo que respecta a los absolutos que sostuvo Platón, deberíamos rechazarlos, porque de ellos nace el hábito de tratar el lenguaje como un sistema construido y de ver el mundo a través de tal lenguaje, forzando así nuestras percepciones a ver lo que pensamos que deberíamos ver.

En uno de mis libros, *The Happiness Purpose*, sugerí que entre los absolutos de Occidente (positivos para el progreso técnico) y el sentido de espejismo de Oriente deberíamos colocar lo que yo llamo una «protoverdad». Una protoverdad es una verdad que sostenemos que es absoluta, mientras estamos tratando de cambiarla. Esto guarda cierto parecido con lo que debería ser, pero a menudo no es, una hipótesis científica. Nos da la seguridad y la base de la verdad pero sin su jaula.

El problema principal de los absolutos es que afirman ser independientes de las circunstancias. Sin embargo, sabemos que la percepción depende totalmente de ellas. ¿Es posible abordar la lógica de una manera que tome en consideración esta dependencia de las circunstancias? Yo creo que es posible movernos en esa dirección. Más adelante expondré el concepto de «hódica» (de la palabra griega *hodós*, que significa camino). En hódica, la palabra central no será *es*, sino *hacia*.

ARGUMENTACIÓN Y ENFRENTAMIENTO

Nos gusta la argumentación y se nos ha dicho que debe gustarnos. Nuestros sistemas político, legal y científico se fundan directamente en ella. ¿De dónde viene esta afición a argüir y cómo se sostiene? ¿Cómo ha podido un sistema tan ineficaz cautivar nuestras energías intelectuales?

Lo más amable que puede decirse de la argumentación es que se trata de una exploración motivada de un tema. Me centraré primero en el término *motivada* y después en el término *exploración*.

Sin la argumentación solo tendríamos una opinión unilateral basada en el interés de la parte que propone esta opinión. Es decir, algo igual, o peor, que las opiniones parciales formuladas por la prensa. Así pues, es necesario obtener una exploración más rica, lo que se consigue dándole a alguien el papel específico de quien adopta la opinión opuesta.

En los tribunales de la Inquisición se consideraba injusto condenar a un hereje sin tener a alguien motivado para contradecir a los acusadores. Por esto se designaba a alguien para representar aquel papel. También podría decirse, un poco cínicamente, que la Iglesia no habría sido capaz de mostrar el poder de su lógica a menos que hubiera alguna persona docta a quien atacar.

En un tribunal de justicia, el papel de acusador se confiere al fiscal y el de la defensa, al abogado defensor. Ambos están motivados (por el orgullo profesional, los honorarios o la fama) para hacer un buen trabajo. Lo mismo puede decirse de los partidos políticos. Hay una motivación para explorar que de otra manera quizás no hubiera habido.

Si pasamos ahora al concepto de exploración, nos encontramos con que la motivación puede inhibir la exploración. Si se le ocurre un punto importante a un abogado defensor, pero es contrario a los intereses de su cliente, ¿acaso lo planteará? Si el partido de la oposición alcanza a ver el mérito real de lo que propone el gobierno, ¿hay probabilidades de que la oposición reconozca y avance a partir de dicho mérito? La verdad es que los papeles atribuidos en cuanto a motivación pueden entorpecer la exploración genuina del tema. Quienes asumen los papeles de acusador y defensor representan estos papeles, a expensas de la exploración. Entonces tendríamos que aceptar que acusación y defensa son, en sí mismas, las mejores formas de exploración..., y eso no es cierto.

Lo peor que puede decirse de la argumentación es que ocupa mucho tiempo y que a la gente moderadamente inteligente le da un sentido de actividad intelectual útil. La argumentación resulta un ejercicio intelectual atractivo, porque casi siempre es posible decir algo. En un apartado anterior indiqué que el pensamiento crítico era una de las formas más fáciles de actividad mental (elegir percepciones, valores, marcos de referencia, puntos de ataque, etc.). Algo parecido ocurre con la argumentación: nos gusta argumentar porque nos mantiene intelectualmente ocupados.

Los hábitos dialécticos de Sócrates, tal como los refiere Platón, representaron con toda probabilidad un gran paso adelante en las discusiones de los griegos más acaudalados, que no tenían que trabajar, porque de eso se encargaban los esclavos y las mujeres. Las argumentaciones eran cada vez más divertidas y más jugosas. Y llegaron a convertirse en una habilidad, en un auténtico pasatiempo; incluso hubo gente (los sofistas) que recibía dinero por ir a los diferentes tribunales y enseñar el arte de la argumentación, del mismo modo que me pagan a veces las compañías para que vaya a enseñar el pensamiento lateral a sus ejecutivos.

A comienzos del Renacimiento, el hábito de la argumentación fue ávidamente adoptado por los teólogos y, en particular, por los filósofos escolásticos (como santo Tomás de Aquino), que estuvieron encantados de descubrir a Aristóteles, Platón, Sócrates y otros, y de tener una manera eficaz y rigurosa de demostrar que los herejes estaban equivocados. Bastaba con persuadirlos de que jugasen al mismo juego. Y los herejes estaban encantados de hacerlo, porque creían que podían emplear el mismo juego para trastornar a la Iglesia. Estuvieron a punto de conseguirlo en varias ocasiones, pero los maestros de la Iglesia se sacaron un as de la manga, en el último momento, como hizo san Agustín con la gracia divina.

Ahora bien, los teólogos en sus razonamientos pisaban un terreno más firme que los griegos, porque el lenguaje y los conceptos de la teología se acercan mucho más a un sistema estructurado. Los conceptos de «Dios», «perfección» y «libre albedrío» podían todos ellos definirse con precisión y sin necesidad de ajustarse a ninguna realidad. Cuando Sócrates argüía la naturaleza del valor, tenía que hacer constantes referencias a situaciones de la vida real y a sentimientos reales de valor. A través de la influencia de la Iglesia en las universidades, los seminarios y las escuelas, el hábito y la validez de la argumentación ocuparon el centro del pensamiento occidental y fueron finalmente institucionalizados en los sistemas jurídico y político.

Es interesante observar que los pensadores no eclesiásticos, los humanistas, también consideraron que la argumentación era muy superior a los otros modos existentes. De manera que la Iglesia, en sus ataques contra las herejías, y los humanistas, en sus dudas acerca de la Iglesia, emplearon el mismo método.

Consideremos algunos objetivos de la argumentación, que no sean la motivación, la ocupación del tiempo ni el sentido de actividad intelectual que da a quienes se involucran en ella. La argumentación puede servir para señalar errores de hecho. Por ejemplo, el número de personas muertas anualmente en todo el mundo en accidentes de carretera no es de noventa mil, sino de doscientas mil. Puede servir para indicar faltas o incongruencias lógicas internas. Ciertas cosas solo son verdad en circunstancias determinadas. La argumentación puede fomentar la exploración de un tema, desviando la atención de un punto a otro. Puede destruir un caso mostrando que un aspecto es incorrecto y que, por ende, toda la estructura es equivocada (si la persona que plantea el argumento no es tonta). Puede presentar un conjunto diferente de valores. Puede presentar experiencias diferentes, de manera que la consecuencia que se espera de una acción pueda compararse con otras posibles consecuencias (cuando se dispare la inflación, ¿la gente gastará más o ahorrará más?).

En el mejor de los casos, la argumentación puede lograr muchos de estos fines. En el peor y en su expresión más usual, se concentra en demostrar que la tesis contraria es falsa y que los que la defienden son estúpidos y están motivados por su propio interés. Incluso en ciencia es sumamente raro que se logren progresos importantes gracias a la argumentación. La razón es que los que arguyen deben estar dentro del mismo marco de referencia o paradigma. Si no es así, ninguno de los bandos comprenderá al otro y el bando que defiende lo establecido tratará al otro de loco. Es muy improbable que la argumentación llegue a cambiar los paradigmas. Hará ajustes dentro de los paradigmas existentes, pero no los cambiará. Por la misma razón, la argumentación no cambiará percepciones y creencias, pues los marcos de partida son simplemente diferentes. A una persona que mira a través del cristal rosa de una ventana no puede convencerla de que el mundo no es de color de rosa otra persona que mire a través de un cristal corriente.

Así pues, en el mejor de los casos la argumentación tiene un valor limitado. Sin embargo, los defectos son considerables.

Existe la posición del antagonista y la representación de papeles (tan destructiva, por ejemplo, en los procedimientos de divorcio). Existe la polarización y el gana/pierde sustituye a la exploración. Casi todo el tiempo se invierte en el ataque y la defensa, en lugar de en la elaboración creativa de alternativas. El gana/pierde implica permanecer en las posiciones de partida, mientras que el ingenio creativo consiste en concebir nuevas posiciones que puedan ofrecer valores reales a ambos bandos (he comentado prolijamente algunos de estos puntos en mi libro *Conflicts*). Esta creación de nuevos valores es a menudo llamada gana/gana, en vez de gana/pierde.

Si tuviésemos que desechar la argumentación, ¿qué podríamos poner en su lugar? La respuesta es: investigación.

En muchos países, los nuevos asistentes sociales están empezando a trabajar sobre esta base: hay que investigar la situación. El sistema legal holandés nunca ha tenido jurado, sino solamente tres asesores encargados de investigar el caso. Hay técnicas muy eficaces de investigación constructiva. El programa de pensamiento CoRT, que concebí para las escuelas y que es ahora muy empleado, se basa en la investigación de la percepción: dar varias posibles pistas como direcciones en las que investigar. Si empleásemos nuestra mente en desarrollar y practicar técnicas de investigación constructiva, llegaríamos a dominarlas bien.

Pero hay valores diferentes, puntos de vista y percepciones diferentes. ¿Cómo puede abarcarlo todo un sistema de investigación?

Países como Japón, que nunca han tenido el antecedente occidental de la argumentación, han desarrollado su propio sistema. En Japón, la información y los valores no son adelantados como ideas para la argumentación, sino como factores de producción. Gradualmente, todos estos factores se unen para producir una decisión o un resultado. Los hombres de negocios occidentales se quejan a menudo de que los japoneses, en una reunión, al principio optan por contenerse y no ofrecer nada. El occidental, con sus hábitos de discusión, no tiene nada en lo que hincar el diente. Pero no es que los japoneses se contengan, sino que, simplemente, no adoptan una posición en esta fase; eso solo vendrá mucho más tarde.

Diferentes puntos de vista, diferentes valores y diferentes proposiciones pueden ponerse sobre la mesa, las unas al lado de las otras. Entonces se pueden comparar o incluso combinar. Cuando uno proyecta un viaje por carretera, emplea un mapa para ver las rutas alternativas hasta su punto de destino. Las rutas están todas allí, en el mapa. Una de ellas es mejor en verano. Otra es mejor fuera de las horas punta. Otra es más pintoresca.

Este planteamiento y examen de alternativas paralelas es muy diferente del estilo de argumentación en que para tener razón hay que mostrarle al otro bando que está equivocado. Esta actitud fundamental al argumentar se basa en los debates religiosos, en la culpa o inocencia decretadas por los tribunales y en los absolutos de la lógica de tablero, en que dos opiniones contrarias no pueden ser ambas acertadas (principio de contradicción).

No es difícil ver cómo surgieron los hábitos de argumentación y por qué los valoramos tan equivocadamente. En realidad, la sociedad recibe a menudo una doble dosis de estos hábitos. Esto ocurre porque los que se meten en política son casi siempre abogados y llevan sus hábitos de argumentación al congreso o al parlamento, que ya están estructurados sobre una base de debate.

Argumentación no es exactamente lo mismo que «confrontación», otro de nuestros hábitos de pensamiento. Hay muchas culturas con una tradición de elementos opuestos. En el hinduismo, Brahma es el dios de la creación y Shiva, el de la destrucción. En la cultura china, tienen el yin y el yang. En la tradición cristiana (influida por el maniqueísmo) persiste la confrontación entre el bien y el mal. En el marxismo, destaca la lucha básica del capital contra el trabajo y la filosofía del materialismo dialéctico. De todos es conocido el conflicto hegeliano y la evolución darwiniana, así como la tesis, la antítesis y la síntesis del pensamiento griego. Le damos una especie de significado místico a este sentido de confrontación. Tal vez refleja las primitivas experiencias humanas de lucha tribales y, más tarde, de guerras gloriosas.

Pero ¿qué se supone que ocurre con la confrontación? Con toda seguridad, el nuevo ataque puede superar al viejo orden y reemplazarlo; esto es la revolución o simplemente la guerra (según quiénes sean los contendientes). Del caos que sigue a la confrontación puede surgir un orden nuevo, a la manera del ave Fénix. En esto hay más de esperanza que de realidad. La intensa motivación que nos libra de lo viejo provoca sueños de algo nuevo maravilloso, pero no sirve para justificar tales sueños. Así que un grupo de poder toma el mando. Resultado de ello es una revolución en la que otros han luchado por ti. A veces, se da una síntesis de ambos. Pero ocurre muy raras veces, porque cada parte se mantiene firme en su posición de nosotros/ellos, y cualquier colaboración temporal termina en cuanto uno de los bandos ve la manera de tomar el control total. Sin embargo, persistimos en esta noción de confrontación como base del progreso.

En mis visitas a Rusia, me convencí de que la *glasnost* y la *perestroika* eran movimientos sinceros y poderosos. Sin embargo, me preocupó que la tradición del materialismo dialéctico insistiese en que el progreso solo podía venir de la destrucción de lo viejo. Está claro que hay muchas cosas que hemos de eliminar antes de que el progreso pueda llegar muy lejos. Pero eso es solamente la mitad del proceso. La otra mitad tiene que derivar de un plan constructivo y creativo deliberado. Reparar las averías de un coche viejo no lo vuelve nuevo. El hábito de la dialéctica pudo significar que la *perestroika* terminase con una orgía de crítica autodestructiva, al creer los críticos que era la única contribución que se necesitaba.

En términos conceptuales, la confrontación puede ser un método para obtener enfoque, dirección y motivación. Pero no tiene elementos creativos o constructivos. La noción de tensión creativa es una abstracción filosófica irreal en un sistema de patrones (pues deriva de sistemas mecánicos).

Podemos ver cuántos elementos diferentes se han unido para proporcionar los hábitos básicos de argumentación y confrontación. Por un lado, la lógica tradicional, la verdad y la contradicción. Por otro, el hábito griego del discurso, ávidamente aceptado por los teólogos medievales para servir a sus fines. Y por otro, la institucionalización de la argumentación en la ley, la política y la ciencia.

En cuanto a la confrontación, existe la tradición cultural de considerarla como base de la naturaleza y, posiblemente, la experiencia en la vida real de la confrontación como un hecho político, al igual que su incorporación en ciertos sistemas filosóficos para justificar la revolución.

Sobre todo, continuamos con estos hábitos poco eficaces porque a los interesados les gusta este procedimiento y no se ocupan de concebir (o aceptar) métodos más eficaces.

CREENCIA

Una mujer empuja un cochecito en el que van sus dos hijos, de tres y cinco años. Una conocida se acerca a ella y mira a los niños.

—¡Qué guapos son! —exclama efusivamente la conocida.

—Bueno, no es para tanto –replica la madre–. Tendría que ver sus fotografías. Ahí sí que están guapos.

A veces cuento este chiste cuando pronuncio una conferencia. La gente siempre se ríe ante el absurdo de que la fotografía sea más importante que los seres de carne y hueso. Entonces explico mi punto de vista. Tal vez las fotografías son más importantes que los niños. Cuando vemos las fotografías, vemos una belleza que seguirá siendo siempre la misma (al menos un número razonable de años). Los niños crecerán y cambiarán. Cuando miramos a los pequeños, podemos ver un niño sonriente o un niño baboso o un niño haciendo pucheros, mientras que la fotografía muestra siempre belleza. Tal vez la *finalidad* de los niños sea crear hermosas fotografías.

Este punto de vista puede resultar perverso y ofensivo, pero no lo es. Quizás el propósito de la vida sea crear mitos bellos y duraderos de los que podamos disfrutar. La realidad cotidiana servirá únicamente para alimentar los mitos. Cierto que, lo mismo que las creencias, son demasiado fáciles y a menudo falsos e imposibles de justificar. Sin embargo, pueden ser la pura realidad para un sistema de percepciones. Los mitos proporcionan belleza, objetivo, valor, satisfacción, seguridad y combustible emocional. También es cierto que las creencias pueden interponerse en el camino del progreso y han sido responsables, en el pasado, de muchos sufrimientos y de la aceptación pasiva de lo que se hubiese podido cambiar.

He hablado de la creencia en tantos apartados de este libro que no quiero repetir todo lo que he expuesto; por consiguiente, lo resumiré muy simplemente. Una creencia es un marco de percepción que nos conduce a ver el mundo de una manera que refuerza este marco. Esta circularidad es una función muy natural de un sistema de patrones autoorganizador; por tanto, las creencias se forman con gran facilidad. En cierto sentido, una creencia es la verdad de un sistema perceptivo. Basta con que nos quememos un dedo una vez en la vida para crear un sistema de creencias. El miedo al fuego no surge de una inducción basada en la experiencia repetida. El trauma inicial origina una creencia y nos impide contradecirla; así queda establecida la circularidad.

CIENCIA

—Lo hizo él.

—No, ella.

—Fue él.

—Sé quién lo hizo, pero no lo diré.

Se ha volcado un florero en un jardín de infancia y se ha hecho añicos. Los niños tratan de confundir al maestro sobre la manera en que ocurrió. Tal vez el maestro desee descubrir al autor (o quizás no).

Esa es la esencia de la ciencia. Ocurre algo, y nosotros, aplicando nuestra fórmula infalible de «causa y efecto», sabemos que tiene que haber una causa en alguna parte y queremos encontrarla. En la escena del jardín de infancia, el maestro puede sospechar quién lo hizo; en ciencia, esta sospecha sería una hipótesis. La ciencia pretende identificar y aislar la causa. Esto tiene varios efectos útiles. Ayuda a comprender los procesos que se desarrollan en la naturaleza y que después pueden ser investigados, para conseguir eliminar la causa.

En varios puntos de este libro, he comentado la sencillez de las creencias en un sistema de patrones autoorganizador. Este sistema de creencias sencillas nos permite encontrarle sentido al mundo, aunque no dispongamos de muchos datos, como sucede cuando un niño crece. Donde más parece actuar este sistema es en las creencias respecto a las causas de las enfermedades.

El término *malaria* proviene de Roma. La enfermedad a la que llamamos malaria significa simplemente «aire malo» (*mal aria*), porque se creía que el aire malsano de los pantanos la causaba. Fue la investigación científica la que, subsiguientemente, se concentró en el «mal aire», llegó a los mosquitos que había en él y, finalmente, a los parásitos que habitaban en los mosquitos.

Dentro de la propia medicina ha habido creencias predominantes que ahora sabemos que son falsas. Hubo la moda de la sangría, según la cual toda enfermedad se vería aliviada vertiendo una cantidad de sangre del paciente. Con frecuencia, esto se hacía de un modo tan excesivo (cuanto más mejor) que el paciente llegaba a las puertas de la muerte como resultado del tratamiento. Es posible que rehabilitemos la sangría en el futuro, si descubrimos que el proceso estimula a la médula para producir no solamente glóbulos rojos, sino también los vitales glóbulos blancos, que son las defensas del cuerpo. Podría ser que las sangrías también estimularan el sistema de adrenalina para producir cortisona, o al cerebro para segregar las hormonas que estimulan muchas otras funciones.

La aspirina (obtenida de la corteza del sauce) y el poderoso digital para el tratamiento de la insuficiencia cardíaca (de la planta del mismo nombre) eran remedios populares que pasaron de la creencia popular a la aceptada por la medicina, aunque los mecanismos todavía no se han comprendido del todo. El empleo por parte de Edward Jenner de la vacuna contra la temida viruela se fundó en la observación aguda y sirvió en definitiva para borrar esta enfermedad de la faz de la Tierra.

La ciencia ha probado hasta tal punto su poder y su contribución que parece que tendría que estar a salvo de toda crítica.

Sin embargo, podemos cuestionar algunos puntos.

Los orígenes de la ciencia, como opuesta a los mitos y creencias populares, la han conducido a evitar todo aquello en lo que no puede imaginarse un eslabón racional entre las acciones. Por ejemplo, el hábito chino de practicar la acupuntura parece una tontería y, sin embargo, una sustancia química llamada naloxona, que bloquea las endorfinas también bloquea la acupuntura, lo que sugiere que hay una base racional para el funcionamiento de está técnica. Recientemente, la ciencia ha empezado a investigar algunos de estos remedios populares. El hecho de que la mayoría sean ineficaces no significa que lo sean todos.

Pese al predominio de la fórmula básica de causa y efecto, seguida del aislamiento e identificación de la causa, no funciona tan bien en los sistemas interactivos complejos en los que interviene toda una red de factores. Descomponer las cosas en partes puede hacer que no se adviertan factores que surgen de una base más holística.

Hay muchos científicos que creen que el mero análisis de datos producirá ideas. Esto no es así, por las razones que ya he comentado. Solo podemos observar los datos en términos de los conceptos que ya poseemos, como una simple correlación. En general, la educación científica pone poco énfasis en la generación de hipótesis. Probablemente, la ciencia habría progresado mucho más deprisa si hubiésemos enseñado a los científicos a ser más imaginativos, más creativos y más prolíficos a la hora de generar hipótesis.

Una hipótesis no es solo un marco a través del cual miramos los datos, sino también un andamio que nos permite construir los datos según una estructura. La ciencia no es solamente análisis, sino también creatividad, en la producción de hipótesis y en el proyecto experimental.

La noción de la única hipótesis más razonable que después tratamos de refutar (opinión de Karl Popper sobre la ciencia) es defectuosa en el campo de la percepción. En cuanto tenemos la hipótesis más razonable, solo podemos ver los datos a través de ella. Al menos necesitamos otra hipótesis (por insensata e injustificable que sea) para ver los datos desde un ángulo distinto. La tradición de la hipótesis única hace que a veces miremos atrás, a los datos antiguos, y veamos que un nuevo descubrimiento podría haberse hecho hace mucho tiempo, de no haber sido porque la visión estaba bloqueada por la antigua hipótesis.

La dificultad de cambiar los paradigmas fue hábilmente expuesta por Thomas Kuhn en 1962. Los científicos se aferran a una sola forma de ver las cosas. Resisten y rechazan los esfuerzos de cambiar un punto de vista hasta que al fin, mucho más tarde, las pruebas son abrumadoras. Los científicos no han aprendido a bailar, prefieren limitarse a dar pequeños pasos hacia delante arrastrando los pies.

Sin embargo, la organización de la percepción requiere pasos atrás y adelante, como en el baile.

Hay veces, sobre todo en sociología, en que lo que consideramos una prueba en realidad no es más que falta de imaginación para dar una explicación alternativa. Esto abre la puerta a toda clase de creencias estrafalarias; pero al cerrar esta puerta, no debemos dejar fuera la posibilidad de explicaciones que no podemos imaginar.

La ciencia se sirve de simplificaciones, aproximaciones y sistemas más o menos lineales. En sistemas interactivos no lineales y complejos, la ciencia se siente mucho menos cómoda. La capacidad de los ordenadores de manejar mejor este tipo de sistemas debería servir de ayuda.

En ciencia medimos lo que podemos medir y prescindimos de lo no medible. Podemos hacer un test de coeficiente intelectual y darle validez, pero no tenemos manera de medir lo bien que toca un joven el piano. No tenemos test de actuaciones complejas. Por consiguiente, prescindimos de ellas y fundamos nuestro juicio educacional en cuestionarios corrientes.

La mayoría de estos defectos surgen de la creencia de que la ciencia es más científica y lógica de lo que es en realidad. De hecho, hay mucha creatividad, imaginación y poesía en la ciencia. Esto se debe a que es tan perceptiva como analítica. Apenas empezamos a percatarnos de ello, y solo en ciertas áreas como las matemáticas y la física.

Hacemos las cosas muy bien donde podemos utilizar nuestras herramientas ya existentes de la ciencia (identificación de la causa). Ahora sentimos la necesidad de desarrollar más lenguajes, y puede que ya lo estemos haciendo.

CREATIVIDAD

Culturalmente es asombroso lo poco que hemos hecho con respecto a la creatividad, aunque reconocemos que el progreso ha dependido en buena parte de ella. Varias son las razones de este asombroso error.

Nuestra creencia básica en la lógica de tablero, la ciencia y las matemáticas nos han convencido de que todo progreso se producirá a pasos racionales continuos, cada uno de los cuales se basa con firmeza en el anterior. No obstante, la historia de la ciencia, sin ir más lejos, ha demostrado que esto es absolutamente falso. Entonces, ¿por qué creemos en este mito?

Toda idea creativa valiosa debe ser lógica, vista retrospectivamente (de otra manera, nunca apreciaríamos su valor). Por lo tanto, una vez que se ha presentado la idea creativa insistimos en que, por supuesto, proviene de una lógica paso a paso. Todas las ideas valiosas que han aparecido como resultado de la perspicacia, de la casualidad o del error deben siempre presentarse, en la literatura científica, como si hubiesen surgido por un proceso de cuidadosa lógica; de otra manera, el documento no sería nunca publicado. El invento del triodo (fundamento de toda la electrónica) por Lee de Forest se produjo como resultado de una idea totalmente errónea (él creyó que una descarga eléctrica había hecho chisporrotear una llama de gas). Sin embargo, con una visión retrospectiva, la idea fue presentada como fruto de una cuidadosa lógica. Así pues, negamos la creatividad e insistimos en que, en definitiva, habríamos podido concebir la idea a través de la lógica adecuada, o que una lógica mejor habría llegado allí de todas maneras.

Hemos observado que los genios seguirán apareciendo tanto si los animamos como si no. Sabemos que tenemos pocas posibilidades de producir genios por medio del esfuerzo directo. Por consiguiente, no nos esforzamos en dirigir la creatividad, sino que nos contentamos con dejar que esta surja, como una especie de mutación casual.

La verdadera razón de que hayamos hecho tan poco en lo tocante a la creatividad es muy sencilla. No la hemos comprendido en absoluto. No hemos comprendido el proceso de formación de ideas. No hemos comprendido la creatividad, porque es imposible hacerlo en términos del universo de información pasivo, en términos de lógica de tablero. Este es un universo erróneo. Solo cuando damos el salto —que todavía no hemos dado— al universo de los sistemas de patrones autoorganizadores (con rasgos tales como la asimetría) se produce la creatividad simple y clara. Por mucho que lo intentemos, no comprenderemos la creatividad en el universo erróneo.

Como hemos visto, la provocación es absolutamente lógica en un sistema de patrones autoorganizador. Jugar y jugar sin parar es una forma de provocación; sin embargo, nunca le hemos dado el mérito que se merece. Las ideas creativas que aparecen por casualidad, por accidente o por error (los antibióticos, la cortisona, la inmunización de Pasteur por un agente debilitado, el nailon, los rayos X, la película fotográfica, etc.) se producen en realidad por provocación. La casualidad ha dado lo que podemos aprender a hacer con plena consciencia en cuanto comprendamos el sistema. Una provocación es algo que no surge de nuestra estructura presente.

Por definición, la provocación no tiene base lógica hasta después de haber resultado eficaz.

El empleo del amplio término *creatividad* nos ha impedido comprenderla, porque hemos buscado comportamientos uniformes en campos muy diferentes: Beethoven, escribiendo una sinfonía; Picasso, pintando un cuadro; Clerk Maxwell, teorizando acerca del electromagnetismo... La descripción retrospectiva del comportamiento no tiene mucho valor para identificar un proceso. Por eso fue necesario inventar el concepto de pensamiento lateral para describir el comportamiento específico en un sistema de patrones autoorganizador.

Corre la idea de que la gente es creativa por naturaleza, pero se ve inhibida por la lógica de nuestra cultura, por el miedo a parecer estúpida y por el hábito del juicio instantáneo; de manera que, eliminando las inhibiciones, deberíamos ser más creativos. Nos liberaríamos para ser los auténticos seres creativos por naturaleza que somos. Este fue el fundamento del método *brainstorming*, concebido por Alex Osborne para su empleo en publicidad. De alguna manera, este método ha contribuido a dirigir la atención hacia la creatividad, aunque también ha causado mucho daño al sugerir que la creatividad solo es cuestión de soltarse y carecer de inhibiciones. Esto tiene algún valor en el mundo de la publicidad, pero casi ninguno en otras áreas.

La liberación de las inhibiciones producirá un aumento de la creatividad, pero no mucho. La creatividad (en el sentido de pensamiento lateral para cambiar percepciones y conceptos) no es un proceso natural. El proceso natural del cerebro es formar patrones y emplearlos, no tratar de trascenderlos. Por consiguiente, necesitamos hacer mucho más que desinhibirnos.

No hay que olvidar la forma en que nos referimos a la creatividad: levantamos las manos y decimos que todo es cuestión de intuición, de subconsciente, de emociones y de genio. Tan solo es una manera más elaborada de decir: ocurre, pero nada podemos hacer.

La simple comprensión de la naturaleza organizadora de los conceptos y las percepciones mostrará que el progreso no puede producirse por medio de unos pasos lógicos regulares. También mostrará que podemos aumentar el caudal de nuevas ideas con el empleo deliberado de procesos tales como la provocación y la participación del azar. En esto no hay ningún misterio; no es más que una manera de escapar del universo de tablero de los sistemas de información pasivos.

HISTORIA

No vamos a agotar la historia. Creamos más y más historia cada día y podemos mirar con más profundidad la que ya tenemos (por la investigación, la arqueología, etc.). Podemos comentar a los comentaristas de la historia. Culturalmente, estamos tan obsesionados con ella que a veces parece que sea la nuestra una «cultura de cadáveres».

La historia es satisfactoria porque está aquí y podemos hincarle el diente. No tiene la incertidumbre del experimento, ni matemáticas que no funcionan, ni la terquedad de las personas vivas. Si uno emprende la investigación histórica, tiene garantizado un resultado razonable. La historia no es técnica; por tanto, las personas de mentalidad investigadora a las que no les gustan ni las matemáticas ni la ciencia (en la que en la actualidad las matemáticas juegan un gran papel) cuentan con un buen campo de investigación.

Sin embargo, existen muchas razones básicas para una actitud que es a veces tan radical como para sugerir que la civilización es cultura y la cultura es historia. En esencia, los antepasados determinan nuestra posición, como sucede con esos eternos apellidos de los grandes de España que facilitan una genealogía instantánea.

Hubo un tiempo en que podíamos fomentar todo progreso —en ciencia, en matemáticas, en filosofía, en literatura y en todos los campos concebibles— mirando hacia atrás. Aquel tiempo fue el Renacimiento. Podíamos avanzar mejor volviendo la vista al pasado para observar el pensamiento civilizado de los griegos, la administración de Roma y la literatura de ambos. Los árabes contribuyeron también a la ciencia y las matemáticas (la notación y el cero).

Así pues, se dio este período extraordinario en que podíamos realmente avanzar hacia delante mirando solo hacia atrás. Fue cuando la erudición y la investigación se ganaron su puesto y cuando empezaron a establecerse las disertaciones, la erudición y las universidades. Antes de esto, predominaban la Edad Oscura y los dictados de la Iglesia. El hábito de la historia fue tan valioso en su tiempo que se estableció con firmeza como parte central de nuestra tradición de pensamiento. Y, una vez establecida, ha sido defendida con eficacia en varios terrenos que trataré de comentar.

Se dice que si no conocemos la historia, nos veremos forzados a repetir sus errores. Hay algo de verdad en ello, pero también encierra un peligro. El mundo ha cambiado muy rápidamente. En los tiempos del Imperio británico se tardaban semanas en establecer comunicación entre Inglaterra e India; hoy se tardan segundos. En las guerras, los ejércitos combatían en lugares lejanos; hoy puede hacerse con misiles desde nuestro propio jardín. La democracia actual y los modernos medios de difusión han logrado que la gente no se levante tan fácilmente para cruzadas gloriosas. Tal vez las lecciones de la historia sean hoy día inadecuadas o incluso engañosas.

La respuesta a las objeciones anteriores es que la historia no se basa en acontecimientos, sino en personas, y la naturaleza básica humana no cambia. La historia es el único laboratorio en el que podemos mirar a «las personas en acción». Por tanto, las lecciones que podemos aprender serán válidas mientras la naturaleza humana siga siendo la misma. No obstante, puede suceder que sea la misma, pero que la manera de emplearla sea diferente. La guerra de Vietnam fracasó porque la televisión transmitió directamente la realidad de la contienda a todos los hogares estadounidenses y porque la presión sobre el Congreso impidió la guerra absoluta que hubiera requerido la estrategia militar.

En la guerra de las Malvinas y en la invasión de Granada, los medios de comunicación se mantuvieron apartados, debido a la experiencia de Vietnam. Esta fue una lección útil, aprendida de la historia muy reciente; pero las lecciones aprendidas de una historia más remota podrían haber sido inadecuadas. Por ejemplo, en el pasado, una población podría haberse levantado en armas, presa de bélica indignación a causa del atropello de una nación pequeña por parte de otra más grande o por injurias a ciudadanos de aquel país. Hoy, esta indignación no conduciría hasta la guerra. Tal vez la naturaleza humana no haya cambiado, pero la faceta de la naturaleza humana que comprende el horror a la guerra puede tener más peso que la faceta que resulta de la indignación moral y el patriotismo.

Así pues, las lecciones de la historia pueden ser útiles o resultar una trampa.

Hay una faceta de la historia que se ha mencionado mucho menos pero que podría tener un valor. Si en una discusión una de las partes declara que es estudiante de historia, esto puede indicar también el modo en que se percibe la situación y las medidas que se pueden tomar. De una manera sutil, es una amenaza de acción. Si ambos interlocutores son estudiantes de historia, la «partida de ajedrez» puede jugarse con solo la referencia histórica.

Si solo compramos muebles antiguos, ¿quién diseñará las antigüedades de mañana? Si miramos casi siempre hacia atrás, ¿quién mirará hacia delante? No se trata del desequilibrio de los recursos intelectuales en favor de mirar hacia atrás más que hacia delante.

Por muy valiosa que sea la idea propuesta, cualquier disertación científica tiene credibilidad solo si mira hacia atrás y localiza la nueva idea en esa perspectiva de la historia a la que llamamos erudición. La palabra *erudito* presupone un estudioso de lo que ha sido, más que un diseñador de lo que podría ser. La historia ocupa su lugar, como lo ocupa la sal en la comida, y un exceso de ella puede inhibir el progreso (otro ejemplo de la curva de Laffer).

LÓGICA

Planteemos el problema de una presa que sabe que una carcelera dice siempre la verdad y la otra carcelera siempre miente. La presa no sabe cuál es cuál, ni tampoco cuál de las dos salidas conduce a la libertad. Para lograrla, se le permite hacer una sola pregunta. ¿Qué preguntará? Es un sencillo problema de lógica. La respuesta es que la presa pregunta a una de las dos carceleras qué camino recomendaría la otra.

Entonces, toma el camino que no se le haya recomendado. Este es un bonito ejercicio de lógica, con una clara y perfecta solución.

Empleamos una pequeña lógica sumamente explícita en la vida diaria. La mayor parte del pensamiento a nivel cotidiano, gubernamental y de comentarios se basa en la percepción, el lenguaje y la información. Como mucho hay un solo paso lógico: si esto, luego aquello. Aparte de las cuestiones técnicas, como comparar las ofertas para una hipoteca, la mayoría de los pensamientos se produce en la fase de la percepción. ¿De cuánto nos percatamos? ¿Cómo miramos las cosas? Esta percepción se basa en hábitos y en lo que oímos, lo que leemos y cómo nos expresamos. Por consiguiente, la intervención del lenguaje es profunda, envolviendo las percepciones y permitiéndonos ver tan solo lo que estamos preparados para ver.

No necesitamos emplear mucha lógica explícita, porque ya hemos construido la lógica en nuestro lenguaje. Matar es malo, a menos que esté justificado por la guerra o que lo hagamos en defensa propia. La palabra *asesino* lleva implícita la falta de justificación, por lo que no hay la menor necesidad de juicio. En las decisiones de inversión, seguimos las recomendaciones y lo que están haciendo nuestros amigos, y después lo razonamos con los raciocinios de que disponemos. Como todo el mundo lo hace, el comportamiento es satisfactorio y el precio en el mercado sube durante un tiempo. Cuando al fin el mercado sufre una severa corrección, razonamos también sobre esto. Este razonamiento se basa en la información; no en toda la información disponible, sino en una selección que se adapte a lo que tenemos ganas de hacer de todas formas. ¿Significa esto que los dogmatismos, las categorías, las dicotomías, las contradicciones y las polarizaciones de la lógica de tablero no son tan importantes en la vida real? Hoy en día todo esto se ha estructurado según la percepción, el lenguaje y la forma de pensamiento:

- Si puedo defender mi punto de vista, es que tengo razón. ¿Por qué escuchar entonces alternativas?
- Con la arremetida de la inflación, la gente gastará más o ahorrará más; no hay otra posibilidad.

- La libertad significa ser libre de hacer lo que se quiera; por tanto, si la gente quiere fumar, debe tener libertad para hacerlo.
- El marxismo es enemigo declarado del capitalismo; por consiguiente, todos los marxistas son nuestros enemigos. No deberíamos tener trato con los enemigos.
- El mercado japonés no está abierto a las importaciones como el de Estados Unidos; por consiguiente, hemos de tener alguna protección contra las importaciones japonesas.
- Solo hay dos altos ejecutivos femeninos en esta gran organización; eso significa que tiene que haber discriminación contra las mujeres.
- Si la mayoría piensa de esta manera, debe de tener razón. Este es el significado de la democracia.

En todos los casos expuestos nos gustaría mencionar: «No es así de sencillo», «Hay posiciones intermedias», «No en todas las circunstancias», «Hay otras explicaciones»... Tales objeciones atacan directamente los hábitos de inmovilismo y exclusión de la lógica tradicional de tablero. Señalan la parcialidad de la percepción, su dependencia de las circunstancias, la amplia captación de los patrones perceptivos y la necesidad de considerar alternativas.

Aquí me interesa la lógica de la vida cotidiana, no la de un ejercicio filosófico abstracto. Es inútil señalar que estos son ejemplos de mala lógica y que, si todo el mundo hiciese uso de una lógica excelente, todo marcharía bien. Eso sería una esperanza vista retrospectivamente. La propia estructura de la lógica de tablero no permite la flexibilidad de la percepción. Hay demasiada rigidez, certeza y definición de categorías. Es fácil decir que si una persona hubiese usado una categoría distinta de «enemigo», el resultado habría sido diferente; pero ¿por qué había de elegir esa persona otra categoría si la de «enemigo» parecía apropiada?

El enfoque práctico más sencillo es decir: «No empleamos la lógica de tablero, aunque pretendamos que así es. Estamos empleando la percepción. Por consiguiente, démonos cuenta de la parcialidad, de la variabilidad y de la dependencia de la circunstancia de la percepción».

Esto significa que podemos expresar una percepción, pero teniendo en cuenta que es una percepción sin esas pretensiones de exactitud que nacen de la certidumbre lógica. Podemos estar dispuestos a encontrar percepciones alternativas y a observar las de otros. Podemos aceptar que nuestra percepción es válida en ciertas circunstancias, pero no en otras.

La lógica puede emplearse para reforzar percepciones (y prejuicios), pero ni la lógica ni la argumentación las cambian. Si los militares guardan silencio en lo tocante a los ovnis, no es porque estos no existan, sino porque hay que velar la información. Puede tener más éxito crear percepciones alternativas: «Hay personas que creen sinceramente que ven algo cuando no lo ven, como en las alucinaciones poshipnóticas. De manera que quienes ven ovnis no mienten»; «La mente puede engañarse al ver cosas que no existen, como en un espectáculo de ilusionismo; tal vez algunos de esos ovnis se deban a esto»; «Hay personas que creen de verdad en duendes y fantasmas. Mantened la mente abierta hasta que veáis uno». Cada uno de estos puntos sería elaborado con mayor plenitud y se establecería junto a la percepción existente, sin desafiarla directamente.

Si tuviera que señalar el aspecto más dañino de la lógica implícita de todos los días, diría que es el hábito de las dicotomías (una de dos) y su empleo en el juicio. En esta cuestión, el comportamiento de discriminación de filo de navaja de los sistemas de patrones es terriblemente perjudicial; de manera que cosas que son realmente muy parecidas se tratan como si fueran completamente distintas (esto es evidente en el racismo). Como he escrito antes, el hábito de dicotomía surge de la necesidad de categorías, identidad y principio de contradicción, que constituyen la esencia de la lógica de tablero.

ARTE

Las caricaturas pueden ser la forma más elevada de arte. Esta declaración es evidentemente absurda, una provocación o una percepción especial que precisa justificación.

Existe el aspecto estético del arte (música, danza, arquitectura, pintura abstracta...); el aspecto emocional (teatro, novela, pintura de los viejos maestros, poesía...) y el aspecto perceptivo (caricaturas, esculturas...). Desde luego, todos ellos se superponen y cualquier obra de arte puede implicar cualquier combinación. He indicado tan solo los más puros ejemplos de los aspectos estéticos, emocional y perceptivo.

La caricatura capta la esencia y puede obligarnos a reconocerla. La caricatura manipula la percepción, al dirigirla con mucha potencia. La caricatura constituye un fuerte proceso perceptivo. Nos vemos forzados a centrar la atención sobre algo y, con ello, adquirimos conciencia de ese algo. Al libro *Silent Spring*, de Rachel Carson, se le ha otorgado el mérito de haber iniciado la preocupación por la ecología. Este proceso de enfoque e iluminación es una de las maneras en que el arte puede modificar las percepciones.

Culturalmente, hemos dejado la percepción al mundo del arte (no sólo al arte con mayúsculas, sino al arte en su más amplio sentido). Hemos creído que la percepción, con toda su variabilidad, no ocupaba lugar en la religión, la lógica, las matemáticas o la ciencia, y que, por consiguiente, podíamos dejársela al arte. ¿Cambia el arte las percepciones o refuerza las que ya existen en la sociedad? ¿Es el arte un espejo o un instrumento de diagnóstico? Resulta indudable que la mayor parte de la literatura refleja la condición interior humana y también los valores de la época. Incluso un libro como *Lo que el viento se llevó* refleja la posición de los negros en la sociedad y las formas en que se percibe esta posición. Los libros de texto escolares reflejan los estereotipos genéricos de la sociedad. Si el arte tiene que ser un espejo en el que la gente contemple la condición humana, dicho espejo debe reflejar lo que allí hay.

Es verdad que la reflexión, el enfoque y la iluminación (como en Charles Dickens) pueden introducir cambios en las percepciones. El propio efecto tal vez provoque que se pongan opiniones desfasadas en boca de ciertos personajes. Una vez iniciada una tendencia, el arte puede acelerarla con gran rapidez. En literatura, toda la malicia del lenguaje (observaciones parciales, exageraciones, adjetivos, sarcasmo, artificios, ironía, etc.) puede emplearse para fomentar una tendencia. Es notable la rapidez con que cambió la actitud general con respecto al racismo y la ecología en Estados Unidos, en un tiempo relativamente corto.

De igual manera, los mecanismos de la propaganda son poderosos, perceptualmente, en cualquier dirección que sean empleados, aun cuando a alguna percepción la llamemos «verdad». No hace mucho tiempo, el no fumador casi tenía que disculparse. Hoy en día, se siente como un apestado. Hay un chiste sobre un hombre que solía ir a un *drugstore* a pedir cigarrillos y, después, pedía unos preservativos en voz baja. Ahora, la misma persona entra en el *drugstore*, pide unos preservativos y, en voz baja, cigarrillos.

El arte efectivamente puede cambiar las percepciones. Los sentimientos con respecto a la guerra han pasado del entusiasmo (también fomentado en su día por el arte) a la repelencia, gracias a la literatura, el cine y la televisión.

Así pues, podríamos decir que el arte tiene tres objetivos: reflejar las percepciones que existen, acelerar el cambio en ellas y, ocasionalmente, iniciar este cambio. El arte hace todo esto con seguridad, dogma, corrección, intensidad emocional, visión parcial y todos los trucos de la propaganda. El arte es, tal vez tenga que serlo, intolerante en extremo. En él vemos de nuevo en acción toda la arrogancia de la lógica y de los sistemas de creencias. Pero no nos fijamos en si todo esto va en la dirección justa (no prestamos atención a cómo se determina lo que es justo). Al principio puede no haber un seguimiento en masa, pero si al final lo hay, debe de estar bien.

Hay un ligero problema en el arte (en su sentido más amplio) y es que debe ser interesante, emocionalmente cautivador y atractivo, pues de otra manera no captará la atención de nadie. Ahora bien, esta consideración bastante importante afectará a la calidad de «espejo» del arte. Los escritores no quieren escribir sobre gente corriente, sino sobre individuos que padecen neurosis muy complicadas. Los pintores han de tener estilos sobre los que pueda escribirse y hablarse, como señaló hace tiempo Tom Wolfe. La televisión tiene que estar saturada de violencia y de muertes, porque es la forma más segura de conseguir audiencia.

Si sostenemos que el arte canaliza y establece percepciones, ¿el «arte» impulsado por la realidad comercial (*Rambo* y otras) también fija percepciones? ¿O es solo el «arte bueno» el que establece las percepciones, y podemos rechazar el resto como tonterías que no producen efecto alguno?

¿Bastará con decir que la sociedad puede dejar alegremente las percepciones al arte, mientras que la lógica, la ciencia y las matemáticas cuidan de todos los demás aspectos? Aun aceptando el valioso papel del arte en la mejora de las percepciones, mi respuesta sería un «no» definitivo. La causa reside en que el arte puede cambiar las percepciones, pero no hace nada por fomentar hábitos perceptivos valiosos. La rigidez y la certeza que ya he mencionado son lo contrario de la naturaleza subjetiva de las percepciones o de la posibilidad de mirar las cosas de diferentes maneras. Podemos confiar en el arte para un enriquecimiento perceptivo, pero no para generar técnicas perceptivas. Por esta razón creo que necesitamos enseñarlas (sobre todo la amplitud y el cambio) directamente en la escuela.

No quiero negar el valor del arte, como no niego el valor de la ciencia y de las matemáticas, pero desearía señalar, desde el punto de vista «perceptivo», que hay serias deficiencias en algunos de nuestros hábitos y métodos aceptados.

EL PENSAMIENTO EN LA
SOCIEDAD Y SUS INSTITUCIONES

La sociedad no está constituida tan solo por individuos pensantes. Existen estructuras e instituciones y mecanismos dentro de los cuales —o entre los cuales— piensan los individuos. En algunos casos, estas estructuras han surgido directamente de nuestra cultura tradicional de pensamiento; por ejemplo, el hábito de argumentación de la democracia. En otros casos, las propias estructuras generan un tipo de pensamiento, como ocurre con la burocracia. Y en otros, un ámbito particular conserva un hábito de pensamiento, como es el caso de la obsesión por la historia en las universidades.

En las páginas siguientes pretendo examinar algunas de las estructuras que surgen de nuestros hábitos tradicionales de pensamiento y los preservan.

Cualquier institución es una estructura para «lograr» que las cosas sucedan y también para evitar que lo hagan, según el caso. Por consiguiente, me enfocaré en el «cambio» como un tema básico. Casi por definición, el progreso es resultado del cambio. Puede haber un cambio tan gradual que no se advierta. Puede haber cambio por ajuste, por adaptación y respuesta ante presiones. O podría tratarse del cambio extremo que proviene de nuevos conceptos, cambios de paradigma y percepción. ¿Cómo se enfrentan nuestras instituciones al proceso de cambio? ¿Qué actitud consciente adoptan frente al cambio?

La lista de estructuras no es en modo alguno exhaustiva y puedo haber omitido algunas importantes que hubiese debido incluir. Solo he querido mostrar que podemos pasar de la naturaleza del sistema nervioso a la naturaleza de la percepción, a la de los hábitos tradicionales de pensamiento y a la estructura de la sociedad.

En próximas páginas examinaré los siguientes aspectos de esta cuestión:

- CAMBIO: nuestra creencia básica en un modelo evolutivo. Vamos *tirando* mientras nos adaptamos a las presiones, las crisis y las innovaciones, a medida que surgen.
- EL SIGUIENTE PASO: el siguiente paso que damos se basa en el punto en el que estamos y cómo hemos llegado allí, en lugar de en dónde queremos realmente estar.
- LLENO: no hay un vacío, no hay huecos. El tiempo, el espacio y los recursos están todos ellos comprometidos.
- EDUCACIÓN: un sistema cerrado que casi no es consciente de la importancia del pensamiento en la sociedad ni de los diferentes tipos de pensamiento.
- *LUDISMO*: una palabra nueva para describir la tendencia a jugar según están establecidas las reglas. No es un problema de egoísmo.
- PENSAMIENTO A CORTO PLAZO: gran parte de nuestro pensamiento tiene que ser a corto plazo (negocios, política...), porque así están escritas las reglas.
- DEMOCRACIA: sistema diseñado para obtener consenso para la acción, pero que ahora es mucho más eficaz para impedir que las cosas sucedan.
- PRAGMATISMO: si la conducta no es dirigida por principios fijos y absolutos, ¿cuál es la alternativa?
- BUROCRACIA: organización establecida para un fin, pero que ha llegado a sobrevivir por sí misma más allá de dicho propósito.

- COMPARTIMENTOS: una tendencia hacia el aumento de la especialización y los compartimentos y otra hacia conocimientos unificadores.

- UNIVERSIDADES: un papel educativo, cultural y de investigación basado en la historia y que controla el uso de los recursos intelectuales.

- COMUNICACIÓN: imprescindible para el cambio, a pesar de las limitaciones del lenguaje y los imperativos de los medios de comunicación.

- ENVOLTORIO: nuestra creciente habilidad para instrumentalizar la percepción mediante el *envoltorio* puede plantear un problema en el futuro.

CAMBIO

La gente más lista tiende a permanecer en la zona de confort porque ahí es donde funciona el sistema. Fue Bernard Shaw quien dijo: «El hombre razonable se adapta al mundo; el irrazonable intenta adaptar el mundo a sí mismo. Así pues, el progreso depende del hombre irrazonable».

Creemos que la mayoría de nuestros conceptos e instituciones son casi perfectos. De vez en cuando hay que hacer algún ajuste o buscar solución a algún problema para poder hacer frente a las circunstancias cambiantes, pero ni concebimos ni deseamos grandes cambios. Deseamos que la democracia y la justicia lleguen tarde o temprano, de algún modo, a aquellos lugares donde aún no se han establecido como hábitos.

El idioma subyacente del cambio es la evolución gradual. Diferentes presiones (ecológicas, económicas...) y necesidades (elevación de los niveles de vida, igualdad racial...) moldearán nuestro desarrollo, empujando ahora en un sentido, y después en otro. Las presiones se ejercerán sobre el proceso político a través de los cambios en el sentir popular.

Los cambios técnicos vendrán de compañías, universidades e institutos técnicos que estén motivados en ese sentido. Los cambios en el sentir popular serán, algunas veces, dirigidos por individuos (como Ralph Nader), pero surgirán más a menudo como una tendencia imperceptible que se acelera hasta convertirse en una moda poderosa.

El sistema será defendido por todos aquellos que tienen inteligencia suficiente para defender pero no tanta para innovar. Siempre hay muchos que creen que todo cambio amenaza, por definición, su posición. Además, ya que no podemos ver plenamente las consecuencias de un cambio antes de que se produzca, es mejor evitar el riesgo.

Habrá crisis importantes que obligarán al cambio, como la economía del petróleo forzó el alza de su precio, como la solidez del yen obligó a los japoneses a estimular la demanda interior. Políticamente, el cambio forzado por una crisis es mucho más aceptable, porque resulta evidente que hay que hacer algo, y sobrevivir a una crisis ya es mucho.

Algunas ideas nacerán y no irán a ningún lado, como la simplificación de la ortografía inglesa. Otras empezarán y progresarán hasta extinguirse. Y otras arraigarán, como la preservación de los recursos naturales. Así funciona la evolución. Las presiones evolucionistas serán ejercidas por el pensamiento crítico, por la pura inercia de la mayoría de los sistemas y por la complacencia general.

¿Qué tiene de malo este cómodo modelo evolutivo? Imaginemos un juego en el que alguien nos va entregando, una a una, varias piezas de cartón. La tarea consiste en hacer el mejor uso posible de dichas piezas. Por «el mejor uso posible» se entiende obtener una forma coherente tan sencilla que pueda describirse por teléfono. Así pues, juntamos las primeras piezas para hacer un rectángulo. Luego añadimos la pieza siguiente para obtener un rectángulo más largo. A continuación, tratamos de añadir dos piezas nuevas, pero el resultado no es una forma tan sencilla. Para continuar, hay que volver atrás, deshacer el rectángulo y hacer un cuadrado. Ahora podemos añadir las nuevas piezas para hacer un cuadrado mayor.

El juego es sencillo, pero el principio es importante. En cada momento hacemos lo que creemos más sensato. Tratamos de combinar lo nuevo con lo que ya tenemos. En un sistema semejante es casi inevitable que lleguemos a una posición en la que tengamos que volver atrás

—deshacer algo que en su momento fue la mejor opción— con el fin de avanzar hacia delante. Esto se debe a que la dirección de la organización depende de lo que tenemos, no de lo que podamos tener después. Por ejemplo, nuestros hábitos democráticos se basan en lo que teníamos (asambleas en el ayuntamiento del pueblo), no en lo que sería posible ahora gracias a la tecnología de la comunicación.

Este principio no se aplica solo a los juegos con piezas de cartón, sino a cualquier sistema amplio con estas dos características: dominio de la producción sobre el tiempo y necesidad de hacer el mejor uso de lo disponible.

El problema es que no podemos limitarnos a construir a partir de donde estamos, sino que quizás, para poder seguir avanzando, necesitemos deshacer algo de lo realizado hasta el momento. En muchos casos, no podemos juntar las piezas de una manera nueva hasta que las hemos librado de su antigua configuración. Este razonamiento ha justificado siempre la revolución: barrer lo viejo antes de que podamos construir lo nuevo. Lo malo de la revolución es que tiende a sustituir un sistema rígido por otro; pues aunque las piezas estuviesen mal colocadas, no hay tiempo para unirlas de mejor manera.

El segundo problema con el modelo evolutivo es que, así como los seres del mundo animal pueden hacer poco para controlar su medioambiente de tal forma que se extinguen las especies que no están bien adaptadas, en el mundo humano un sistema puede controlar de tal manera al medioambiente que puede asegurar su propia supervivencia. De este modo sobreviven por lo general las dictaduras. También es la razón de que el marxismo sea aceptable como sistema político, pero no como gobierno, porque, una vez en el poder, elimina la posibilidad de todo cambio futuro. Todos los sistemas políticos tienen las mismas ambiciones; lo que ocurre es que algunos son más eficaces y más despiadados para satisfacer estas ambiciones.

Este control del medio para asegurar la supervivencia del sistema existente es igual que el del sistema de creencias. Como hemos visto, la creencia establece en este proceso las percepciones que aseguren que lo que vemos apoya la creencia. El sistema democrático establece una prensa libre que por lo general es capitalista, porque el interés se vende más que la ideología. El sistema totalitario establece una prensa controlada por medio de licencias, disponibilidad de papel periódico y amenaza de pérdida de empleo.

El sistema cerrado de creencias es, en sí mismo, igual al sistema de paradigmas tan a menudo discutido en ciencia. Un paradigma es un modelo intelectual concreto a través del cual vemos el mundo. Las nuevas ideas que no se ajusten al modelo serán rechazadas, hasta que las pruebas de una necesidad de cambio sean tan abrumadoras que obliguen a un cambio de paradigma

Podemos creer que un proceso de argumentación y desacuerdo puede originar cambios importantes en la sociedad, pero la experiencia en el campo de la ciencia ha demostrado que no es así. La argumentación y el desacuerdo tienen lugar dentro del marco existente y generan solo pequeñas modificaciones, pero no un cambio de paradigma como tal. No se puede sostener un debate si uno de los contendientes habla inglés y el otro, francés. De manera parecida, si cada parte proviene de un paradigma diferente, la discusión no es posible; al que ofrece el nuevo paradigma se le considera simplemente loco (como lo fue Jesucristo para la mayoría de sus contemporáneos).

Todos los comentarios hechos con anterioridad en este libro acerca del comportamiento de los sistemas de pautas autoorganizadores en el cerebro se aplican igualmente a la sociedad, que es también un sistema autoorganizador. En vez de pautas tenemos conceptos, instituciones y procedimientos. Debido a que nos conformamos con el modelo evolucionista (y la creencia de que la única alternativa es el modelo revolucionario), nunca hemos comprendido bien los procesos de creación de ideas, cambio o diseño.

Tememos los proyectos utópicos porque no son realistas, no se han ensayado, dependen de expectativas absurdas de comportamiento humano y son imposibles de poner en práctica. Tememos el diseño en general porque sabemos que puede salir mal, mientras que la evolución, por definición, siempre sale bien. Hacemos volar aviones de diseño, pero no tenemos equivalentes sociológicos de «túneles aerodinámicos» en los cuales podamos poner a prueba las ideas antes de echarlas a volar. Por consiguiente, nos contentamos con que las presiones sean las que diseñen en lugar de nosotros, y lo llamamos evolución.

Si el 42% del electorado tiene el control total del gobierno durante quince años (a través del Gobierno Thatcher en el Reino Unido), se acepta porque el sistema funciona así, porque resulta que la señora Thatcher es una persona fuera de lo común y porque cualquier gobierno en el poder debe tener en cuenta las opiniones de todo el electorado para poder volver a asumirlo. Sin embargo, el sistema puede mejorarse. Supongamos que los dos principales candidatos ingresaran en el Parlamento y que su poder de voto reflejara su apoyo electoral: el 38% de los votos significa el 0,38% de un voto. Desde luego, el Parlamento resultante sería demasiado voluminoso, pero sería más justo.

Aunque es improbable que cambien los sistemas, a menudo existe una necesidad consciente de nuevas ideas en áreas específicas: deuda del Tercer Mundo, costes de los servicios de sanidad, bienestar, administración de justicia, elevación del índice de delincuencia, problema de la droga, etc. ¿De dónde surgirán ideas para afrontar estas necesidades? De donde estamos que surjan: de la recogida de información, el análisis de la información y la aplicación de principios básicos. Sin embargo, estas áreas están reclamando ideas completamente nuevas, igual que los Juegos Olímpicos de 1984 reclamaban las que en definitiva fueron generadas por la aplicación deliberada del pensamiento lateral. Pero nosotros no comprendemos la creatividad deliberada y no sabemos qué lugar darle. Lo más que podemos es esperar a que surjan por sí mismas y tener los ojos abiertos para captarlas. Podríamos obtener resultados mucho mejores si nos diésemos cuenta de que es improbable que el análisis de la información produzca, por sí solo, ideas nuevas.

A la economía le convendría también un nuevo pensamiento radical. Nos hemos vuelto muy hábiles en hacer malabarismos con las piezas existentes. Los ajustes a los tipos de interés deben tomar en consideración los índices de cambio, la inversión productiva, la vivienda, la inflación y demás factores. Varios de estos factores son contradictorios en su comportamiento. Tal vez la electrónica nos permita pasar de la «economía de agua» (caudal según la pendiente) a la «economía de nieve» (caudal según la temperatura). Tampoco hemos comprendido del todo las implicaciones a largo plazo de la «sopa financiera» que resulta cuando las telecomunicaciones han levantado las barreras del tiempo y la distancia y la anulación de reglamentos elimina otras barreras.

Cualquier compañía que adoptase la misma postura ante el cambio que la que ha adoptado la sociedad en su conjunto tendría que liquidar el negocio antes de dos años. Ir tirando y saliendo del paso puede protegernos de excesos y desastres, pero también nos impide sacar pleno provecho de los recursos que tenemos a nuestro alcance.

Es de esperar que una mejor comprensión del pensamiento requerido para el cambio y una asignación específica de atención y de recursos a esta área pueda llevarnos a alguna mejora.

EL SIGUIENTE PASO

Tomemos un lápiz y tratemos de copiar el contorno de una forma moderadamente compleja con un trazo continuo. Repitamos la operación empleando una serie de puntos en vez de una raya continua. En la mayoría de los casos, con el segundo método logrará una representación mucho mejor. La diferencia radica en que la posición de cada punto que añadamos puede ajustarse con más facilidad a la forma que estamos copiando. Una línea tiene un punto de arranque. Una línea no puede desviarse de repente a un lado, pero un punto sí.

En la mayoría de las situaciones, el siguiente paso viene en gran medida determinado por el lugar que ocupamos en ese momento y no por aquel en el que deberíamos estar o al que queremos ir. El paso es determinado por el sitio donde estamos, por el sitio del que acabamos de venir y también por la historia, que es más remota. Somos impulsados hacia delante por nuestra historia, más que por la visión de lo que tenemos ante nosotros. Avanzamos palmo a palmo. Los pasos de transición son mucho más importantes que los destinos finales, por muy excelentes que estos puedan ser. Los cambios en educación deben adaptarse a los maestros, al sistema de exámenes y a las demandas educativas actualizadas. Los cambios en los tribunales de justicia deben fundarse en las estructuras y en los roles del presente.

Cuentan de un agricultor irlandés a quien le preguntaron la dirección para ir a cierto lugar. Después de pensarlo unos momentos, dijo: «Si yo quisiera ir allí, no partiría de aquí». Su lógica era aplastante, aunque el comentario sirviera de poco (al viajero le habría convenido más quizás que le indicasen cómo ir al «mejor» punto de partida, para continuar desde allí).

No hay que olvidar el «efecto de filo». Esto significa que el camino está despejado y que el destino es sumamente deseable, pero que si no se puede dar el primer paso, el resto es imposible. Todas las iniciativas de política exterior en Oriente Próximo deben enfrentarse al primer paso: ¿cómo reaccionará Israel (y sus partidarios en Estados Unidos) ante esta medida? Para un nuevo diseño industrial, el primer paso que hay que dar es el «análisis del impacto medioambiental».

Los arquitectos construyen un nuevo edificio que han concebido, aunque constreñidos por la ubicación, el presupuesto y los gustos del cliente. Con frecuencia es más fácil y barato construir un edificio nuevo que tratar de rehabilitar uno antiguo.

En la sociedad, la mayoría de las veces no hay alternativa. Tenemos que dar el siguiente paso partiendo de la posición actual. Podemos creer que las universidades ya no son el mejor mecanismo para el progreso intelectual, pero estamos metidos en ellas y no podemos cerrarlas para abrir otras nuevas.

Una compañía «engorda» lentamente y se siente satisfecha. Paso a paso, momento tras momento, se construye el futuro sobre la base existente. Solo un nuevo ejecutivo dinámico, una renovación de la dirección, una adquisición por otros o una fusión dan pie a una reestructuración radical. Se pueden vender secciones, eliminar mandos intermedios, abandonar proyectos no beneficiosos y contratar nuevo personal. Mijail Gorbachov, en la antigua Unión Soviética, se hallaba exactamente en la posición de un nuevo ejecutivo a quien se ha encargado el cambio radical de una gran compañía que había avanzado hasta ese momento por un largo camino determinado tan solo por su punto de partida y la inercia del siguiente paso.

Un caudal de agua siempre encontrará la dirección más fácil. El agua no puede ir cuesta arriba, aun sabiendo que después vendrá la cuesta abajo. No puede saltar la margen del río, aunque sepa que hay unos llanos para inundar. De manera parecida, buscamos, en diversos asuntos, lo que es momentáneamente fácil, relevante y remunerador. Las matemáticas se fueron apartando sin cesar de los sistemas no lineales porque había otras áreas más fáciles que atender. Ponemos mucho esfuerzo intelectual en la historia, porque es una materia más fácil de abordar que muchas otras.

Al avanzar por el camino, siendo cada paso el más razonable desde la posición en que estamos, podemos desviarnos mucho del objetivo de nuestra actividad. Así marchan las burocracias paso a paso, hasta que dejan de ser útiles al fin para el que fueron creadas. Capas de sistemas dejados a un lado que se presumía que facilitarían las decisiones, ahora hacen imposible hasta que se llegue a tomar una decisión.

En nuestro pensamiento miramos cada vez con mayor intensidad en la misma dirección, porque es donde han estado nuestra experiencia y nuestra inversión intelectual. Resulta difícil tomar otra dirección. La gente es contratada por las instituciones que existen, no por las que deberían existir.

No estoy diciendo que se trate de un proceso improvisado, porque no lo es. Cada paso debe ser muy meditado, pero su dirección viene determinada casi enteramente por la situación presente, no por la visión.

LLENO

Platón se pronunció con gran energía contra cualquier innovación del sistema educativo. Si uno sabía, por su propia definición, que no solamente tenía razón, sino toda la razón, cualquier innovación solo podía representar un paso atrás.

En la práctica, la dificultad de innovar en lo referente a educación no reside en ese sentimiento de estar absolutamente en lo correcto (aunque en verdad se da), sino en el hecho de que el programa de estudios está lleno. No hay espacios vacíos, no hay un vacío. Por consiguiente, todo lo nuevo que llega debe ser a expensas de algo que está allí y tiene que dejarle el sitio. ¿Por qué tendría que hacerlo? Porque es malo o ineficaz. Pero la mayoría de las cosas están allí porque tienen un valor o, al menos, mucha gente cree que lo tienen.

Cada dato que se enseña es valioso. Cuanta más información se tiene, más valiosa será cada pieza que se añada, porque se construye encima y se añade a lo que ya está ahí. Sería posible llenar cada segundo del programa de estudios con más información aún, y todavía se requerirían treinta años para enseñar solamente una parte de la información disponible. A menos que vayamos a alcanzar un estado casi divino de información total, que haga innecesario el pensamiento, llegaremos a un punto en que vale más la pena enseñar técnicas de pensamiento operacional (no solo críticas), con el fin de aplicar la información que tenemos. En este punto, hemos de tomar la decisión de reducir el tiempo dedicado a la información, por muy valiosa que sea, con el fin de dedicarle más tiempo a la enseñanza directa del pensamiento como técnica. Algunos de los países y distritos escolares más avanzados están empezando a hacerlo.

Este ejemplo de la educación ilustra un problema primordial del nuevo pensamiento. Aun en el caso de que algo nuevo no requiera una ruptura con lo viejo, falta espacio. La gente, el tiempo y los recursos se han estirado hasta el límite; en muchos casos, existe una disminución real de los recursos.

Mientras avanzamos hacia el futuro, resulta paradójico que la necesidad de cambio aumente cada día más (para hacer frente a los cambios en la población, a la contaminación, etc., y para emplear plenamente las nuevas tecnologías) pero que la posibilidad de cambio disminuya continuamente, porque todo está ya comprometido.

El general prudente no compromete todas sus tropas, sino que guarda una reserva estratégica que podrá utilizarse cuando surjan la necesidad y la oportunidad de hacerlo. La sociedad, por el contrario, cree que tiene cubiertas todas las bases y que el progreso llegará a través de la evolución, la confrontación de opiniones y el innovador solitario y ocasional.

Además de destinar fondos a la investigación, la mayoría de las compañías más exitosas los destinan también a nuevas secciones del negocio o a grupos emprendedores. Como las reservas estratégicas de un general, estos grupos no participan en los combates cotidianos sino que salen a explorar nuevas oportunidades.

La democracia no podía tolerar fácilmente este principio de reserva estratégica, pues los recursos no asignados serían el objetivo de cada departamento o actividad que creyese que sus fondos son insuficientes. Existen fondos de emergencia, pero no espacio ni recursos para el cambio.

Lo mismo puede decirse en cuanto al pensamiento. Quien conoce todas las respuestas posee una opinión sobre todo, una certeza respaldada por la argumentación racional y muy pocas posibilidades de progresos posteriores. Es muy poco probable que un individuo así concluya una discusión con algo que no sea una reafirmación de la razón que siempre ha tenido.

EDUCACIÓN

Se ha dicho que la función principal de la educación consiste en cuidar de los niños a cambio de una remuneración y en ofrecer puestos de trabajo. Esta opinión no es del todo errónea.

«Transmisión de valores culturales», «desarrollo espiritual», «enseñanza de técnicas esenciales para vivir en el mundo», «orientación vocacional», «apertura de potencial», «fomento del amor al conocimiento» o «producción de miembros útiles para la sociedad» son frases que suelen emplearse para descubrir los fines de la educación. Si dejamos aparte la orientación vocacional (para profesiones específicas), hay muy pocas pruebas de que la historia, la geografía, la ciencia, la poesía, la literatura, etc., tengan realmente mucha importancia. Es un acto de fe aceptar que son parte necesaria de la cultura que queremos para nuestros ciudadanos. Con materias tales como la lectura, la escultura y las matemáticas damos por sabido que estos conocimientos fundamentales son tan evidentemente útiles que no hay que ponerlos en tela de juicio.

En cambio, cuando se trata de enseñar técnicas de pensamiento, exigimos pruebas de que son necesarias. La cuestión debería formularse a la inversa: ¿cómo puede cualquier sistema educativo que pretende enseñar los conocimientos básicos necesarios para la sociedad (sobre todo en una democracia) justificar el abandono de la capacidad humana más fundamental: el pensamiento? La respuesta debería ser de forma inmediata: debido a que el pensamiento es sin duda la más importante de todas las capacidades humanas, la educación debería ocuparse de su enseñanza, ya que el pensamiento es imprescindible para aprender cualquier disciplina.

Alguien que siempre ha escrito a máquina con dos dedos cuando tenga sesenta años, seguirá haciéndolo con dos dedos. Esto no se debe a falta de práctica, sino a que su práctica durante todos esos años ha sido esa: escribir a máquina con dos dedos.

El hecho de que el pensamiento sea utilizado no significa que se hayan enseñado técnicas de pensamiento. Esta enseñanza debería implementarse de una manera mucho más explícita, con un lugar definido en el programa de estudios, de modo que los estudiantes, los maestros y los padres supiesen que los métodos de pensamiento se enseñan como tales. La idea de fundirlos con las otras materias puede ser más cómoda (porque no hay ningún espacio libre en el programa), pero nunca surtirá el mismo efecto.

El problema de la educación es que es un sistema circular que se autoalimenta: fija sus propios objetivos y se encamina hacia ellos. Los que se dedican a la educación solo pueden concebir el pensamiento como «análisis» y «pensamiento crítico». Esto sucede porque el método de la educación consiste en poner el material delante de los estudiantes y pedirles que reaccionen a dicho material. Pero la vida no funciona así. En el mundo real, la gente tiene que unir los factores necesarios para pensar acerca de todo; tiene que valorar prioridades, generar alternativas, tomar decisiones, seguir iniciativas. Todo esto es parte de lo que he llamado *operancia*.

La educación se ha interesado exclusivamente en el pensamiento «reactivo». Mi trabajo en el mundo de los negocios me ha demostrado las limitaciones de suponer que el pensamiento reactivo es suficiente. Por desgracia, la mayoría de los que toman decisiones en el área educativa solo tienen en cuenta las necesidades endogámicas de la educación. A veces se produce una circularidad asombrosa. Un ejemplo clarísimo es el de los test de coeficiente intelectual. Se les enseña a los estudiantes a realizar los ejercicios que los componen y, luego, los resultados de dichos test se emplean para validar lo que estamos haciendo.

En mi experiencia con el programa de pensamiento CoRT, uno de los resultados más valiosos ha sido un cambio en la imagen que se forma el estudiante de sí mismo, pasando de «soy inteligente» a «soy un pensador». Esta última imagen es mucho más constructiva. Ya no es cuestión de «yo tengo razón», sino de «soy capaz de pensar acerca de esto». El pensamiento es también considerado como una capacidad que puede mejorarse con la atención y la práctica, como ocurre en el tenis, el esquí o cualquier otro deporte.

La educación se basa exclusivamente en la información, y las respuestas acertadas o erróneas vienen determinadas por el texto. Se ha subrayado el análisis, el pensamiento crítico y la deducción lógica, pero se ha pasado por alto la parte más importante del pensamiento: la percepción. Se cree que este aspecto ya se atiende lo suficiente en materias como la literatura. Por razones que ya he expuesto, esto se basa en un concepto erróneo de la percepción. La literatura ofrece percepción, pero no técnicas perceptivas.

Las carencias que sufre nuestro sistema educativo son producto de algunos de los fenómenos que he señalado en este apartado: creencia en el cambio por la evolución, dificultad del siguiente paso o problema del «lleno».

¿En qué debería consistir la educación? En primer lugar, tendría que cubrir capacidades básicas. Esto incluiría el pensamiento (no solo crítico, sino también productivo), la lectura y la escritura, matemáticas básicas (las que se emplean en la vida cotidiana), manejo del ordenador y técnicas sociales y de comunicación. Después, materias que mostrasen cómo funciona realmente el mundo actual: negocios, política, sociología básica, etc. El fondo cultural debería manejarse de un modo muy diferente a como se hace hoy. Materias tales como historia, geografía, teatro o tecnología se expondrían a través de material audiovisual de calidad.

La ciencia se reestructuraría y se abordaría en los tres niveles ya citados: técnicas básicas (métodos), mundo actual y fondo cultural.

Si pretendemos un cambio en la manera de pensar de la sociedad, tendremos que asegurarnos de que la educación cumpla su misión fundamental: enseñar técnicas de pensamiento. Esto es más importante que todo lo demás. La educación es a todas luces reacia, sobre todo porque los educadores están encerrados en un sistema que tiene una visión sumamente limitada de lo que es el pensamiento y porque tienen que seguir criterios inadecuados.

Pronto llegará el día en que serán los mismos padres los que pidan que en las escuelas se enseñen mejor las técnicas de pensamiento. En una encuesta realizada hace muchos años por George Gallup, más del 60% de los padres declararon que no estaban satisfechos con el «pensamiento» que se enseñaba en las escuelas.

LUDISMO

Busca una persona inteligente. Enséñale las reglas de un juego particular y pídele que lo juegue mal. Absurdo, ¿verdad? La persona inteligente querrá jugar el juego bien, según determinen las reglas. Inventé la palabra *ludismo* (del latín *ludo*, que quiere decir «yo juego») para indicar la manera de jugar a un juego según las reglas establecidas. La bolsa tiene por objeto reflejar los valores de las compañías que cotizan en ella. Sin embargo, la tendencia a comprar y vender ejerce una influencia más directa sobre el precio de mercado. Por tanto, si observas y prevés dichas tendencias, jugarás con éxito a la Bolsa. Al cabo de un tiempo, esto se convierte en un juego en sí mismo, y los valores de las compañías pasan a un segundo plano, aunque se deban tener periódicamente presentes, para racionalizar algún comportamiento que en realidad se ha basado en otros factores. Este proceso es inevitable, porque, al cabo de un tiempo, anunciamos con anticipación un aumento de valor y, entonces, alguien se anticipa a nuestro anuncio de la anticipación.

Un buen jugador sabe que los auges sostenidos no son muy frecuentes y que el dinero hay que ganarlo en las fluctuaciones. Lo único que se requiere es alguna señal sincronizada (no importa que tenga validez) para hacer que suficiente gente actúe al mismo tiempo. En ese caso, se eleva el precio y compra más gente. Cuando los de fuera empiezan a comprar, tú, que estás dentro, compras y ganas. La historia muestra que los círculos externos están satisfechos con que los ordenen de este modo, porque recuerdan las subidas sostenidas ocasionales, en que parecieron ganar muchísimo dinero durante un tiempo. Las señales sincronizadoras solían incluir las opiniones de Henry Kaufman sobre los tipos de interés y ciertos boletines de noticias de mercado.

El abogado gana dinero jugando al juego legal según las reglas establecidas. Esto incluye demandas de divorcio, denuncias por negligencia médica, responsabilidad por defectos de fabricación, absorción de sociedades, etc. El hecho de que las indemnizaciones por negligencia eleven las primas de los seguros médicos (que repercuten en los pacientes) y haga también necesarios todos los test imaginables (también a expensas del paciente) no es problema del abogado.

Que las numerosas reclamaciones por negligencia signifiquen en definitiva que ciertas actividades (como los jardines de infancia) no puedan ser aseguradas tampoco es problema de los abogados. Como el abogado cobrará un porcentaje del acuerdo al que se llegue, procurará que este sea cuantioso. Así de simple.

Si se juega, se juega. El agente inmobiliario quiere que los precios de las fincas sean lo más elevados posible, porque su comisión es un porcentaje del precio; que los precios altos hagan la vida imposible a los compradores inexpertos no es problema del agente.

La propia educación muestra también cómo actúa el *ludismo*. Esta establece niveles y pruebas y juzga su desempeño en términos de esos test y niveles. Si estos no abordan lo que es realmente necesario enseñar, «¡ah, se siente!», lo importante es pasar el examen (una lástima).

Si un productor de televisión sabe que la violencia aumenta los niveles de audiencia, la introducirá en su programa.

El juego que practica el productor es sencillo: el programa tiene que ser visto. Si un alto nivel de violencia ejerce un efecto pernicioso sobre la sociedad, esto les incumbe a otros.

Un buen político conoce el juego de las elecciones y el juego de la publicidad: darse a conocer pero no cometer errores, porque un solo error puede destruir una carrera política. Ser bueno en el juego de las elecciones no es lo mismo que ser bueno en el gobierno.

Puede que parezcan ejemplos extremos de codicia y egoísmo. No lo son. La codicia y el egoísmo podrían controlarse con mayor facilidad a través de la presión social y colectiva. Son ejemplos de *ludismo*. Si las reglas se han establecido de esta manera, sería tonto no seguirlas. Si no te censuras, otros no lo harán. Si, como abogado, no buscas el acuerdo más cuantioso, los clientes llamarán a otra puerta. Si, como agente de la propiedad inmobiliaria, no pides un precio alto, el vendedor irá a un agente que lo pida. Si, como inversor en bolsa, solo inviertes en valores reales y no en tendencias de mercado, puede que pierdas el tren.

Es interesante observar cómo el juego de la religión es particularmente eficaz en la superación de la codicia y el egoísmo inmediatos. La religión proporciona un juego diferente del interés inmediato. Siempre que la gente lo juegue (*ludismo*), la ambición y el egoísmo pueden ser superados por la búsqueda de la recompensa futura, la aprobación social y la autoestima.

El *ludismo* es un dilema real, porque no se puede culpar a personas inteligentes de jugar según las reglas establecidas.

PENSAMIENTO A CORTO PLAZO

En Estados Unidos hay informes trimestrales de analistas de valores. Si los valores de una compañía se marcan a la baja, la gente vende y bajan más. La compañía, entonces, se convierte en un objetivo de adquisición por otra compañía. En Japón, el accionista es considerado en último lugar (primero la compañía, después los trabajadores, a continuación los consumidores, seguidos por los bancos y por último los accionistas), de manera que el pensamiento puede ser a plazo mucho más largo. En Estados Unidos, los ejecutivos se mueven con frecuencia entre compañías. Al ingresar en una de ellas, el ejecutivo debe mostrarse activo. Pronto se irá a otra empresa y los resultados tienen que verse ahora. En Japón, la falta de movilidad en el empleo significa que cuando los resultados de una acción llegan, el ejecutivo está presente. El ejecutivo estadounidense debe buscar rendimientos rápidos y movimientos que alcen inmediatamente el precio de los valores. Las inversiones a largo plazo son mucho más difíciles.

Una vez entrevisté a un grupo de antiguos políticos y senadores en Washington. Los políticos contaban con un marco de tiempo razonable: de unos seis meses a un año. Luego entrevisté a algunos periodistas distinguidos y me sorprendí al ver que su marco de tiempo era aproximadamente de un día. Lo que ocurría hoy debía considerarse como lo más importante. Esta actitud es un ejemplo lógico de *ludismo*. Si te sientas a escribir un artículo, como deben hacer los periodistas, no puedes contar que no ocurre nada del otro mundo o que lo que está aconteciendo no es más que una tempestad en un vaso de agua. Tienes que transmitir que lo que está sucediendo es de máxima importancia y atrapar al lector.

En Australia, el Parlamento es elegido cada tres años. En el mejor de los casos, esto significa un año para instalarse, un año de gobierno real y un año de preparación para las elecciones siguientes. Los políticos tienen horizontes a corto plazo, debido a la necesidad de ser reelegidos. Hacer algo beneficioso a largo plazo pero impopular no tiene sentido: puede que uno no esté presente cuando lleguen los resultados y es muy posible que todo el mundo se haya olvidado de su contribución. Por fortuna, este problema se resuelve a veces por medio de «nobles causas».

Ningún político se habría arriesgado a sostener los intereses de la ecología contra el desarrollo industrial inmediato. Pero en cuanto la ecología se convierte en un valor muy cotizado a nivel popular, en «una noble causa», apostar por ella tiene sentido a corto plazo.

Hay un enlace visible entre el pensamiento a corto plazo y el *ludismo*. Si las reglas de juego requieren este tipo de pensamiento, entonces el *ludismo* asegurará un pensamiento a corto plazo.

DEMOCRACIA

En teoría, la sociedad tiene muy poca protección contra un político que no quiere ser reelegido. En la práctica, la presión del partido sirve de protección contra el político que piense a demasiado largo plazo. El político quiere retirarse envuelto en gloria. El partido quiere ganar el escaño en las elecciones siguientes.

Presuntamente, la democracia se sustenta sobre cuatro bases. Primera: la selección de alguien en quien se confía y se cree que representará las opiniones y los valores del elector. Segunda: la amenaza de que si el representante no sirve a sus fines, puede no ser reelegido la próxima vez. Tercera: la noción de que la argumentación y la discusión explorarán plenamente las necesidades, las posibilidades y las soluciones. Cuarta: la aceptación de que un simple recuento será el factor decisivo.

En la práctica, las graves injusticias del proceso de selección solamente se hacen tolerables por el sistema de partidos y por el hecho de que uno prefiere el hombre de su partido al de otro partido, aunque ambos estén muy lejos del ideal. El control sobre el comportamiento, en cuanto el político alcanza el poder, se ve muy fortalecido por los comentarios de los medios de comunicación. Ni siquiera es necesario que el político cometa alguna estupidez; basta con que haga algo que pueda ser considerado estúpido por los medios de comunicación (locales y nacionales). La argumentación y la discusión tienen probablemente poco valor en este punto de la historia, ya que la prensa señala los problemas con claridad. Pero los regateos y los compromisos son parte necesaria de la negociación. El recuento es tosco y simplista, pero es una aritmética en la que se puede confiar.

Evidentemente, la fuerza más poderosa en todo este asunto es el miedo a perder el favor de los votantes, lo que depende en gran parte, como he sugerido, del escrutinio de los medios de comunicación.

Por tanto, el político se abstiene de hacer nada que pueda molestar a la gente. Una oscilación del 5% en el electorado puede hacer perder las próximas elecciones. Por lo que no se hace ni dice nada que pueda ofender siquiera a este 5%, aunque el resto de los electores quiera que se haga o diga. La democracia es una manera excelente de asegurar que no se haga mucho. Siempre hay intereses que pueden sentirse pisoteados. Toda iniciativa (a menos que sea en respuesta a una crisis) está siempre expuesta al ataque. Además, es muy probable que los cambios necesarios no resulten *convenientes* dentro del marco actual.

Individuos con visión y sentido de líderes asumen en ocasiones el poder. El sentimiento popular puede presionar a los políticos de manera que estos no se atrevan a resistirse al cambio. Existen crisis a las que hay que hacer frente. Y se producen cambios. Se producen a pesar del proceso democrático y no a causa de él.

Tal vez algún día dividiremos la democracia en dos funciones: jurado y liderazgo. La función de jurado representará los valores y las preferencias del electorado y juzgará lo que es propuesto por la función de liderazgo. Esta función será ejercida por personas elegidas sobre la base de su competencia y sus dotes para llevar adelante las ideas constructivas que quizás no surjan de un cuerpo puramente representativo.

En la mayoría de los países existe ya una convergencia de opiniones políticas. Gobiernos laboristas en Australia y un presidente socialista en Francia se comportan de manera parecida a los conservadores. En definitiva, se verá que hay acciones sensatas que deben acometerse, sea cual fuere el partido que esté en el poder. Puede haber ligeras diferencias en la asignación de recursos a los diferentes sectores (sanidad, educación, defensa, etc.), pero se verá que son falsas las diferencias políticas, exageradas por los periodistas para mantener vivo el interés por la política.

PRAGMATISMO

En Ámsterdam hay una famosa calle donde las damas de la noche se sientan en escaparates bien iluminados a esperar a los clientes. Me han dicho que la prostitución es ilegal en Holanda, pero que las autoridades del fisco cargan a aquellas mujeres con un impuesto basado en cálculos sobre sus ganancias.

El pragmatismo tiene mala fama porque parece ser lo opuesto a tener principios, con lo cual nos hallamos ante un problema de dicotomía como los que he expuesto con anterioridad en este libro. El pragmatismo no tiene que significar necesariamente falta de principios, pero sí una aplicación flexible de estos. Puede significar también una negativa a dejarse llevar a una acción poco práctica por los principios rígidos.

Aunque todo gobierno o institución es mucho más práctico de lo que reconocerá jamás, no nos gusta el concepto de pragmatismo. Por un lado, implica medias tintas, dejar hacer y anarquía. Por otro, lo asociamos con egoísmo y corrupción.

Hay varias maneras de abordar este dilema. Una de ellas es aumentar considerablemente el número de principios observables. Si tenemos una rica gama de principios, podemos encontrar que uno de ellos anula a otro. Por ejemplo, un principio básico puede empujarnos a la guerra, pero otro principio, el de la prudencia, puede evitarla. El principio de la libertad de expresión (ausencia de censura) podría controlarse a través de una suerte de «impuesto de expresión» (por ejemplo, una tasa de cinco mil dólares por cadáver aparecido en un programa de televisión). Siempre existe un principio de responsabilidad que podría aplicarse si se emplease con habilidad.

El principio de justicia podría insistir en que un ladrón acusado de un delito debe ser condenado a una pena similar a la de otro ladrón acusado de un delito parecido. Se podría añadir un nuevo principio fundado en la frecuencia del delito. Si las estadísticas mostrasen que este mes (o este año) se han cometido muchos más robos que el mes (o el año) pasado, la pena se vería incrementada. Esto puede resultar extraño, pero ¿debería ser la ley un contrato con el delincuente según el cual este recibiría cierta condena a cambio de cierto delito?

Podría ser pragmático otorgar a los condenados a largas penas una pensión razonable al salir de la cárcel, de manera que no tuviesen que volver a sus antiguos hábitos. Estadísticamente, la probabilidad de reincidencia es enorme. Sin embargo, nuestra mentalidad se lleva las manos a la cabeza, horrorizada, ante esta recompensa del pecado. Pero ¿cuál es la prioridad? ¿El castigo del delito o la reducción de este en la sociedad?

¿Deberíamos tener principios laxos para aplicarlos con rigidez, o principios rígidos para aplicarlos con laxitud? «Respeta a los demás» es un principio laxo, pero que se podría aplicar con rigurosidad. «Honradez» es un principio rígido, pero lo aplicamos con laxitud, en particular con la percepción parcial de la política y la prensa.

Hay otro punto importante. ¿Nuestro pensamiento debe ser conducido por nuestros principios o deben ser compatibles entre sí? Ambas cosas son completamente diferentes, porque la percepción es diferente. Cuando ponemos a funcionar un principio, tan solo podemos percibir la situación a través de él. Cuando volvemos al principio después de elaborar nuestro pensamiento, hemos tenido la oportunidad de ampliar nuestra percepción.

¿Deberíamos ser lo bastante pragmáticos como para ser pragmáticos pero declarar que estamos siguiendo principios? La ley es cuestión de principios. Cuando las leyes están codificadas (como en Francia), las interpretaciones ayudan a decidir la aplicación de los principios. Con leyes basadas en la jurisprudencia todo avanza según nuevos casos y nuevos principios (como en el Reino Unido y en Estados Unidos).

Algunos principios son ampliamente aplicables, pero otros se aplican tan solo a circunstancias muy particulares. La definición de enajenación en una causa criminal puede tener una aplicación muy amplia (el loco no es responsable de sus actos), pero en la práctica requiere un análisis detallado de las circunstancias (¿son el lavado de cerebro o la hipnosis una forma de enajenación?).

Los principios necesitan ser alimentados. Solo existen cuando hablamos de ellos, creemos en ellos, los empleamos y tomamos decisiones a partir de ellos (aunque sean impopulares); el pragmatismo parece no tener nada que ofrecer. No obstante, podemos introducir el concepto de «adecuación», que depende mucho de las circunstancias. Una acción es adecuada a las circunstancias, o no lo es.

Es malo matar a personas inocentes. Un loco es inocente, en cuanto que no es responsable de sus actos. Si un loco fuese una amenaza para las vidas de otras personas (como con la colocación de una bomba en un avión), ¿estaría justificado matar a ese perturbado mental? La respuesta debería ser la misma que damos en los casos de defensa propia, que es en sí misma un concepto pragmático que se impone a un principio básico.

El punto clave es que si definimos el pragmatismo como acción que es adecuada a las circunstancias, por lo general, los principios aceptados son también parte de las circunstancias. No es cuestión de circunstancias o de principios, sino de circunstancias que incluyen principios.

Aunque algunos filósofos estadounidenses como William James y John Dewey fueron grandes exponentes del pragmatismo, en realidad no hemos explorado su aplicación práctica por miedo al lugar adonde podría llevarnos y por miedo a perder nuestro valioso sentido de la justicia.

BUROCRACIA

La burocracia surge cuando un grupo de gente que se ha unido para un propósito lo cambia para buscar tan solo la conservación del grupo. La burocracia es un caso clásico de *ludismo*. En ella, enseguida sobrevive y prospera el juego al que todos están jugando: el de la supervivencia y prosperidad de la burocracia. Esto puede implicar un riesgo de elusión, de echarle el muerto a otro, de lucha política interna, de creación de canales, etc. No es diferente ni peor que el *ludismo* practicado en cualquier otra profesión.

El objeto de la burocracia es evitar errores. El buen trabajo de una burocracia se da por supuesto. Los errores se prestan al ataque. Un error será una mancha indeleble en la carrera del burócrata. No es como en el mundo de la empresa privada, donde a un fracaso le puede seguir un triunfo.

Hay muchos que han perdido y ganado fortunas con regularidad cíclica.

Si un burócrata tiene una buena idea, ¿no sería encomiable? Sin embargo, le preguntarán por qué tardó tanto en concebirla. Tal vez se habría podido ahorrar mucho dinero de haberla propuesto antes. Supongamos que dicha idea no hubiese sido posible sin la última tecnología del ordenador; ¿sería entonces digna de alabanza? No necesariamente. En algunos países, el que ha tenido la idea será reconocido como un «hombre de ideas», pero no ascendido a jefe del departamento, que necesita un hombre sensato (que nunca cometerá un error, ya que nunca tendrá ideas).

En una ocasión sugerí que cualquier burócrata que pudiese abolir realmente su cargo debería percibir todo su salario hasta la edad de la jubilación. Esto parece absurdo, pero no lo es. El salario se pagaría igualmente si el cargo no se aboliera. Pero si esa persona cobra ahora un salario por no hacer nada, al abolirlo se ahorra todos los gastos de mantenimiento y funcionamiento del puesto que ocupaba. Dicha persona quedaría en libertad para aceptar y abolir otro puesto de trabajo.

La burocracia no fue nunca concebida como un mecanismo de cambio, sino para hacer que las cosas funcionen como hasta ahora. Por desgracia, el cambio tiene que realizarse con frecuencia a través de la burocracia. Las fundaciones rápidamente se burocratizan. En lugar de ser los capitalistas emprendedores que proporcionan el dinero que ha de ser semilla de la innovación no comercial en la sociedad, acaban adoptando la misma actitud de los banqueros ante el riesgo. Honestamente, esa ha sido mi experiencia con ellas.

Muchos de los posibles mecanismos de cambio de la sociedad están en manos de los burócratas. No hay ninguna ley natural que declare que las personas que se integran y permanecen en las burocracias tengan menos talento que las que no lo hacen. Tal vez han sido lo bastante inteligentes para elegir un estilo de vida de baja tensión. Sin embargo, los individuos con visión y espíritu emprendedor tal vez se sientan frustrados en el engranaje de la burocracia y generen antagonismos que conduzcan a su expulsión. Así pues, donde el camino requiera visión y espíritu emprendedor, pero deba pasar también a través de una burocracia, es bastante probable que el resultado sea negativo. Si ponemos juntos el *ludismo* de los políticos y el *ludismo* de los burócratas, pocas probabilidades quedan de cambio o pensamiento innovador.

Una vez les sugerí a los rusos que deberían establecer una Academia de Cambio, con la finalidad específica de ver lo que sucedería si, formalmente, se pidiera a los burócratas que siguieran esta dirección.

También sugeriría la creación de un ministro o secretario de Estado para las ideas, como una estrategia para atraer la atención sobre esta necesidad.

COMPARTIMENTOS

Es posible que un día se clasifique la esquizofrenia como un tipo particular de desorden enzimático.

En los primeros tiempos de la ciencia y la medicina, había múltiples clasificaciones, porque solo podíamos contar con la descripción. Pero cuando empezamos a comprender los mecanismos subyacentes básicos, la clasificación se vino abajo, porque pudimos ver que condiciones originalmente clasificadas como muy diferentes no eran más que distintas manifestaciones de lo mismo.

James Gleick, en su excelente libro *Chaos*, describe cómo esta nueva ciencia o área de interés tuvo que atravesar muchos compartimentos existentes: meteorología, física, mecánica de los fluidos, informática, matemáticas (y muchos compartimentos dentro de las matemáticas). El primer trabajo fue realizado por Edward Lorenz, meteorólogo.

Así pues, hay dos tendencias opuestas. Una de ellas es aumentar la especialización y la compartimentación. Con el creciente conocimiento y métodos de investigación mucho mejores, el individuo tiene que considerar algún aspecto parcial de una materia y dedicarse a él con los instrumentos especializados de que dispone. Por lo general, los especialistas en un compartimento ni siquiera se comunican con los del compartimento contiguo.

El lenguaje es diferente, los conceptos son diferentes, las matemáticas son diferentes y los intereses son diferentes. Todo esto es inevitable y nadie tiene la culpa.

La otra tendencia es que, al saber más y calar más hondo, empezamos a descubrir que los procesos y sistemas de organización pasan por muchos campos. Otras veces, con el fin de comprender lo que está sucediendo en un campo, se necesita tomar prestados conceptos y técnicas de otro. En el futuro, los filósofos pueden necesitar ser neurólogos. Ya hemos visto cómo los especialistas en informática tienen que recurrir a la neurología para diseñar sistemas de redes neuronales.

Los nuevos proyectos de investigación implican a menudo un equipo interdisciplinario (matemáticos, físicos, biólogos, informáticos, físicos de la materia, etc.). Igual que desaparecieron las antiguas clasificaciones cuando ahondamos para comprender mecanismos básicos, así puede desaparecer también la distinción entre materias. Naturalmente, hay distinciones de escala. Un físico de partículas no está trabajando en la misma escala que un economista. Sin embargo, tal vez un economista necesite saber mucho sobre la teoría del caos y los sistemas no lineales. Puede incluso necesitar saber algo sobre la base neuronal de la mente, con el fin de comprender el comportamiento de la percepción y la elección, que tanto afectan, juntas, al comportamiento económico.

Aun así, la distribución de fondos y la organización se basan en líneas tradicionales de compartimentos. Es más, si un proyecto traspasa el límite de un compartimento, el manantial de fondos puede secarse, ya que a partir de ese momento pasa a ser asunto de otra dependencia. El orden administrativo estará siempre muy por detrás de lo que ocurre en la actualidad.

Los especialistas dentro de un campo tradicional son fáciles de designar. Los especialistas en un nuevo campo no se pueden designar hasta que el campo está establecido. Los que tienen conocimientos generales en varias disciplinas no son los más indicados, porque en cualquier campo serán inferiores a un especialista en la materia.

En el futuro, probablemente tendremos que reflexionar una vez más sobre toda esta área de especialización y compartimentación, si hemos de usar con plenitud el potencial de la tecnología. Nos veremos obligados a crear especializaciones en compartimentos cruzados y crear también lenguajes de contacto para que pueda fluir el conocimiento. Tal vez incluso tendremos que establecer el estudio de todas estas cuestiones como una disciplina en sí.

UNIVERSIDADES

Como su nombre implica, las universidades tratan de abarcar demasiado. Hubo un tiempo en que una universidad podía abarcar todo el conocimiento humano. Aquella época ha quedado muy atrás.

Las universidades existen para fomentar la erudición, la investigación y la educación. La universidad es como el hogar de un erudito que está investigando algún aspecto muy especializado de la civilización, de manera que sus hallazgos puedan ser tejidos en el tapiz general de nuestra cultura. Tales eruditos no podrían encontrar un hogar en ninguna otra parte.

Este aspecto de las universidades en cuanto a la exploración de la cultura puede significar que se comprometa una gran cantidad de recursos en los departamentos de historia, lenguaje y literatura y filosofía. Ya he comentado en páginas anteriores la obsesión por la historia, tendencia muy remota que deriva de aquella época en que la historia podía enseñarnos mucho (el Renacimiento). Los departamentos de historia son productivos, atraen a los estudiantes y son lo bastante grandes para defender su posición. La historia es tal vez el área en que puede lograrse con más facilidad esa erudición tan apreciada. Ciertamente, la propia erudición es casi sinónimo de conocimiento y perspectiva históricos. Para aquellos miembros de la sociedad que no quieren ser tecnólogos, los departamentos de historia y lenguaje y literatura proporcionan una educación general.

En Estados Unidos cada día hay más estudiantes de derecho y de administración de empresas, pues consideran que proporcionan unos conocimientos adecuados para sus futuras actividades en el ámbito de los negocios.

En matemáticas, ciencia, medicina y diversas áreas de la tecnología, la formación universitaria es más o menos vocacional. Ya que la sociedad los necesita, tienen que adiestrarse en alguna parte. Algunos países, como Alemania, cuentan para ello con colegios técnicos especializados de primera categoría.

Existen, pues, los aspectos culturales de las universidades y los aspectos vocacionales. En lo que atañe a la sociedad, se trata de actividades importantes pero bastante monótonas. La investigación contribuye directamente en la aportación de nuevas ideas y en el progreso. Sin embargo, no tenemos verdaderas pruebas de que las universidades sigan siendo el mejor lugar para la investigación. En el pasado, la mayor parte de la investigación procedía de ellas, porque era en ellas en el único lugar donde se realizaba. Hasta que las compañías empezaron a hacer sus propias investigaciones. Hay investigadores que no quieren dedicarse a la enseñanza, como los hay que no buenos docentes. Existen varios institutos de investigación específica, como es el del Princeton Institute of Advances Studies.

Las universidades quieren llegar a ser independientes, porque temen, como brazo directo del gobierno, verse obligadas a seguir la política de este: «Preparen más ingenieros en electrónica». Sin embargo, la independencia también puede significar democracia ineficaz. Si todos los departamentos existentes tienen que votar sobre el establecimiento de un nuevo departamento, no es probable que este llegue a crearse.

Algo así sucedió en la Universidad de Cambridge, en Inglaterra. El resultado fue que Cambridge no reconoció las matemáticas como materia adecuada para el estudio hasta aproximadamente 1850, e incluso hoy no dispone de una escuela empresarial.

Las universidades son muy propensas a la sucesión *apostólica*. Esto significa que los nuevos designados se eligen a imagen de los que ya están ahí. Las universidades son también burocracias en las que la preservación de la dirección existente es lo más importante. Tienen una sólida base histórica y esa es una de las razones de que tal vez haya llegado el momento de modificar el concepto y liberar la educación, la investigación y la continuidad cultural.

Las universidades hacen un buen trabajo, pero los mismos recursos aplicados de otra manera podrían hacerlo todavía mejor.

COMUNICACIÓN

El lenguaje supone probablemente la mayor barrera para el progreso. Es posible que no podamos progresar más porque hemos chocado con el límite del lenguaje. En un apartado anterior he tratado de las deficiencias del lenguaje como sistema de pensamiento. A este respecto es mucho más pobre de lo que suponemos. Seguimos confundiendo la fluidez con la eficacia.

Para la mayoría de la gente, la comunicación se realiza por medio del lenguaje: libros, periódicos, radio, televisión, charlas, discursos políticos, discusiones, comentarios, etc.

Hay algunos periodistas especializados en ciencia y en economía, e incluso comentaristas políticos excelentes; pero, en el pasado, el nivel de los que se dedicaban al periodismo no era muy alto. Los empresarios y los científicos tienen bastante con ser empresarios y científicos, de modo que disponen de poco tiempo para establecer una comunicación directa. La mayor parte de la comunicación pasa por estos intermediarios a los que llamamos «periodistas» en el más amplio sentido de la palabra.

La capacidad de los periodistas de abarcar distintos campos es casi siempre limitada, por lo que deben recurrir a tres recursos básicos: el ángulo humano, el artificio y el ataque. El principal objetivo no lo constituye la exposición del tema, sino el interés periodístico. El *ludismo* es claro. La democracia comercial tiene su propio *ludismo*. Cuanto mayor es el número de lectores u observadores, más altos son los índices de publicidad; así que hay que buscar el mercado de masas. La confrontación y la controversia son intrínsecamente más interesantes que el acuerdo; esto quiere decir que hay que exponer y subrayar las discrepancias. Los escándalos son entretenidos; así que las personalidades cuentan más que la sustancia.

A esto hay que añadir las limitaciones de los medios de comunicación en cuanto a la «verdad». Así como no hay verdad en la percepción, tampoco la hay en esos medios. La percepción y la parcialidad selectiva son inevitables. Las percepciones proceden siempre de un punto de vista particular. Una escena sangrienta en televisión tiene interés pero tal vez solo sea una pequeña muestra de toda la escena, que puede ser muy diferente; si una persona es herida entre una multitud, las cámaras la enfocarán siempre que sea posible. Quejarse de la parcialidad de la percepción es válido, pero no es probable que cambie nada. La naturaleza del medio y la naturaleza del juego son así.

Los medios de comunicación masiva pueden regular directamente las percepciones, y eso les otorga un enorme poder tanto para bien como para mal. Estas percepciones han jugado un importante papel en cruzadas como las relacionadas con la calidad de los productos, los hábitos saludables, Vietnam, la ecología y la sostenibilidad, los conflictos raciales, conflictos de género, los peligros del tabaco... En todos estos casos, el poder de la propaganda se ejerció para una buena causa. En algunas áreas, los medios de comunicación son potentísimos generadores de cambio y nuevas percepciones; en otras, refuerzan las viejas percepciones. El criterio sigue siendo el de «todo vale si la noticia vende».

ENVOLTORIO

Si la publicidad llegase a ser realmente eficaz, la sociedad ya no podría tolerarla. Por eso no está permitida la publicidad subliminal. Es posible que en el futuro comprendamos tan bien la percepción que seamos capaces de hacer anuncios tan coercitivos que el que los vea se sienta obligado a emprender la acción.

En política, la campaña política, el *envoltorio* de un candidato, se ha convertido en una operación de habilidad extrema. El análisis de elecciones anteriores y las encuestas predicen con exactitud cómo responderá la gente a ciertas actitudes. La blandenguería de los candidatos en las elecciones presidenciales estadounidenses de 1988 se debió tanto a esto como a todo lo demás. El mensaje sería: «No inquietes a la gente y diles lo que quieren oír». Los periodistas puede clamar pidiendo declaraciones propias de una política agresiva, con el fin de tener algo sobre lo que escribir; pero los directores de las campañas saben que eso no conviene. Reagan mostró con enorme claridad lo que toda persona familiarizada con el medio televisivo sabe: nadie escucha lo que dices; es tu imagen lo que provoca una buena o mala reacción. Los directores de campañas también saben esto.

Todo esto no es nuevo. Franklin Roosevelt solía pedirle a George Gallup que sondease a la gente para determinar cómo reaccionaría ante un discurso polémico. Si el resultado era positivo, pronunciaría el atrevido discurso. En esto estamos mejorando mucho.

Por primera vez en la historia, tenemos a nuestro alcance poderosos instrumentos perceptivos. No es necesario tratar de atraer a la gente por medio de la lógica. Los estímulos emocionales tampoco son necesarios. La batalla política se convertirá en una batalla de percepción. Por eso necesitamos prestar muchísima más atención a los aspectos perceptivos del pensamiento, tal como he tratado de hacer en este libro.

RESUMEN DE
RESULTADOS PRÁCTICOS

Con esto hemos llegado al final de una progresión que ha atravesado las siguientes etapas:

1. Una mirada al modelo autoorganizador del cerebro y un contraste entre los sistemas de información autoorganizadores y los sistemas de tablero.
2. Una mirada a la manera en que el comportamiento de la percepción surge directamente a partir del comportamiento de los sistemas autoorganizadores.
3. Una mirada al impacto que produciría en nuestros hábitos tradicionales de pensamiento y sus fallos el hecho de comprender la percepción.
4. Una mirada al pensamiento en la sociedad y sus instituciones.

Me gustaría ahora reunir y resumir en este apartado algunos de los resultados prácticos de este ejercicio. Son muchos, y van desde los muy específicos (tales como las herramientas de creatividad) hasta los más generales (tales como la preocupación por las deficiencias del lenguaje).

Algunos puntos son sencillos, pero otros abren extensas áreas dignas de una consideración más minuciosa. Repitiendo una observación que he hecho a menudo a lo largo de este libro, diré que no he pretendido dar todas las respuestas, sino indicar que es momento de prestar seria atención a estas materias. Hay otras cuestiones implícitas que no he consignado en esta obra, pero que los lectores inferirán y observarán por sí mismos.

Los resultados prácticos se encuadran dentro de dos extensas áreas:

1. Los puntos prácticos que surgen directamente de nuestra comprensión de la naturaleza de la percepción.
2. Defectos de nuestro hábito tradicional de pensamiento, puesto de manifiesto por nuestra comprensión de la percepción.

Complacencia

Lo más asombroso es nuestra extraordinaria complacencia y satisfacción con nuestros sistemas tradicionales de pensamiento. Estamos tan encerrados dentro de la lógica de tablero que casi se ha convertido en un sistema de creencias. Solo podemos ver el mundo en estos términos, hasta el punto de que lo que vemos refuerza nuestra forma de mirar. Estamos tan absortos con los logros de nuestro pensamiento en materias técnicas que explicamos su relativo fracaso en las cuestiones humanas diciendo que estas son simplemente intratables debido a la perversidad de la naturaleza humana.

Más esfuerzo y atención

Debemos prestar mucha más atención a nuestros sistemas de pensamiento y a las materias que han sido consideradas en este libro. Esta es la más fundamental de las preocupaciones humanas (la naturaleza de nuestro pensamiento) y, sin embargo, la más descuidada. Después de muchos años, salí del mundo académico (Oxford, Cambridge, Londres, Harvard) porque era imposible encontrar una vía para continuar con esta materia. El motivo es que no se puede encajar dentro de la psicología, la filosofía o las matemáticas, sino que afecta a muchas disciplinas.

Bases del sistema

Por primera vez en la historia tenemos un modelo de sistema para el cerebro. Es el modelo autoorganizador que he descrito en este libro. Reabre toda el área del pensamiento y de la percepción en particular. Ahora podemos ver que el cerebro es un simple mecanismo capaz de cumplir las complejas funciones que llamamos actividad mental.

La filosofía tradicional ha muerto

La filosofía tradicional solo puede continuar como un juego de palabras. Muchos filósofos han llegado también a esta conclusión. En el futuro, los filósofos tendrán que contar con una buena comprensión del comportamiento de los sistemas y de los diferentes modelos de sistemas de información, en particular los sistemas autoorganizadores. Todo lo demás apenas consiste en la exploración de las palabras inadecuadas que empleamos para describir cosas que no comprendemos.

Percepción

Nuestra comprensión de la diferencia de comportamiento entre los sistemas de información pasivos y los sistemas activos autoorganizadores nos permite, por primera vez, explorar la percepción, como he venido haciendo a lo largo de estas páginas. Podemos empezar a comprender la lógica de la percepción. Comprendiendo esta lógica, podemos mirar hacia delante y esperar grandes cambios en los asuntos humanos.

Enfermedad mental

El modelo autoorganizador del cerebro puede facilitarnos nuevos modos de ver la enfermedad mental. Por ejemplo, en la paranoia hay un «exceso de significado»; en la esquizofrenia, «significado desorganizado»; en el autismo, «falta de significado». En el modelo podemos señalar los defectos que pudieron producir este tipo de comportamiento.

En cualquiera de estos puntos, un defecto daría relieve a lo que apreciamos en cada enfermedad mental. Para cualquier clase de comportamiento aberrante, podemos pasar de lo puramente descriptivo al terreno de la hipótesis y empezar a ensayar diferentes enfoques.

Libre albedrío

Podemos empezar a comprender la base fisiológica de cuestiones tales como el libre albedrío. Podemos empezar a comprender cómo es posible ser libre en un sistema determinista. Esto tiene profundas implicaciones. Por ejemplo, a veces es sensato castigar a delincuentes, aunque no sean responsables de lo que hicieron. Esto es totalmente contrario a nuestra idea de la justicia.

Evolución para el cambio

En cuanto al progreso, tenemos que reconsiderar con seriedad nuestro modelo tradicional de evolución. Por muchas razones, dicho modelo resulta sumamente inadecuado. Por ejemplo, para ir delante quizá tengamos que despedazar conceptos existentes, de manera que los elementos vuelvan a combinarse de diferentes maneras. Las variaciones paradigmáticas también requieren este tipo de cambio.

Nuestra complacencia dentro del modelo de evolución es la causa de que confiemos en el pensamiento crítico, la argumentación y la solución de problemas como herramientas de cambio. Todos ellos son defectuosos y de limitada efectividad.

Argumentación

El proceso de argumentación es central tanto en nuestro sistema tradicional de pensamiento como en instituciones prácticas de la sociedad tales como el derecho, la política y el desarrollo científico. Tenemos que reconsiderar a conciencia la efectividad del método. La argumentación tiene por objeto la exploración del tema, pero no es la mejor vía; podemos concebir nuevos métodos de exploración mucho mejores. La validez de la argumentación depende de ciertas presuposiciones sobre los absolutos y también de la falta de imaginación. Los aspectos polarizadores, deformadores y conflictivos de la argumentación son evidentes desde hace tiempo.

Pensamiento crítico

Siempre hemos valorado mucho el pensamiento crítico, porque hemos creído que la «búsqueda de la verdad» es todo lo que persigue el pensamiento. Como resultado de esta falacia hemos descuidado tristemente los aspectos generador, productivo, constructivo, creativo y planificador del pensamiento. Hay que crear nuevos conceptos, nuevas percepciones, nuevas hipótesis y nuevos proyectos; no hemos de esperar a descubrirlos. También debemos darnos cuenta de que, lejos de ser un proceso mental complicado, el pensamiento crítico es muy sencillo, debido a la posibilidad de elegir el patrón de referencia. Necesitamos el pensamiento crítico, pero solo como parte del pensamiento y junto con el aspecto generador, que es mucho más importante. Podemos también percatarnos de que el pensamiento crítico más eficaz es en realidad el creativo, porque la capacidad de generar una explicación alternativa es el medio más poderoso de destruir la unicidad de una afirmación. Además, la imaginación que permite ver las consecuencias es la mejor crítica a las propuestas de acción.

Discrepancia

Nuestra creencia en la revolución a través del enfrentamiento nos ha limitado a conceptos de revolución negativa. Esto significa: define al enemigo, odia al enemigo, ataca al enemigo. Como esto a menudo es poco práctico o fracasa, no tienen lugar las revoluciones necesarias. Es más que factible concebir revoluciones positivas.

Análisis

Debemos darnos cuenta de que el análisis de datos no es suficiente. En los datos solo podemos encontrar reflejos de ideas que ya se han adoptado. Esto surge directamente de la naturaleza de la percepción. Así, nuestra confianza en el análisis para tomar decisiones es inadecuada. Debemos desarrollar también técnicas conceptuales creativas. En el campo científico, la creencia tradicional en las hipótesis más razonables es también defectuosa, porque nos limita a observar los datos a través de aquella hipótesis. Por consiguiente, resultan esenciales otras hipótesis, aunque sean mucho menos razonables.

Solución de problemas

El principal defecto de este método tradicional de supervivencia es que la solución del problema solo nos llevará al lugar donde estábamos antes de que surgiera el problema. En los negocios, la política y la sociedad, el término *solución de problemas* limita peligrosamente el progreso. La solución de problemas debe contrastarse con un proceso de proyecto, que se mueve hacia delante siempre que es necesario. Para abarcar todo el pensamiento, debemos dejar de usar este término ya que nos limita a un pequeño aspecto de aquel.

Verdad y absolutos

Tenemos que volver a examinar cuidadosamente nuestros conceptos de verdad. Hay una verdad construida, como en las matemáticas, y una verdad perceptiva, como en la creencia. También hay una verdad relativa ofrecida por la autoridad, por circunstancias particulares y por el repertorio de conceptos que poseemos. Tal vez la mejor manera de describir la verdad es como una constelación particular de circunstancias que dará un resultado particular. Nuestro concepto tradicional de la verdad ha conducido a la creación y empleo de los absolutos. La rigidez de estos y su no dependencia de las circunstancias les da cierto valor práctico, pero también hace que sean herramientas mezquinas para el progreso. Tenemos que concebir sistemas basados en la «lógica del agua» y no en la «lógica pétrea». Ciertamente, esto no significa relativismo o que «todo vale». Lo que necesitamos es un pragmatismo que no carezca de integridad.

Descripción

Debemos ser muy claros en nuestro uso de la descripción. Algunos tipos de descripción no son más que caprichosos arabescos de lenguaje e ideas con un valor puramente decorativo. Otros tipos de descripción tienen el valor de permitirnos percibir diferencias e identidades. También se da la descripción como ejercicio en la concepción de hipótesis posibles. Así pues, la descripción puede ser muy valiosa o una engañosa pérdida de tiempo.

Obsesión por la historia

Tenemos que librarnos de nuestra obsesión por la historia, que absorbe demasiado talento y recursos. Una gran preocupación por la historia reduce el esfuerzo de mirar hacia delante con un proyecto. Los conceptos que heredamos de la historia limitan nuestras percepciones y pueden ser realmente peligrosos aplicados a las diferentes circunstancias actuales.

La inteligencia no basta

La noción general de que la inteligencia (análisis, lógica y argumentación) es suficiente resulta peligrosa en muchos sentidos. Se carga el acento sobre la capacidad lógica más que sobre la perceptiva, que es tan importante en el pensar y el actuar de la vida real. La habilidad de una persona inteligente para evitar errores obvios y realizar una argumentación coherente a menudo le impide ver la necesidad de desarrollar técnicas deliberadas de pensamiento. Evitar el error no es suficiente en el pensamiento.

Lenguaje

Más necesario aún es conocer las deficiencias y engaños del lenguaje. El atractivo emocional directo de los adjetivos de valor y el efecto insidioso de los adjetivos despectivos establecen el contexto de las percepciones y determinan, de este modo, la gama de patrones que pueden ser utilizados.

El fenómeno de la amplia captación de los patrones perceptivos, combinado con la certeza, la identidad y las categorías de la lógica, permite que esta se use para apoyar todo tipo de alegaciones. Además, el lenguaje es una enciclopedia de ignorancia, ya que percepciones fundadas en una ignorancia relativa quedan paralizadas en la permanencia de las palabras y limitan así el pensamiento futuro.

Debemos percatarnos de que el lenguaje no es un medio de pensamiento, sino un medio de comunicación. La capacidad del lenguaje de describir algo con propiedad, visto retrospectivamente por medio de un conjunto de palabras, puede impedir en realidad que desarrollemos un código más rico de lenguaje con el que percibir cosas en primer lugar (un ejemplo de esto sería la escasez de palabras para describir las relaciones humanas).

Polarizaciones

El hábito de dicotomía del lenguaje (nosotros/ellos, amigo/enemigo, tiranía/libertad) da origen a percepciones limitadas y peligrosas. Este sistema ha sido esencial para nuestros hábitos tradicionales de pensamiento, para que pudiésemos emplear el principio de contradicción. En la práctica puede ser el aspecto más perjudicial de dicha tradición. Tenemos que explorar el territorio intermedio y crear todo un espectro de percepciones. Debemos ver que una categorización en ciertas circunstancias no se mantiene en circunstancias diferentes. Necesitamos crear nuevos conceptos que aúnen las dicotomías; por ejemplo, un concepto único para «amigo enemigo».

Cuanto más mejor

El hábito tradicional de categorización fija causa problemas con la curva de Laffer o de «sal». Si algo es bueno, cuanto más mejor. La lógica de tablero no puede hacer frente a este problema, y el resultado provoca graves incompetencias en la sociedad (por ejemplo, en el sistema legal de Estados Unidos).

Guardianes limitados

Los guardianes del cambio en la cultura o el pensamiento tienden a ser unas personas de tradición literaria. Muy a menudo, son simplemente incapaces de comprender otros idiomas. Por consiguiente, estos otros idiomas son ignorados o representados de modo inadecuado.

Resultado de ello es que la sociedad queda aislada del posible cambio y sumergida en el pensamiento deficiente de la cultura del lenguaje.

Comprender la percepción

Siempre hemos sido capaces de describir lo que percibimos. Siempre hemos tenido la impresión de que la percepción era una parte muy importante del pensamiento. Hemos tratado, con poco éxito, de aplicar la lógica a la percepción, y nos hemos dado cuenta de que basábamos nuestra lógica en otras percepciones. Por fin podemos empezar, por primera vez, a comprender la percepción. Podemos hacerlo porque ahora la vemos como un comportamiento natural de un sistema autoorganizador. Sabemos que la percepción no es casual, sino que tiene su propia lógica. La lógica del comportamiento es el comportamiento ineludible del sistema subyacente.

Percepción y emoción

Podemos empezar a comprender en qué forma las emociones pueden cambiar las percepciones. Es parte del efecto general que el contexto ejerce sobre la percepción y puede tener resultados prácticos si los esfuerzos por cambiar el contexto llegan a cambiar las percepciones.

Percepción y creencia

La circularidad, en un sistema autoorganizador, puede establecer creencias con gran facilidad. Nos cuesta percatarnos de que las creencias son tan fáciles de establecer que solo precisan una ligera base en la realidad. Al mismo tiempo, la verdad perceptiva de una creencia puede ser muy firme. Además, una creencia, aunque sea falsa, puede facilitarnos un sistema organizador, un sistema de valores y un marco significativo.

Percepción y verdad

No puede haber verdad en la percepción, salvo la verdad circular de una creencia. No deberíamos esperar verdad u objetividad en los medios de difusión, que son prolongaciones del sistema perceptivo.

Prejuicio y lógica

Si comprendemos la base de la percepción, veremos por qué la lógica no puede alterar los prejuicios, las creencias, las emociones o las percepciones. A lo largo de los siglos, nos hemos esforzado mucho en el empleo de la lógica, y esta nos ha decepcionado. Ahora vemos cómo tan solo las percepciones y las emociones pueden alterar los prejuicios y las creencias. Incluso la experiencia puede resultar impotente en este sentido. Por esto necesitamos dar suma prioridad al desarrollo de técnicas perceptivas específicas (por ejemplo, con el programa CoRT en las escuelas).

Secuencia en el tiempo

El fomento de las percepciones siempre depende en gran manera de la secuencia de la experiencia en el tiempo. La percepción, en cualquier momento, depende en un alto grado de la secuencia de tiempo que conduce a aquel momento.

La consciencia puede tener un efecto práctico sobre las instrucciones, anuncios, presentaciones, negociaciones, propaganda, etc. Ya conocíamos este efecto, pero la base del sistema muestra que es aún más importante de lo que habíamos creído.

Reconstrucción

El efecto de disparo de la percepción significa que podemos construir o reconstruir materias que no están donde creemos. Esto se hace sin la menor intención de engaño o fraude. Así, la percepción, por sincera que sea, debe ser siempre sospechosa. Llegamos a ver lo que pensamos que está.

Lo que estamos preparados para ver

Cuando pensamos que estamos analizando datos, en realidad los consideramos tan solo a través de nuestros paradigmas existentes y utilizando una serie limitada de conceptos disponibles. En el futuro, podemos volver a examinar los mismos datos y verlos de manera muy diferente. Por consiguiente, hay una razón práctica para reexaminar los viejos datos a través de nuevas percepciones. Existe también una razón práctica para crear, y aceptar, nuevos conceptos.

Inocencia

Según la tradición, en la investigación uno debería leer todo lo posible que se ha escrito sobre una materia antes de empezar a trabajar en dicha materia. Pero si prestamos demasiada atención a los conceptos existentes, solo podremos observarla exactamente de la misma manera. Hay, pues, un dilema. El conocimiento insuficiente significa duplicación y, también, incapacidad de construir sobre la obra existente. Demasiado conocimiento significa falta de originalidad. Hay varias vías para darle la vuelta a esto. En todo caso, la conclusión práctica es que demasiada investigación puede tener un efecto negativo.

Humor

Podemos ver el humor bajo una nueva luz. El humor no es solo una aberración extraña de la mente, sino un comportamiento importante de los sistemas autoorganizadores. Como tal, es una de las mejores indicaciones de que el cerebro funciona (al menos en la percepción) como un sistema autoorganizador. El cambio de patrones del humor es un buen modelo para la creatividad y la perspicacia.

Poesía

Podemos ver que la lógica de la poesía es la «lógica del agua» de la percepción, en la que el significado no se construye en secuencias, sino en capas. La poesía funciona debido al efecto de sensibilidad o predisposición en el sistema autoorganizador.

Estratal

El *estratal* es una nueva forma gramatical que, como la poesía, trata de aprovechar el comportamiento sensible del sistema autoorganizador. El significado se obtiene formulando declaraciones diferentes entre las cuales no existe necesariamente una conexión lógica. Cuatro o cinco declaraciones sería un buen número.

Seis sombreros para pensar

Se trata de un procedimiento de pensamiento deliberado que se apoya directamente sobre el comportamiento de sensibilidad y contexto de la percepción. Cada uno de los seis sombreros establece un nuevo contexto de una manera deliberada y artificial. En vez de limitarnos a esperar a que cambie el contexto, podemos dar pasos para cambiarlo nosotros.

Atención

El modelo autoorganizador del cerebro explica el importante fenómeno de la atención y muestra la manera en que esta fluye de área en área. El modelo explica también por qué es unitaria. Partiendo de esta comprensión de la atención, podemos movernos en varias direcciones prácticas.

Herramientas de percepción

Las herramientas de pensamiento CoRT, que se están enseñando de manera práctica a millones de colegiales, se basan directamente en el modelo autoorganizador.

Son simples directorios de la atención. En vez de dejar que esta fluya de un punto a otro, como en la mayor parte del pensamiento perceptivo, hay directorios de atención deliberados, cuyo efecto es darle al pensador un mayor control sobre ella. Como resultado, la atención es más amplia y más profunda. Los jóvenes pueden observar las consecuencias de la acción, las opiniones de otras personas, las alternativas, etc.

Mecánica de interés

Muy pronto seremos capaces de establecer la mecánica básica del interés. ¿Qué hace que algo que dan por televisión sea interesante? Este interés no tiene que surgir necesariamente del contenido real. Tal comprensión sería muy útil para los responsables de programación de las televisiones, porque les daría la clave para convertirse en arquitectos del interés. También sería útil para los anunciantes.

Flujo de la atención en el arte

Podemos ver que el arte que triunfa es una coreografía de la atención. Esto puede ser la base de la estética. ¿Hacia dónde fluye la atención? ¿Cuánto tiempo permanece allí? ¿Cómo vuelve atrás?

Manipulación de la percepción

Existe el peligro de que cuando lleguemos a comprender la lógica de la percepción, seamos más y más capaces de manipularla con fines publicitarios, en campañas políticas y para emponderar a los medios de difusión. No hay nada nuevo en esto. El arte, la literatura, las campañas políticas y la publicidad hace tiempo que se esfuerzan para conseguirlo. Lo que ocurre es que si llegamos a dominar el proceso, la sociedad probablemente no pueda soportarlo. La lógica y el pensamiento crítico no nos protegerán, porque trabajarán dentro de algún marco percepti vo. Por esto es tan importante que desarrollemos, directa y seriamente, técnicas de pensamiento perceptivo (como el programa CoRT).

Dominio del cero

Nuestra comprensión del comportamiento de los patrones en el sistema autoorganizador del cerebro sugiere que necesitamos un mecanismo de control o dominio del cero que nos permita presentar patrones que no existían en la experiencia (provocación) y que retrasarían nuestra entrada inmediata en los patrones existentes.

Lo mismo que...

Tenemos una fuerte tendencia a ver las cosas nuevas como ejemplos de las que ya conocemos. En general, esto es útil porque nos permite extender nuestros patrones existentes para cubrir nuevas situaciones. Sin embargo, el hábito es peligroso porque obstaculiza la creatividad, al tratar la nueva idea que surge como algo que no merece emoción porque ya es conocido. El hábito obstaculiza también el progreso en general. La expresión *lo mismo que...* es muy fácil de aplicar, aunque el parecido sea leve. Con ello se frena la atención debida a la nueva idea. Es un peligro que hay que evitar.

Comprensión de la creatividad

Sabemos que la creatividad existe. Podemos describirla e incluso tratar de extraer algunos rasgos que parecen repetirse. Pero todo esto tiene poca consistencia. Hoy en día, por primera vez, podemos comprender la lógica de la creatividad. La lógica surge directamente de los patrones asimétricos que se forman sin remedio en un sistema autoorganizador. Así, podemos ir con toda facilidad desde el modelo autoorganizador hasta la comprensión de la creatividad, de una manera que antes era del todo imposible.

La lógica de la provocación

En los sistemas de la lógica tradicional no había sitio para la provocación. No podía haber sitio para algo que no tenía sentido y que no guardaba relación con lo que había ocurrido antes. Pero, en un sistema autoorganizador, la provocación no es solamente lógica, sino también una necesidad matemática. La lógica de la provocación puede designarse con la palabra *po*, que yo mismo inventé hace muchos años.

La lógica de la perspicacia

Si entramos en un patrón en cierto punto, quizás tengamos que seguirlo a lo largo de todo su recorrido. Si entramos en el mismo patrón por un punto ligeramente diferente, el camino tal vez sea muy corto. Este comportamiento natural de los patrones es lo que da origen al sorprendente fenómeno de la perspicacia, en el que, de pronto, vemos algo de una manera diferente.

Herramientas específicas de pensamiento lateral

Partiendo de la comprensión de la creatividad, la lógica de la provocación y la lógica de la perspicacia, podemos concebir herramientas creativas específicas. En vez de esperar a que llegue la inspiración, podemos emplear dichas herramientas con el fin de generar nuevos conceptos e ideas. Me refiero a las herramientas específicas del pensamiento lateral, que en la actualidad ya se emplean con eficacia y con buenos resultados prácticos. Dichas herramientas no hubiesen podido concebirse en nuestro sistema tradicional de pensamiento. Por ejemplo, en nuestro sistema tradicional, la sencilla técnica de la «palabra al azar» habría sido una estupidez. En cambio, en un sistema autoorganizador, esta técnica puede resultar más que sensata. En la práctica, funciona excelentemente.

Resistencia al cambio

Nuestra comprensión de la percepción nos ayuda a ver el porqué de tanta resistencia al cambio. Nuestras percepciones, conceptos, modelos y paradigmas existentes son un resumen de nuestra historia. Podemos mirar el mundo solo a través de ese marco.

Si aparece algo nuevo, no podemos verlo o, si lo vemos, nos resulta discordante con nuestra antigua percepción, de manera que nos creemos obligados a atacarlo. En todo caso, únicamente podemos juzgarlo a través del viejo marco referencial. Por ejemplo, los juicios y los absolutos de la «lógica pétrea» hacen que nos resulte muy difícil distinguir el modo en que puede funcionar la «lógica del agua». La otra modalidad de resistencia al cambio es el rechazo de una idea a través del «lo mismo que...». Y también está la reacción ante una nueva idea de aquellos cuya inversión de intereses en la idea antigua hace que sean activamente hostiles a la nueva.

El siguiente paso

El siguiente paso que damos está en gran parte determinado por el lugar donde nos hallamos en el momento de darlo. El cambio puede requerir que retrocedamos varios pasos con el fin de marchar en una nueva dirección, lo cual resulta muy difícil. Hay una red de conceptos y percepciones que se sostienen mutuamente. Esto significa que cualquier estrategia con éxito para el cambio debería ofrecer una dirección fácil de tomar, pero que no requiriese dar pasos atrás. Por esto nuestra comprensión del tipo de sistema de información autoorganizativo es un elemento clave que nos permite revisar todo nuestro sistema de pensamiento.

Educación

La educación tradicional se ha centrado en la información, el análisis y algún pensamiento crítico. En términos del sistema de pensamiento tradicional podría parecer suficiente. Desde la nueva perspectiva, la educación realiza menos de la mitad de su trabajo. Deberíamos prestar seria atención a las técnicas de pensamiento perceptivas. Estas técnicas se alejan de las concernientes al arte y la literatura. Se necesita atención para operar y para las técnicas de acción. Se necesita atención para proyectar el pensamiento en su sentido más amplio. Se necesita atención para alcanzar un pensamiento que sea productivo, constructivo, generador y creativo.

El pensamiento y la solución de problemas reactivos no equipan a las personas para mejorar la sociedad. Desgraciadamente, la educación está tan encerrada en sus conceptos tradicionales que no va a ser sencillo implementar los cambios necesarios.

Universidades

En general, las universidades no están equipadas, intelectualmente, para enseñar el osado pensamiento que es necesario. Las universidades absorben la masa de recursos humanos y financieros disponibles en cualquier país para el progreso intelectual. Muchos de estos recursos se desperdician en mera continuidad.

Algunos de ellos podrían utilizarse con mayor provecho en «unidades intelectuales atrevidas», donde no se cargase el peso en proteger la tradición y santificar la historia, sino en nuevas áreas por descubrir. Normalmente, estas nuevas áreas van más allá de las disciplinas ya existentes, por lo que no es probable que surjan dentro de ellas.

Compartimentos

Las materias se especializan más y más, hasta el punto de que todo se desarrolla en pequeños compartimentos con escasa comunicación entre sí. Necesitamos hallar la manera de que la gente se comunique más allá de los límites de la especialización. Necesitamos vías para superar las fronteras administrativas que restringen los movimientos de las personas. Necesitamos lenguajes de conceptos básicos para la comunicación. Las percepciones y los conceptos que se producen dentro de una especialidad deberían estar fácilmente al alcance de todo el mundo.

Pensamiento a corto plazo

En definitiva, la mayoría de las estructuras de la sociedad tenderán a acortar sus horizontes de pensamiento. Con la creciente presión sobre los fondos, es necesario mostrar resultados. Es decir, responder a las necesidades del momento.

El pensamiento cortoplacista hace hincapié en la solución inmediata de los problemas. Hay menos tiempo para los proyectos, para la especulación y para las cuestiones mayores. El periodista cree que el futuro solo ocurre día tras día, por lo que mirar el día presente es mirar hacia el futuro. En el trabajo de exploración y de proyecto, puede pasar mucho tiempo antes de que las cosas alcancen su masa crítica de sentido y de valor. Es esta masa crítica la que asienta un nuevo proyecto o un nuevo paradigma.

Ludismo

Cuando un juego se juega como un fin en sí mismo, aparece lo que he llamado *ludismo*. Es casi un sistema de creencias en acción: lo que se hace está allí para apoyar lo que se está haciendo. A menos que se halle un modo de generar ideas nuevas, casi todas las organizaciones se aposentarán en este estado continuo autoorganizado. Las burocracias son un ejemplo. Este sería otro de los errores que acarrea nuestra confianza en la evolución como vehículo del cambio.

Aprendiendo hacia atrás

Los sistemas de patrones sugieren que aprender hacia atrás debería ser más eficaz que aprender hacia delante. Esta predicción tiene que madurarse con detalles prácticos. Por ejemplo, ¿qué significa aprender hacia atrás cuando se aplica a materias con niveles de complejidad? Aquí hay aún mucho trabajo que hacer.

Nuevo lenguaje

Actualmente estoy trabajando en un nuevo lenguaje «para pensar» que nos permita una percepción mucho más rica, sin la carga de nuestros lenguajes habituales.

Lógica del agua

Necesitamos clarificar y desarrollar la lógica del agua, de manera que se convierta en un sistema utilizable, práctico. El sistema de la «hódica» que se esboza en el apéndice va en esa dirección.

Esperanza

Si creyésemos que ya hemos estado operando en los límites de nuestro sistema de pensamiento, habría poca esperanza. Miraríamos hacia un futuro en el que nos abrumarían los crecientes problemas. Apoyándonos en el nuevo pensamiento, podemos reavivar la esperanza en un futuro mejor. Las revoluciones no tienen que ser negativas. Revoluciones positivas pueden ocupar su sitio. Y la diferencia de estas revoluciones debe marcarse en nuestra actitud con respecto al pensamiento, que no ha de ser solamente tener razón y evitar el error, sino explorar, crear conceptos nuevos y realizar proyectos para un futuro mejor.

RESUMEN

Durante siglos hemos trabajado dentro de nuestro sistema tradicional de pensamiento. Estamos convencidos de que es el único sistema posible. Quizás la verdad y la razón sean absolutos que no pueden tener alternativa y más allá de los cuales es imposible ir. Quizás se trate de los absolutos exigidos por el propio sistema. Es auténtico y razonable tener un sistema fundado en la verdad y la razón.

Al empezar a comprender los sistemas autoorganizadores, descubrimos que las redes neuronales pueden funcionar del mismo modo. El modelo de una red neuronal autoorganizadora presentado en este libro muestra cómo unas sencillas acciones recíprocas pueden dar origen a un comportamiento complejo. ¿Deberíamos ignorar este gran paso adelante en la comprensión de cómo funciona el cerebro? ¿Deberíamos aferrarnos a la ignorancia dogmática, sobre la base de que esa comprensión podría ser perturbadora?

Las implicaciones de los sistemas autoorganizadores en la percepción y en nuestros hábitos de pensamiento tradicionales son muy importantes. En este libro he tratado de explicar algunas de estas implicaciones, aunque no he hecho más que insinuarlas. Hay dos tipos básicos de implicación. El primer tipo es la comprensión de cómo funciona la percepción, lo que abarca cosas tales como el humor, la creatividad, la captación y la circularidad de las creencias. Esto nos da una idea de por qué la percepción es tan útil y, sin embargo, tan complicada. El segundo tipo de implicación cubre los defectos de nuestros sistemas de pensamiento tradicional, con sus absolutos, categorías, identidades y contradicciones. Podemos ver fácilmente cómo las carencias de este sistema han dado origen a graves problemas en los asuntos humanos (guerras, racismo, etc.) y ha frenado el progreso de nuestra capacidad para solucionarlos.

Llegados a este punto, tenemos varias opciones. Podemos hacer simplemente caso omiso a lo que he expuesto o tratar de demostrar que es incorrecto (al menos en algún aspecto). Esto sería inútil, porque el tema es tan fundamental que volvería una y otra vez con más fuerza. En pocas palabras, no podemos volver a ignorar los sistemas autoorganizadores, ahora que sabemos algo acerca de ellos.

Si no en todos sus detalles, podemos aceptar lo expuesto en este libro, al menos en términos generales. Podemos aceptarlo y después prescindir de ello para continuar con nuestro sistema existente, como si nada hubiese ocurrido. Pero cuando surge una idea, ya no se puede borrar. Por consiguiente, en el fondo de nuestras mentes seguirán creciendo algunas dudas sobre la arrogancia y la inmovilidad de nuestro pensamiento tradicional.

Podemos sostener la opinión de que estamos ante una descripción útil del funcionamiento de la mente. Podemos opinar que esta descripción muestra la confusión e inseguridad del cerebro humano y maravillarnos después de la hazaña de los pensadores griegos clásicos, al darnos un sistema de pensamiento (con sus absolutos y su lógica) que nos ofrece una manera práctica de proceder. La mayoría opinará de esta manera, pero con ello no habrá dado una respuesta a la pregunta original: ¿por qué nuestros logros han sido mucho más raquíticos en el ámbito de los asuntos humanos que en el de las materias técnicas? Podemos opinar que lo que se ha descrito en este libro trata de la percepción y es muy valioso y útil en ese campo. En tal caso afirmamos que el segundo aspecto del pensamiento es un proceso (lógica, matemáticas, etc.) en el que construimos sistemas artificiales con los que procesar nuestras percepciones. Esta es una opinión satisfactoria, pero significa que la lógica tiene que retirarse. Como nunca hemos comprendido la percepción, hemos tratado de aplicar directamente la lógica del pensamiento tradicional al mundo. En cuanto reconozcamos que la percepción debe ser lo primero, tendremos que emplear mucho más tiempo en trabajar sobre la lógica de la percepción. Entonces veremos que una gran parte de nuestro pensamiento se produce en realidad en esta fase de la percepción.

De verdad que estaría encantado aunque solo reconociésemos que la percepción es una parte muy importante del pensamiento. Una vez reconocido esto, pronto descubriríamos que los hábitos de lógica de tablero de nuestro sistema de pensamiento tradicional no son fácilmente aplicables (como he mostrado en este libro) y que debemos fomentar una mejor comprensión de la percepción y las técnicas de la percepción deliberadas (como con el programa CoRT en las escuelas). La percepción se convierte en una nueva área dentro de la cual debemos trabajar.

Este es el objetivo de este libro: llamar la atención sobre la importancia de la percepción.

APÉNDICE: LÓGICA DEL AGUA

En varios pasajes de este libro me he referido a la lógica del agua como contraposición a la lógica pétrea del pensamiento tradicional. El objeto de esta denominación es señalar la diferencia. A continuación expongo con más detalle algunos de los aspectos de esta diferencia.

Una piedra es sólida, consistente y dura, características que se asocian a los absolutos del pensamiento tradicional (sólido como una piedra). El agua es tan real como una piedra, pero no es sólida ni dura.

Una piedra tiene bordes duros y una forma definida. Esto equivale a las categorías definidas del pensamiento tradicional. Juzgamos si algo se ajusta o no a esa forma de categoría. El agua tiene un límite y un borde tan definidos como el de una piedra, pero este límite variará según el terreno.

El agua llenará un vaso o un lago. Se adapta al terreno o al paisaje. La lógica del agua viene determinada por las condiciones y las circunstancias. La forma de la piedra permanece siempre igual, sea cual fuere el terreno. Si colocamos una piedra pequeña en un vaso, conservará su forma y no tenderá a llenarlo, no pretenderá ese absoluto. Los absolutos del pensamiento tradicional son deliberadamente independientes de las circunstancias.

Si añadimos más agua al agua, la nueva se convierte en parte del total. Si añadimos una piedra a una piedra, tendremos simplemente dos piedras. Esta adición y absorción de la lógica del agua equivale al proceso poético, en el que nuevas imágenes son absorbidas por el conjunto.

También es la base del nuevo mecanismo *estratal*. Dadas unas condiciones y circunstancias, las nuevas circunstancias añadidas se convierten en parte de todas las existentes.

Podemos comparar las piedras diciendo que esta tiene o no tiene la misma forma que aquella. Una piedra tiene una identidad fija. El agua fluye según la inclinación. En vez de la palabra *es* empleamos la palabra *hacia*. El agua fluye hacia alguna parte.

En la lógica tradicional (pétrea) se entretejen juicios basados en correcto/equivocado. En la lógica de la percepción (del agua) tenemos los conceptos de adaptación y flujo.

El concepto de adaptación significa: ¿se adapta esto a las circunstancias y las condiciones? El concepto de flujo quiere decir: ¿es adecuado este terreno para que la corriente fluya en esta dirección? Adaptación y flujo significan lo mismo. La adaptación corresponde a la situación estática; el flujo, a la situación dinámica. ¿Se adapta el agua al lago o al pozo? ¿Fluye el río en esta dirección?

La verdad es una constelación particular de circunstancias, con un resultado particular. En esta definición de la verdad hallamos los dos conceptos de adaptación (constelación de circunstancias) y flujo (resultado).

En una situación conflictiva, ambos bandos arguyen que tienen razón. Pueden exponerlo desde la lógica. El pensamiento tradicional trataría de descubrir qué bando tiene la razón. La lógica del agua reconocería que ambas partes la tienen, pero que la conclusión de cada una se basa en un aspecto específico de la situación, circunstancias particulares y un punto de vista concreto.

En el libro hemos visto el problema que tenía el pensamiento tradicional con la curva de Laffer o de «sal». «Si la ley es buena, cuantas más leyes mejor», «Si la sal es buena, cuanta más sal mejor». Este problema no surge en la lógica del agua. La cantidad de algo es una condición para que tenga valor. La cuestión es que la lógica del agua depende en gran manera de circunstancias o condiciones definidas, mientras que la esencia misma de la lógica pétrea tradicional defiende que es independiente de las circunstancias.

Debemos observar que estamos tan inmersos en nuestro sistema de lógica pétrea que la lógica del agua parecerá al principio tan práctica que creemos «que todo va bien» y que no es necesario formular juicios o tomar una decisión. Esto no es en modo alguno así. El agua no fluye cuesta arriba o contra la inclinación. El comportamiento del agua está bien definido y también lo está el de la lógica del agua. La diferencia entre lógica pétrea y lógica del agua es tan grande que tardaremos mucho en acostumbrarnos a ella.

Consideremos el siguiente ejemplo de la diferencia entre ambas lógicas. Una mujer lleva su cafetera eléctrica a una tienda de lujo y pide que se la cambien, porque no funciona.

Dependiente A: «Lo siento, pero no pudo comprar aquí esa cafetera, porque no vendemos esa marca. Por tanto, no puedo cambiársela».

Dependiente B: «¿Está usted segura de haberla comprado aquí? ¿Tiene el recibo? Lo siento, pero no puedo cambiársela mientras no me demuestre que la compró aquí».

Ambos dependientes, A y B, hacen gala de una lógica pétrea tradicional. Quieren saber cuál es el estado del asunto.

Dependiente C: «Sí, desde luego que se la cambiaremos. Siento que le hayamos causado esta molestia».

El dependiente C sabe que la mujer no pudo comprar la cafetera en esa tienda, porque no venden esa marca. Sin embargo, se da cuenta de que no actúa con mala fe sino que está realmente equivocada. A este dependiente no le interesa lo que «es», sino el «hacia» dónde lleva la situación. La situación lleva a un servicio extraordinario a la clienta. Esto puede parecer absurdo; sin embargo, los estudios demuestran que por cada dólar gastado en servir bien a un cliente, se ganan cinco en auge de ventas y fidelidad de la clientela.

¿Y si abusan de esta benevolencia? En ese momento hay que enfrentarse con el abuso cuando surja. Los dependientes son también libres de utilizar sus propias percepciones para saber si se trata de un error de buena fe. Si tenemos un trozo de piedra en un vaso e inclinamos este, la piedra se quedará en el vaso o se caerá. El efecto es «todo o nada». Con el agua no ocurre así. Podemos verter parte del agua, pero conservar el resto en el vaso.

Hódica

La palabra *hódica* se deriva del vocablo griego *hodós* (camino). Hódica es el nombre que he dado a un sistema de notación con el que manejar el flujo de la lógica del agua. Había intentado describir la hódica en este libro y, ciertamente, he prometido hacerlo en varios de sus pasajes. Sin embargo, después de pensarlo bien he suprimido esta sección para no sobrecargar al lector y también para evitar el riesgo de desdibujar el tema principal. Volveré a ella en mi próxima obra (mucho más breve).

La empresa De Bono Global (DBG) es la administradora a nivel mundial de los derechos de propiedad intelectual relacionados con el trabajo del doctor Edward de Bono, incluyendo marcas y copyrights.

Para cualquier cuestión o información relativa a la propiedad intelectual de De Bono (incluyendo licencias y copyrights), conferencias, apariciones en público y consultas por el doctor De bono o por alguno de los embajadores de Bono Global, o sobre cualquiera de nuestros libros, herramientas y programas de entrenamiento, por favor contactad con:

info@debono.com

o visitad nuestra página web

www.debono.com

.**:** de Bono

ÍNDICE